काम से राम तक

आचार्य प्रशांत

ISBN 979-888555048-2

क्रम-सूची

आचार्य प्रशांत v

1. क्या हमारी उपलब्धियाँ ही हमारे अहंकार का कारण हैं? 1
2. आकर्षण का मूल कारण 5
3. सुंदर जीवन जियो, तुम्हारी कामुकता भी सुंदर हो जाएगी 26
4. वासना का समाधान जिज्ञासा में नहीं अवलोकन में है 38
5. जीवन में आचरण की क्या महत्ता है? 41
6. सीधी बात सीधे आदमी के लिए ही होती है 53
7. स्वेच्छा से त्याग नहीं, स्वेच्छा का ही त्याग 62
8. ओशो के नाम के साथ 'सेक्स गुरु' क्यों जुड़ा? 68
9. शिव अर्धनारीश्वर नहीं, बल्कि नारी के हृदय हैं 72
10. विद्या क्या, अविद्या क्या? इनका क्या महत्व है? 78
11. द्वैत क्या, अद्वैत क्या? इनका हमारे जीवन में क्या महत्व है? 80
12. भोग की वास्तविकता 89
13. क्या सम्भोग से वाकई समाधि मिल सकती है? 98
14. जीवन का एक ही आधार होना चाहिए - सत्यनिष्ठा 101
15. क्या परमात्मा हमारे प्रयास से मिलेगा या उनकी कृपा से? 114
16. हल्का जीवन जीने और स्वयं पर हँसने की कला 120
17. अध्यात्म में प्रवेश का उचित समय क्या है? 124
18. मन इतना घूमता क्यों है? किसकी ख़ोज में है मन? 143
19. मन - सबसे बड़ा शत्रु भी और हमारा सबसे बड़ा आका भी 148
20. सत्य केवल उनके लिए है जिनमें साहस और श्रद्धा हो 155

क्रम-सूची

21. प्रेम की प्रथम अनिवार्यता है - मन की समझ 159

22. पहले ग़लत छूटता है, फिर सही आता है 164

23. कामिनी का अर्थ हमेशा स्त्री से क्यों जोड़ा जाता है? 169

24. जीवन खेल है, पर किसके लिए? 172

25. काम को राम तक कैसे ले जाएँ? 184

26. इच्छा नहीं, इच्छा का केंद्र महत्वपूर्ण है 195

27. क्या ध्यानस्थ अवस्था संभव है? 201

प्रशांतअद्वैत संस्था 205

आचार्य प्रशांत की पुस्तकें (हिंदी व अंग्रेज़ी) 209

आचार्य प्रशांत से मिलने के माध्यम 211

आचार्य प्रशांत

मनुष्य को ज्ञात सबसे प्राचीन शास्त्रों में वेद शीर्ष पर आते हैं और वेदांत वैदिक सार के परम शिखर हैं।

आज दुनिया ऐसी समस्याओं से जूझ रही है जो इतिहास में पहले कभी नहीं देखी गईं। अतीत में हमारी समस्याएँ अक्सर बाहरी परिस्थितियों के कारण होती थीं, जैसे कि भुखमरी, गरीबी, अशिक्षा, प्रौद्योगिकी का अभाव, स्वास्थ्य संबंधित समस्याएँ आदि। संक्षेप में कहें तो चुनौती बाहरी थी, दुश्मन – चाहे वो सूक्ष्म जीव के रूप में हो या संसाधनों की कमी के रूप में – बाहर था। सीधे कहें तो मनुष्य अपनी बाहरी परिस्थितियों के दबाव में संघर्षरत रहता था।

परन्तु बीते सौ वर्षों में बहुत से बदलाव हुए हैं। मनुष्य के संघर्षों ने इस सदी में एक बहुत ही अलग और जटिल रूप ले लिए हैं। पदार्थ को किस तरह से अपने उपभोग के लिए इस्तेमाल करना है, वह आज हम जानते हैं; परमाणु और ब्रह्मांड के रहस्य मनुष्य के अथक अनुसंधान के आगे ज़्यादा छिपे नहीं रह गए हैं। आज गरीबी, अशिक्षा और बीमारी अब वैसी अजेय समस्या नहीं रही जैसे पहले प्रतीत हुआ करती थी। इसी के चलते अब हमारी महत्वाकाँक्षा दूसरे ग्रहों में बसने और यहाँ तक कि मृत्यु को मात देने की हो गई है।

वर्तमान काल मनुष्य के इतिहास में सबसे अच्छा होना चाहिए था। इससे कहीं दूर, हम अपने आप को आंतरिक रंगमंच में चुनौती के एक बहुत ही अलग आयाम पर पाते हैं। बाहरी दुनिया में लगभग हर चीज़ पर विजय प्राप्त करने के बाद मनुष्य पा रहा है कि वह आज पहले से कहीं ज़्यादा गुलाम है। और यह एक अपमानजनक गुलामी है – सभी पर वर्चस्व जमाना और फ़िर यह पाना कि भीतर से एक अज्ञात उत्पीड़क के बहुत बड़े गुलाम हैं।

मनुष्य भले ही प्रकृति पर अपना नियंत्रण बनाने में सफल हो गया हो लेकिन वह स्वयं अपने आंतरिक विनाशकारी केंद्र द्वारा नियंत्रित है, जिसका उसे बहुत कम ज्ञान है। इन दोनों के साथ होने का मतलब है कि

मनुष्य की प्रकृति का नाश करने की क्षमता असीमित और निर्विवाद है। मनुष्य के पास केवल एक ही आंतरिक शासक है: इच्छा, उपभोग करने और अधिक-से-अधिक सुख का अनुभव करने की अनंत इच्छा। मनुष्य सुख का अनुभव तो करता है पर फ़िर भी स्वयं को अतृप्त ही पाता है।

इस संदर्भ में आध्यात्मिकता के शुद्ध रूप में वेदान्त आज पहले से कहीं अधिक महत्वपूर्ण हो जाता है। वेदांत पूछता है: भीतर वाला कौन है? उसका स्वभाव क्या है? वह क्या चाहता है? क्या उसकी इच्छाओं की पूर्ति से उसको संतोष मिलेगा?

आज मानव जाति जिन परिस्थितियों में खुद को पाती है, उसकी प्रतिक्रिया के रूप में आचार्य प्रशांत वेदांत के सार को आज दुनिया के सामने लाने का महत्वपूर्ण कार्य कर रहे हैं। उनका उद्देश्य वेदान्त के शुद्ध सार को सभी तक पहुँचाना और वेदान्त द्वारा आज की समस्याओं को हल करना है। वर्तमान की ये समस्याएँ मनुष्य के स्वयं के प्रति अज्ञान से उत्पन्न हुई हैं, इसलिए उन्हें केवल सच्चे आत्म-ज्ञान से ही हल किया जा सकता है।

आचार्य प्रशांत ने दो तरीकों से वेदांत को जन-सामान्य तक लाने का प्रयास किया है: पहला, उन्होंने कई उपनिषदों और गीताओं पर सत्र लिए हैं और उनकी व्यापक टिप्पणियाँ वीडियो श्रृंखला और पुस्तकों के रूप में उपलब्ध हैं (लिंक: solutions.acharyaprashant.org)। दूसरा, वे लोगों की दैनिक समस्याओं को संबोधित करते हुए उन्हें वेदांत के प्रकाश में सुलझाकर उनका मार्गदर्शन करते हैं। उनके सोशल मीडिया चैनल्स ऐसे हज़ारों सत्रों के प्रकाशन के लिए समर्पित हैं।

संक्षिप्त जीवनी

प्रशांत त्रिपाठी का जन्म 1978 को महाशिवरात्रि के पावन अवसर पर उत्तर प्रदेश के आगरा शहर में हुआ था। वे तीन भाई-बहनों में सबसे बड़े हैं, उनके पिता एक प्रांतीय प्रशासनिक अधिकारी थे और माता एक गृहिणी। उनका बचपन ज़्यादातर उत्तर प्रदेश में ही बीता।

माता-पिता और शिक्षकों ने उन्हें एक ऐसा बालक पाया जो कभी शरारत करता तो कभी अचानक गहन चिंतन में डूब जाता। दोस्त भी उन्हें एक अपरिमेय स्वभाव वाला याद करते हैं, अक्सर यह सुनिश्चित नहीं होता था कि वे मज़ाक कर रहे हैं या गंभीर हैं। एक प्रतिभाशाली छात्र होने के कारण वे लगातार अपनी कक्षा में शीर्ष पायदान पर रहे और एक छात्र के लिए उच्चतम संभव प्रशंसा और पुरस्कार प्राप्त किए। उनकी माताजी को याद है कि कैसे उन्हें अपने बच्चे के बेहतर शैक्षिक प्रदर्शन के कारण कई बार 'मदर क्वीन' की उपाधि से सम्मानित किया जाता था। शिक्षक कहते हैं कि उन्होंने पहले कभी ऐसा छात्र नहीं देखा था जो मानविकी में उतना ही प्रतिभाशाली हो जितना विज्ञान में, जो भाषाओं में उतना ही निपुण हो जितना गणित में और अंग्रेजी में उतना ही कुशल जितना हिंदी में। राज्य के तत्कालीन राज्यपाल ने उन्हें बोर्ड परीक्षाओं में एक नया मानदंड स्थापित करने और एनटीएसई स्कॉलर होने के नाते एक सार्वजनिक समारोह में सम्मानित किया था।

वे पाँच साल की उम्र से ही एक जिज्ञासु पाठक थे। उनके पिता के व्यापक गृह पुस्तकालय में उपनिषद् जैसे आध्यात्मिक ग्रंथों सहित दुनिया के कुछ बेहतरीन साहित्य शामिल थे। लंबे समय तक वे घर के किसी शांत कोने में बैठ जाते और उन किताबों में डूबे रहते जो केवल परिपक्व पुरुष ही समझ सकते थे। पढ़ने में खो जाने के कारण वे कई बार भोजन किए बिना ही सो जाते। दस साल का होने से पहले ही उन्होंने पिता के पुस्तक-संग्रह से लगभग सब कुछ पढ़ लिया था तथा और अधिक की माँग कर रहे थे। उनमें गहराई के शुरुआती लक्षण तब प्रकट हुए जब उन्होंने ग्यारह वर्ष की उम्र में कविताएँ रचनी शुरू कीं। उनकी कविताएँ रहस्यमयी रंगों से ओत-प्रोत थीं और ऐसे प्रश्न पूछ रही थीं जिन्हें अधिकांश वयस्क भी नहीं समझ पाते।

पंद्रह वर्ष की आयु में, कई वर्षों तक लखनऊ शहर में रहने के बाद, उन्होंने अपने पिता की स्थानांतरणीय नौकरी के कारण स्वयं को दिल्ली के पास गाज़ियाबाद में पाया। बढ़ती उम्र और शहर के परिवर्तन ने उस प्रक्रिया को गति दी जो पहले से ही गहरी जड़ें जमा चुकी थी। वे रात में जागने लगे और पढ़ाई के अलावा अक्सर रात के आसमान को

चुपचाप देखा करते। उनकी कविताएँ गहराई में उतरती गईं; उनमें से बहुत सी रात और चाँद को समर्पित थीं। उनका ध्यान शिक्षाविदों के बजाय रहस्यवादियों की ओर तेजी से बढ़ने लगा।

फ़िर भी उन्होंने शैक्षिक रूप से अच्छा प्रदर्शन करना जारी रखा और प्रतिष्ठित भारतीय प्रौद्योगिकी संस्थान, दिल्ली में प्रवेश प्राप्त किया। आईआईटी में उनका समय दुनिया को समझने और छात्र राजनीति में गहरी भागीदारी के बीच बीता। वे राष्ट्रव्यापी कार्यक्रमों और प्रतियोगिताओं में एक उभरते हुए डिबेटर और अभिनेता के रूप में सामने आए। वे परिसर में एक जीवंत व्यक्ति, एक भरोसेमंद छात्र-नेता और मंच पर एक भावपूर्ण कलाकार थे। उन्होंने लगातार राष्ट्रीय स्तर की वाद-विवाद और भाषण प्रतियोगिताएँ जीतीं और उत्कृष्ट नाटकों में निर्देशन और अभिनय के लिए पुरस्कार भी प्राप्त किए। एक बार उन्हें एक ऐसे नाटक में अपने प्रदर्शन के लिए 'सर्वश्रेष्ठ अभिनेता' का पुरस्कार मिला जिसमें उन्होंने न तो कोई शब्द बोला था और न ही कोई कदम बढ़ाया था।

वे लंबे समय से यह महसूस कर रहे थे कि जिस नजर से अधिकांश लोग दुनिया को देखते हैं, जिस तरह से हमारे दिमाग ढर्राबद्ध हो गए हैं, उसमें मूलभूत रूप से कुछ कमी है, और इस कारण हमारे आपसी सम्बन्धों, वैश्विक संस्थाओं की संरचनाओं, समाज के कार्य करने के तरीके, मूल रूप से कहें तो हमारे जीने के ढंग में ही विकृति आ गई है। उन्होंने यह देखना शुरू कर दिया था कि मानव पीड़ा के मूल में स्पष्टता व समझ का अभाव है। वे मनुष्य की अज्ञानता, जनित हीनता, गरीबी की समस्या, उपभोग की बुराई, मनुष्य, जानवरों और पर्यावरण के प्रति हिंसा और स्वार्थ व संकीर्ण विचारधारा पर आधारित शोषण से बहुत व्यथित थे। उनका पूरा अस्तित्व ही इस विस्तीर्ण पीड़ा को चुनौती देने के लिए तैयार था, और एक युवा के तौर पर उन्हें भारतीय सिविल सेवा या प्रबंधन की राह चुनना एक सही कदम लगा।

उन्होंने उसी वर्ष भारतीय सिविल सेवा और भारतीय प्रबंधन संस्थान (आईआईएम), अहमदाबाद में प्रवेश प्राप्त किया। प्रशासनिक सेवाओं के आवंटन में उन्हें आईएएस का इच्छित पद न मिल सका, साथ

ही तब तक यह भी दिखने लगा था कि प्रशासन में रहते हुए क्रांतिकारी परिवर्तन नहीं लाया जा सकता, उन्होंने आईआईएम जाने का चुनाव किया।

आईआईएम में उनके दो साल शैक्षणिक दृष्टि से काफी समृद्ध थे। वे ऐसे नहीं थे जो सदा ग्रेड और प्लेसमेंट की होड़ में ही लगे रहते, जैसा कि इन प्रतिष्ठित संस्थानों में सामान्यतयः देखने को मिलता है। वे नियमित रूप से गाँधी आश्रम के पास की एक झुग्गी में संचालित एक गैर-सरकारी संगठन में बच्चों को पढ़ाते, साथ ही, इस संगठन के खर्चों को देखने के लिए स्नातकों को गणित भी पढ़ाया करते थे। इसके अलावा, मानवीय अज्ञानता पर उनका गुस्सा थिएटर के माध्यम से आकर लेता था। उन्होंने 'खामोश! अदालत जारी है', 'गैंडा', 'पगला घोड़ा' और '16 जनवरी की रात' जैसे नाटकों में अभिनय के साथ-साथ इनका निर्देशन भी किया। एक समय ऐसा भी आया जब उन्हें एक ही समय पर दो अलग-अलग नाटकों का निर्देशन एक साथ करना पड़ा। ये नाटक आस-पास और दूर-दराज से आए दर्शकों से खचाखच भरे आईआईएम के सभागार में हुआ करते थे। परिसर के लाभ-केंद्रित और स्वार्थ-प्रेरित माहौल में उन्होंने खुद को एक बाहरी व्यक्ति पाया। इन अस्तित्ववादी और विद्रोही नाटकों ने उन्हें अपनी पीड़ा को अभिव्यक्ति देने में मदद की और आगे के बड़े मंचों के लिए तैयार किया।

अगले कुछ वर्ष, जैसा कि वे अपने शब्दों में कहतें हैं, निर्जनता में व्यतीत हुए। इस अवधि को वे एक विशेष दुःख, तड़प और तलाश के रूप में वर्णित करते हैं। शांति की तलाश में वे कॉरपोरेट जगत की नौकरियों और उद्योगों को बदलते रहे। इसी तलाश में वे समय निकालकर अक्सर शहर और काम से भी दूर चले जाया करते थे। उन्हें धीरे-धीरे यह बात स्पष्ट होने लगी थी कि वे क्या करना चाहतें हैं और वह जो उनके माध्यम से व्यक्त होने के लिए पुकार रहा था, वह किसी पारंपरिक मार्ग से प्रस्फुटित नहीं हो सकता। इस दिशा में उनका अध्ययन और संकल्प जोर पकड़ने लगा, और उन्होंने बोधग्रंथों और आध्यात्मिक साहित्य के आधार पर स्नातकोत्तरों और अनुभवी पेशेवरों के लिए एक नेतृत्व पाठ्यक्रम तैयार किया। पाठ्यक्रम कुछ प्रतिष्ठित संस्थानों में

शुरू किया गया और वे कभी-कभी अपनी उम्र से बड़े छात्रों को भी पढ़ाते। कोर्स सफल रहा और उनके लिए रास्ता साफ होने लगा।

अट्ठाईस वर्ष की आयु में उन्होंने कॉरपोरेट जगत को अलविदा कह दिया और 'इंटेलीजेंट स्पिरिचुअलिटी (प्रबुद्ध आध्यात्मिकता) के माध्यम से एक नई मानवता के निर्माण' के लिए 'अद्वैत लाइफ-एजुकेशन' की स्थापना की। प्रयोजन था मानव चेतना में गहरा परिवर्तन लाना। उनके प्रारंभिक श्रोता थे कॉलेज के छात्र जिन्हें आत्म-विकास पाठ्यक्रम का लाभ मिला। प्राचीन साहित्य की सीख को सरल शब्दों और मनोहर गतिविधियों के रूप में छात्रों तक पहुँचाया गया।

वैसे तो अद्वैत का काम अद्भुत था और सभी ने इसकी सराहना भी की, पर दूसरी ओर बड़ी चुनौतियों का सामना भी करना पड़ा। सामाजिक और शैक्षणिक व्यवस्थाओं ने छात्रों को केवल परीक्षाओं में उत्तीर्ण होने और नौकरी की सुरक्षा हेतु डिग्री प्राप्त करने के लिए तैयार किया था। आत्म-विकास की शिक्षा, मन के पार की शिक्षा, जीवन-शिक्षा जो अद्वैत छात्रों के लिए लाने का प्रयास कर रहा था, वह इतनी नई और इतनी अलग थी कि अक्सर अद्वैत के पाठ्यक्रमों के प्रति उनका रवैया उदासीनता से भरा रहता और कभी-कभी तो आंतरिक विरोध का भी सामना करना पड़ता। अक्सर कॉलेजों का प्रबंधन निकाय और छात्रों के माता-पिता भी अद्वैत के इस साहसिक प्रयास की महत्ता और विशालता को समझने में पूरी तरह विफल हो जाते थे। हालाँकि इन तमाम मुश्किलों के बीच भी अद्वैत ने अच्छा प्रदर्शन करना जारी रखा। मिशन का विस्तार जारी रहा और आज भी यह हजारों छात्रों को स्पर्श कर रहा है और उनका जीवन बदल रहा है।

लगभग 30 वर्ष की आयु में आचार्य प्रशांत ने अपने संवाद (बोध-सत्र) में बोलना शुरू किया। ये सत्र महत्वपूर्ण जीवन-मुद्दों पर खुली चर्चा के रूप में हुआ करते थे। जल्द ही यह स्पष्ट होने लगा कि ये सत्र गहन ध्यानपूर्ण थे, मन को एक अनोखी शांति दिलाते थे और मानस पर चमत्कारिक रूप से उपचारात्मक प्रभाव डालते थे। आचार्य प्रशांत के शब्दों और वीडियो को रिकॉर्ड कर इंटरनेट पर उपलब्ध कराया जाने लगा। और जल्द ही उनके लेखन और उनके व्याख्यानों के प्रतिलेखन

को प्रकाशित करने के लिए एक वेबसाइट भी तैयार की गई।

लगभग उसी समय उन्होंने आत्म-जागरुकता शिविरों का आयोजन करना शुरू कर दिया। वे सच्चे साधकों को लगभग 30 लोगों के समूह में एक सप्ताह की अवधि के लिए अपने साथ हिमालय ले जाते। ये शिविर गहन परिवर्तनकारी घटनाएँ बन गए और शिविरों की आवृत्ति में भी बढ़ोत्तरी हुई। अपेक्षाकृत कम समय में अपार स्पष्टता और शांति प्रदान करते हुए सैकड़ों शिविर अब तक आयोजित किए जा चुके हैं।

आचार्य प्रशांत का अद्वितीय आध्यात्मिक साहित्य मानव जाति द्वारा ज्ञात उच्चतम शब्दों के बराबर है। उनकी प्रतिभा वेदांत पर आधारित है। अपनी व्यापक वेदांतिक नींव के साथ उन्हें अतीत की विभिन्न आध्यात्मिक धाराओं के संगम के रूप में देखा जाता है, फ़िर भी वे किसी परंपरा से सीमित नहीं हैं। वे मन पर जोरदार प्रहार करते हैं और साथ ही उसे प्रेम और करुणा से शांत भी करते हैं। एक स्पष्टता है जो उनकी उपस्थिति से निकलती है और उनके होने से एक सुकून मिलता है। उनकी शैली स्पष्टवादी, शुद्ध, रहस्यमय और करुणामय है। उनके सीधे और सरल सवालों के सामने अहंकार और मन के झूठ को छुपने की कहीं जगह नहीं मिलती। वे अपने श्रोताओं के साथ खेलते हैं – उन्हें ध्यानपूर्ण मौन की गहराई तक ले जाते हैं, हँसते हैं, मज़ाक करते हैं और समझाते हैं। एक तरफ तो वे काफी करीब प्रतीत होते हैं, वहीं दूसरी तरफ यह भी दिखता है कि उनके माध्यम से आने वाले शब्दों के स्रोत कहीं और ही हैं।

इंटरनेट पर उनके द्वारा अपलोड किए गए 10,000 से अधिक वीडियोज़ और लेख मूल्यवान आध्यात्मिक संकलन हैं और सभी के लिए निःशुल्क उपलब्ध हैं। यह संकलन इंटरनेट पर दुनिया का सबसे बड़ा आध्यात्मिक सामग्री का भंडार है, जिनमें से 50 लाख से अधिक मिनट प्रतिदिन देखे जाते हैं। वे आईआईटी, आईआईएम और कई अन्य प्रतिष्ठित संस्थानों के साथ-साथ TED जैसे प्लेटफार्मों पर नियमित वक्ता रहे हैं। अभी हाल ही में पेंगुइन पब्लिशर द्वारा प्रकाशित उनकी पुस्तक 'कर्म' राष्ट्रीय बेस्टसेलर रही। प्रिंट मीडिया में उनके लेख राष्ट्रीय दैनिक समाचार पत्रों में नियमित रूप से प्रकाशित होते रहते हैं। उनके

प्रवचन और साक्षात्कार राष्ट्रीय टीवी चैनलों के माध्यम से भी प्रसारित किए जाते हैं। आज उनके आंदोलन ने करोड़ों लोगों के जीवन को प्रभावित किया है। लोगों के साथ अपने सीधे संपर्क और विभिन्न इंटरनेट-आधारित चैनलों के माध्यम से सभी के लिए स्पष्टता, शांति और प्रेम लाने का उनका यह अथक प्रयास निरंतर जारी है।

1

क्या हमारी उपलब्धियाँ ही हमारे अहंकार का कारण हैं?

प्रश्नकर्ता: क्या हमारी उपलब्धियाँ हमें अहंकारी बनाती है?

आचार्य प्रशांत: ये मेरी उपलब्धि है (पानी का ग्लास)। नहीं फ़र्क पड़ता कि ये क्या चीज़ है। फर्क इससे पड़ता है कि मेरा इससे रिश्ता क्या है। ये तो कमाया ही गया है न। जिसे तुम कमाओ, जिसे तुम अर्जित करो, उसी को तुम कहते हो ना उपलब्धि है मेरी। तो ये भी कमाया गया है। ये भी एक उपलब्धि ही है।

तो बात ये नहीं है कि उपलब्धि तुमको अहंकारी बना देगी या नहीं, बात ये है कि इससे(पानी के ग्लास से) तुम्हारा रिश्ता क्या है। इससे मेरा रिश्ता यही है कि पानी उठाया और पिया, ये रखा, ढाँपा और फिर राम नाम शुरू। सब ठीक है। इसको मैं कमा के लाया था, इसका एक समुचित उपयोग किया और फिर राम-नाम शुरू, बातचीत शुरू, तुमसे बातचीत

कर रहा हूँ। और इससे मेरा रिश्ता ये है कि मैं तुमसे बात कर रहा हूँ और ऐसे बात कर रहा हूँ (सामने ग्लास को ज़ोर से पकड़ के और सभी को उंगली से ग्लास दिखा भी रहा हूँ)।

अब इसमें इसका क्या दोष है अगर मैं बौराया हुआ हूँ और ये दिखाए पड़ा हूँ लोगों को? तो मैं कैसे बोलूँ कि उपलब्धि अच्छी है या बुरी, उपलब्धि से अहंकार घटता है या बढ़ता है। वो तो तुम पर निर्भर करता है कि तुम कितने उथले आदमी हो। तुम जितने उथले आदमी होगे, तुम्हारे लिए तुम्हारी उपलब्धि उतनी ही बड़ी बात होगी।

जो आदमी जितना छोटा होगा भीतर से, उसको उपलब्धियों पर उतना निर्भर होना पड़ेगा बड़ा होने के लिए। समझना बात को। जो आदमी भीतर से जितना छोटा होगा, उसे उतना ज़्यादा उपलब्धियों को पकड़ के रखना होगा क्योंकि उपलब्धियों के सहारे उसे लगता है कि वो बड़ा हो गया। और जो बड़े के साथ ही जी रहा है वो तो उपलब्धि को बस...। ऐसा भी नहीं है कि उसे उठा कर फेंक देगा कि जैसे सांप आ गया हो, कि अरे बाप रे उपलब्धि क्यों आ गई। आ गई तो आ गई।

पद है, प्रतिष्ठा है, डिग्री है, जो भी तुम्हारी उपलब्धियाँ हैं, हैं, पड़ी हुई हैं। न उनसे बहुत आकर्षण ही है, बहुत विकर्षण ही है। न राग है, न विराग है। पानी पीना है तो पी लिया और पी के ग्लास को रख दिया। न तो यही है कि हटा दो, 'हटा दो। उपलब्धियाँ जीवन में होनी ही नहीं चाहिए, ये महापाप है', न तो यही है। और न यही है कि, 'मैं कौन हूँ? मैं वो हूँ जिसने इसको अर्जित किया।' और किसी को याद न रह जाए तुमने इसको अर्जित किया है तो तुम उसके दुश्मन हो जाओ।

उपलब्धियाँ तो आती रहती हैं। जी रहे हो तो कभी जीत, कभी हार होगी। किसी उपक्रम में लगे हो, कोई काम कर रहे हो तो कभी सफल होओगे, कभी असफल होओगे। उपलब्धियाँ तो आ रही हैं। तुम्हारे लिए वो बड़ी बात न बन जाएं, उन्हें गंभीरता से मत ले लेना, उनसे चिपक मत जाना।

बैठे हो तो कुछ तो पहनोगे। पर कुछ पहन लिया, ऐसा न हो कि उसको उतारने से ही इनकार कर दो। बड़ी बदबू उठेगी। जो पहनना, उसको थोड़े समय बाद उतार भी देना, नहीं तो बदबू उठती है। मैं ये भी

नहीं कह रहा कि पहनों ही मत, न मैं ये कह रहा हूँ कि पहन लो और चिपक जाओ। पहनना सीखो और उतारना भी सीखो।

दोनों तरफ के दरवाज़ें खुले हों। जैसे इस कक्ष में दोनों दरवाज़े, एक ये दरवाज़ा और एक ये दरवाज़ा। हवा आर-पार बहे। जीवन आरपार बहे। आप आने के लिए भी मुक्त हैं और आप जाने के लिए भी मुक्त हैं। आप आएं तो आपका स्वागत है और जो जाता है, हम उसका रास्ता भी नहीं अवरुद्ध करते। दोनों दरवाज़ें खुले हैं। अब ताज़गी रहेगी।

और कोई आखिरी बात। सब सिमट ही गया है। कुछ शंका उठती हो आखिरी तो बताइए।

प्र२: ये सब प्रक्रिया हो क्यों रही है?

आचार्य: क्योंकि तुम पैदा हुए। तुम क्यों पैदा हुए? क्योंकि पीछे के जो लोग हैं वो पैदा हुए, पुरखे-दर-पुरखे, पीढ़ीयाँ-दर-पीढ़ीयाँ। और पीछे जाओगे, और पीछे जाओगे तो कहोगे अब और पीछे जाया नहीं जा रहा। जब और पीछे न जाया जाए तो उसको फिर कहते हैं कि कोई होगा प्रथम कारण, शायद वो परमात्मा हो।

तो कारण कभी नहीं पाओगे। पीछे जाओगे ज़बरदस्ती कारण पकड़ने के लिए कहीं रोक दो अपने आप को तो अलग बात है। कि जैसे साइकल एक कतार में खड़ी हों और एक गिरे तो सब गरती जाएँ। अब कोई एक साइकल है। वो तुली ही है कि किसी को तो दोषी बनाना है। उसने चौथी नंबर वालो साइकल पकड़ ली। बोली, "ये गिरी इसीलिए तो..."

अब चौथी नंबर वाली वास्तव में दोषी है नहीं क्योंकि उसके पहले भी श्रृंखला थी। पर तुम्हें ज़बरदस्ती किसी को दोषी बनाना हो तो बना लो। वास्तव में जो है, उसके लिए किसी को दोष नहीं दे सकते। दोषी तुम्हें बनाना है तो उसको बनाना (ऊपर इशारा करते हुए)।

तो दोषी वगैरह बनाने की बात छोड़ो। तुम तो ये देखो कि निकलें कैसे। ये मत पूछो कि फंसाया किसने। फंसाया होगा किसी ने। तुम पूछो, निकलें कैसे। जिसने फंसाया, उसने फंसाया। कौन जाने किसने फंसाया? कौन जाने किसी ने भी नहीं फंसाया, हम व्यर्थ ही फंसे हुए हैं? तो तुम तो

बस एक सवाल पूछो- कष्ट है, तो मुक्ति कैसे मिले?

कहाँ से आ रहा है कष्ट, फलाना बातें, हटाओ सब। मुझे मुक्ति चाहिए। तुम्हारे भीतर तो यही गूँजता रहे। उसके लिए ईमानदारी से तुम्हें मानना पड़ेगा कि परेशान हो। परेशानी में प्रवेश करो, परेशानी से मुक्ति का द्वार मिल जाएगा।

2

आकर्षण का मूल कारण

प्रश्नकर्ता: आचार्य जी, कबीर साहब ने बोला है:

"चिकना और सलोना क्या रे।"

पर जब भी मन कामुक होता है तो चिकनी और सलोनी चीज़ों की ओर ही आकर्षित होता है। ऐसा क्या है इनमें जो मन को आकर्षित करता है? आकर्षण कई बार तो इतना प्रबल होता है कि उधर न जाओ तो चैन नहीं मिलता, भले ही धोखा मिले। और बार-बार धोखा खाने पर भी फिर से उधर जाता है।

आचार्य प्रशांत: चिकने की ओर, सलोने की ओर ही आप आकर्षित नहीं होते। आप जिस ओर आकर्षित होते हैं उसको जो नाम दिया जाता है, वो है सलोनेपन का।

अंतर समझिएगा। जब आप कहते हैं कि आप कुछ पसंदीदा या बेहतर या अच्छी या आकर्षक चीज़ों की ओर आकर्षित होते हैं तो आप भेद कर रहे हैं चीज़ों के स्तर पर। आप कह रहे हैं चीज़ें दो किस्म की होती है: एक अनाकर्षक और एक आकर्षक। और आप कह रहे हैं कि जो आकर्षक चीज़ें होती हैं मैं उनकी ओर आकर्षित हो जाता हूँ। बात ऐसी नहीं है।

आप जिधर को भी आकर्षित होते हैं उसको आप नाम दे देते हैं आकर्षक का, सुंदर का, प्रिय का। और आप किधर को भी आकर्षित हो सकते हैं। ये संयोग की बात है।

तीन गुण हैं प्रकृति के और पृथ्वी का विषम धरातल है। तमाम उतार-चढ़ाव हैं। पानी की एक धार किधर को भी बह सकती है। उसमें उस धार का अपना कोई चुनाव या निर्णय नहीं है। हाँ, आप जिधर को बह लिए उस दिशा के पक्ष में कोई तो तर्क देना है न। कुछ तो कहकर के अपनी दिशा को, अपने जीवन को, अपने चुनाव को युक्तिपूर्ण, तर्कपूर्ण, बुद्धिपूर्ण ठहराना है न। तो बाद में ये नामकरण होता है कि कुछ आकर्षक था मैं उधर को चल दिया। आप किधर को भी चल सकते हो। जिधर को चले जाते हो, उसको नाम दिया जाता है आकर्षक का।

तो इस क्रम को ज़रा पलट के देखिए। आप जिस क्रम में बात करते हैं उस क्रम में वस्तु पहले आती है और आप बाद में आते हैं। और मैं जिस क्रम की बात कर रहा हूँ उसमें वस्तु पहले नहीं आती। पहले आप भी नहीं आते पर कम से कम वस्तु पहले नहीं आती।

ऐसा नहीं है कि वस्तु आई और आपके ऊपर जादू कर दिया और उसके कारण आप खिंचे चले गए क्योंकि वस्तु जादुई थी। बाहर जो चीज़ है: वस्तु, विचार, व्यक्ति, स्थान, ऑब्जेक्ट जो भी है बाहर, उसमें नहीं कोई जादू है। बंधे जाने के लिए हम तैयार बैठे हैं। जब हम तैयार बैठे हों तो बाहर से कुछ भी आएगा और हमें ले जाएगा।

ज़रा मज़ाक की बात है। कॉलेज में था, हॉस्टल में। जैसी कॉलेजी लड़कों की फितरत होती है, एक घूमता रहता था कि कोई लड़की मिल जाए। तो उसको एक दिन को मिली, दिखी, जो भी। तो किसी ने छेड़ा कि, "भाई तुझे इश्क हो गया?" वो बोलता है, "ना, इश्क तो मुझे डेढ़-दो साल से है, लड़की ढूंढ रहा हूँ।"

बात मज़ाक में कही गई थी लेकिन बहुत खरी है। बोल रहा मुझे जो होना है वो आंतरिक घटना है। वो तो मुझे बहुत समय से हो रहा है। जब से मूछें आई हैं, जब से भीतर रस उबलने लगे हैं, वो तो मुझे तब से ही हो रहा है। उसके लिए कोई लड़की की ज़रूरत नहीं।

जो हो रहा है उसको बस एक नाम देना है। जो हो रहा है उसको बस एक चेहरा देना है। वो कौनसा चेहरा होगा, वो कौनसा नाम, वो कौनसी देह होगी, उसकी तलाश है। वरना तो जो होना है वो हो ही रहा है। और चूंकि वो भीतर हो रहा है इसीलिए पक्का है कि कोई न कोई चेहरा आएगा ज़रूर।

नाम अलग हो सकता है, रूप-रंग अलग हो सकता है, संयोग अलग हो सकता है। दिन, देश, दिनांक अलग-अलग हो सकते हैं। लेकिन चूंकि भीतर घटना घट ही रही है इसीलिए बाहर किसी का मिलना तय है। वो कोई भी हो सकता है। 'अ' नहीं तो 'ब'। 'ब' नहीं तो 'स'। क, ख, ग, घ, ङ।

समझ में आ रही है बात?

अपने प्रश्न को थोड़ा पलट के देखना पड़ेगा। कह रहे हैं कि, "हम चिकने और सलोने की ओर क्यों आकर्षित होते हैं?"

> *"आप आकर्षित होना चाहते हैं इसीलिए कुछ न कुछ चिकना और सलोना लगने लगे जाता है।"*

और बाकी आप जो बाहर भेद तैयार करते हैं, उन भेदों का कारण अन्य संस्कार हैं। एक संस्कार है जैविक, जो आपको मजबूर कर रहा है कि आप खिंचें। और दूसरा संस्कार है जो समाजिक और जैविक दोनों है। वो आपको बता रहा है कि किसकी ओर खिंचें।

आदमी बहुत भूखा भी होता है तो भी कुछ तो भेद करता है दो प्रकार के भोजनों में। ऐसा नहीं है कि कहीं भी चला जाता है। तो आप अगर कहें कि ऐसा भी नहीं है कि हम अपनी भूख के मारे कुछ भी स्वादिष्ट पाने लगते हैं तो आपकी बात ठीक है। भूख खूब हो, उसके बाद भी आप चुनाव करते हो, आप भेद करते हो। पाँच तरह का भोजन रखा है। आप कहते हो, ये चाहिए और ये चाहिए। बाकी तीन ज़रा पीछे। ये दोनों न मिलें तो बाकी तीन का नंबर लगेगा।

उस भेद में भी आपका कुछ नहीं है। वो भेद भी किस आधार पर करना है वो भी हम जाने बैठे हैं, संस्कारित हैं। ठीक वैसे ही जैसे उम्र के बढ़ने पर और आंतरिक रसायनों, हॉर्मोनों के उत्सर्जन पर हमारा कोई वश नहीं

है। वैसे ही बाहर क्या लुभावना और सुंदर लगने लगे जाएगा, इस पर भी हमारा कोई वश नहीं है। दोनों तरीकों से हम मज़बूर हैं।

पहली मजबूरी ये है कि कुछ न कुछ तो भाएगा। और दूसरी मजबूरी ये है कि क्या भाएगा, ये पहले ही तय है। पहली मजबूरी ये है कि कुछ न कुछ है जिसकी ओर खिंचोगे। क्यों खिंचोगे? क्योंकि जीव पैदा हुए हो, इंसान, हाड़-मांस के पुतले। और पैदा होते ही अपने-आपको सीमित देखा है। पैदा होते ही अपने-आपमें कुछ कमी, कुछ खोंट या अपूर्णता लगातार पाई है। कुछ पाई है, कुछ सीखी है। शिक्षा, तमाम अन्य प्रभाव, इन्होंने बताया है कि कमी है ही। ये न भी बताते तो भी थी।

जानवरों को कोई नहीं बताने जाता लेकिन वो भी एक निश्चित वय को प्राप्त होते ही उछलना-कूदना शुरू कर देते हैं। नर को मादा चाहिए, मादा को नर चाहिए। और बात सिर्फ कामवासना की नहीं है। उन्हें भी पता है कि किस तरह का उनको ठिकाना और छांव चाहिए, किस तरह का उनको भोजन चाहिए। ये सब कुछ पहले ही भीतर बैठा हुआ है।

आदमी के साथ एक तल और जुड़ जाता है, कि चाहिए तो चाहिए, जो-जो चाहिए उसमें भी विभाजन है, उसमें भी वर्ग हैं। भारतीय हो तो अमुक किस्म का चेहरा चलेगा। भारतीयों में भी इस क्षेत्र से हो तो ऐसा, उस क्षेत्र से हो तो वैसा। धर्म के आधार पर विभाजन हो जाते हैं।

ये बड़ी अजीब बात है कि कामवासना धर्म देख कर जागृत हो, पर ऐसा भी होता है, दोनों तरीकों से होता है। जो समधर्मी हो, उसके प्रति भी होता है और जो विपरीतधर्मी हो, उसके प्रति भी होता है। आपको विवाह करना और आप बड़े नैतिक किस्म के आदमी हों। आपके सर पर घरवालों का और समाज का जूता रखा हुआ हो तो आपको दूसरी जाति या दूसरे धर्म की लड़की या लड़के को देखकर कामोत्तेजना होगी ही नहीं। आपको पता है इस राह चल ही नहीं सकते। एक पाँव बढ़ा लेंगे, अगले पाँव पर पड़ेगा जूता। कुछ होगा ही नहीं।

और दूसरी बात भी बिल्कुल ठीक है। जब शत्रु सेना किसी शहर में घुसती है तो उनके लिए, खासतौर पर अगर वो अराजक सेना है, तो उनके लिए एक बड़ा आकर्षण होता है लूट। और उस लूट में बलात्कार भी शामिल होता है। ये भी तय है पहले से। समाज हमारी जैविक क्रियाओं

को भी संचालित कर रहा है।

भारत का विभाजन हुआ था। विभाजन के समय में हत्याएं जितनी हुई थी, हुई थी, बलात्कारों की भी कमी नहीं थी। वो समय धर्म के कड़े शिकंजे का था। आज आप जितनी ढील देखते हैं तब उतनी भी नहीं थी। तो दंगों के चलते मौका मिला। हिन्दू पुरुष को मुसलमान स्त्री कभी उपलब्ध नहीं होती पर दंगों में हो जाएगी। दंगे हैं, अभी कुछ भी हो सकता है। मुसलमान पुरुष को सिख स्त्री कभी उपलब्ध नहीं होती, पर दंगों में हो जाएगी। दंगे हैं, अभी तो कुछ भी हो सकता है।

धर्म ने निर्धारित कर रखा है कि कामोत्तजना भी किसको देखकर के होगी। कभी समधर्मी को देख के होती है, कभी विधर्मी को देख के होती है। अब बताइए बात चिकने और सलोने की है क्या? ये तो आप सामान्य खड़े हुए हैं और जैसे ही अपने सामने वाले का नाम पूछा, नाम पूछ के आपको उसकी जात पता चली या धर्म पता चला, आप उत्तेजित हो गए। इसमें उसके चिकनेपन का क्या योगदान है? इसमें उसका सलोनापन कहाँ है?

ये तो हमारी गहरी गुलामी की दास्तान है कि हमें पता भी नहीं है कि जिन अनुभवों को, जिन प्रेरणाओं को हम अपना कह रहे हैं, वो कितनी पराई है। हम कभी कह देते हैं प्रेम हो गया, कभी कह देते हैं नफरत है। प्रेम कितना हमारा है, नफरत कितनी हमारी है, विचारणीय प्रश्न है।

फिर आपने कहा है कि ऐसा क्यों होता है कि धोखा खाने के बाद भी मन चिकने और सलोने की ओर जाता है। वो इसलिए होता है क्योंकि एक वस्तु ने धोखा दे दिया। एक दरवाज़ा धोखा दे गया। एक दरवाज़ा। दरवाज़ों की धारणा ने नहीं धोखा दिया।

एक लड़के ने धोखा दे दिया। ये जो लड़के-लड़की का खेल है इसकी बुनियाद ही धोखा है, ये अभी स्पष्ट नहीं हुआ है। आप क्या कहते हो? एक विशिष्ट लड़के से धोखा मिल गया। एक दुकान का माल खराब निकल गया।

हमारी हालत ऐसी है कि जैसे हम कहें कि फ़लाने बार की शारब पी तो नशा हो गया, अब कहीं और पीते हैं। शायद नशा न हो। हम ये मानने को नहीं तैयार हैं कि शराब में ही नशा है।

हम कहना चाहते हैं कि उस दिन, रात में नशा था। शराब में नशा नहीं है, फलाने बार में नशा था। उस ब्रांड में नशा था, उस ठेके में नशा था। शराब में ही नशा है, ये हम नहीं मानेंगे।

और उससे भी जो और गहरी बात है कि नशे को खोजने का कारण भी नशा है। आप पहले ही नशे में हो इसीलिए नशे को खोज रहे हो। ये हम नहीं मानेंगे। बात को मुड़कर अपने तक नहीं आने देंगे, क्योंकि जो पैदा हुआ है इंसान बनकर, पैदा होते ही वो अपने लिए एक उद्देश्य ढूंढ लेता है। और वो उद्देश्य होता है बचे रहने का।

भौतिक तौर पर हम बचे रहना चाहते हैं, ये तो स्पष्ट है। भौतिक तौर पर हम बचे रहना चाहते हैं, ये बात तो जाहिर ही है। मैं भी ज़रा सा कागज़ भी उछाल दूँ किसी की ओर तो यूँ हो जाएगा *(झुक कर बच जाएगा)*। बात स्वंय सिद्ध है। पर शारिरिक तौर पर हम जितना बचे रहना चाहते हैं, उससे कहीं ज़्यादा बचने की हमारी इच्छा रहती है मानसिक तौर पर, सूक्ष्म तल पर। ये दोनों बड़ी प्रबल इच्छाएं हैं।

'शरीर बचा रहे और मैं अपने-आप को जो मानता हूँ, मेरा अपने और दुनिया के विषय में जो विचार है, जो धारणा है, वो बची रहे।' पर इन दोनों प्रबल इच्छाओं में भी जो प्रबलतर है, विकट है, वो है मानसिक आत्म की धारणा। यहाँ तक कि आपकी जो आत्म छवि है यहाँ पर, उसको बचाने के लिए आप अपने शरीर की कुर्बानी देने को तैयार हो जाओगे।

दो तल हैं जिन पर आपको अपनी सुरक्षा करनी है। पहला तल है शरीर का और दूसरा तल है अपनी छवि का। 'मैं अपने विषय में जो सोचता हूँ, मैं अपने-आपको जो मानता हूँ।' आप शरीर का नुकसान करने को तैयार हो सकते हो मानसिक वाले को बचाने के लिए।

आप मानते हो आप बहुत इज़्ज़तदार आदमी हो। आप किसको बचाना चाहते हो? वो जो इज़्ज़तदार व्यक्ति है उसको। इज़्ज़त पर आँच आती है तो आप आत्महत्या करने को तैयार हो जाओगे। शरीर की आप कुर्बानी देने को तैयार हो ताकि वो जो दूसरा शरीर है, जिसे सूक्ष्म शरीर बोलते हैं, वो बचा रहे।

जो लोग आध्यात्म में पैठ रखते हैं, वो जानते हैं कि सूक्ष्म शरीर की भी कुर्बानी देने को जीव तैयार हो जाता है यदि उसके पीछे भी जो शरीर

है उसको बचाने का प्रश्न खड़ा हो जाए। उसके पीछे भी एक शरीर है। पर आप अभी इन्हीं दोनों शरीरों की बात समझिएगा।

जो बच्चा पैदा हुआ है, पैदा होते ही उसको जीने के दो उद्देश्य मिल गए हैं। कम से कम दो, दो के नीचे जो तीसरा है उसकी बात अभी नहीं कर रहे। जो बच्चा पैदा हुआ है, उसको दो उद्देश्य मिल गए हैं। पहला, हाथ में दर्द हो तो चिल्लाओ। बिस्तर गीला हो गया हो तो रोओ। ये वो क्या कर रहा है? ये वो अपने शरीर को बचा रहा है। आपकी दृष्टि अगर स्थूल है तो आपको इतना ही दिखाई देगा कि बच्चे को इतने से ही मतलब है। कितने से मतलब है? कि शरीर चलता रहे।

पर आपकी आँख अगर ज़रा पैनी है तो आप देख पाएंगे कि बच्चे को इससे ज़्यादा प्रयोजन है। वो शरीर भर को नहीं बचा रहा, वो शरीर से आगे भी कुछ है जिसे बचा रहा है। बच्चे की छोटी बहन आ जाए घर में। बच्चा अभी डेढ़ साल का हुआ है, ढाई साल का हुआ है और एक बहन आ गई उसके घर में, या छोटा भाई गया उसके घर में। तब आप यदि उसकी प्रतिक्रियाओं को पढ़ेंगे तो आप समझ जाएंगे कि वो अपने शरीर भर को नहीं बचाना चाहता।

उसके शरीर को आप अभी भी उतना ही भोजन दे रहे हैं जितना पहले देते थे। हो सकता है और ज़्यादा देने लगें। कपड़े-लत्ते, जितनी भी भौतिक सुविधाएँ होती हैं उनसे आप अभी भी उसका उतना ही ख्याल रख रहे हैं जितना कि ढाई साल पहले रखते थे। पर अब कुछ और हुआ है, कोई और आ गया है। आप पाएंगे बच्चा असहज हो गया है। उसे खतरा दिखने लगा है।

निश्चित रूप से खतरा किसी को दिख रहा है न। कुछ है जो खतरे में पड़ गया है। उसका एक शरीर है जो खतरे में पड़ गया है। ये शरीर नहीं, एक दूसरा शरीर भी होता है। एक आंतरिक काया होती है जो अब खतरे में पड़ गई है। बच्चे के मन में भी उसकी एक आत्म छवि थी। आत्म छवि ये थी कि, 'मैं वो हूँ जो माँ का एकमात्र दुलारा है।' क्या है मेरी परिभाषा? 'मैं वो हूँ जिसका माँ पर वर्चस्व है।' वो छवि छिनी और उस छवि का छिनना शारीरिक कष्ट से ज़्यादा दुखद हो सकता है।

जीवन भर हम लगे रहते हैं इन्हीं दो उद्देश्यों की पूर्ति में। अब जब इन्हीं दो उद्देश्यों की पूर्ति में लगे हैं तो ज़ाहिर सी बात है कि अपने-आपको आपूर्त समझ रहे हैं। हम कौन? जो पूरे नहीं हैं। पूरे होते अगर तो अपने-आपको बचाने और बढाने कि इतनी कोशिश और इतनी बेचैनी क्यों होती?

हम क्या हैं वो देखने के लिए, हम कैसे जी रहे हैं इसको देख लीजिए। अभी बात साफ हो जाएगी। हम दिनभर किन कोशिशों में लगे रहते हैं? या तो अपने-आपको बचाना है, या तो अपने-आपको बढ़ाना है। इसके अलावा कुछ तो करते नहीं। अगर यही करना है तो ज़ाहिर सी बात है न कि खिंचोगे किसी की ओर क्योंकि तुम्हारी कर्मभूमि तो संसार है। तुम्हें अपने-आपको बचाना कहाँ पर है? संसार में, दुनिया में, यहीं तो बचाना है न। या ये कहते हो कि यहाँ से बचा करके किसी और लोक में चले जाएं? तुम यही तो कहते हो कि ये दुनिया है, इस दुनिया में मैं बचा हुआ रहूँ, सुरक्षित रहूँ। यही कहते हो न? इन दरवाज़ों का और क्या प्रयोजन है? मैं अपने आप को....? इन कपड़ों का क्या प्रयोजन है? बैंक बैलेंस का क्या प्रयोजन है?

श्रोतागण: सुरक्षा।

आचार्य: सुरक्षा कहाँ करनी है? दुनिया में, संसार में। और अपने-आपको बढ़ाना है। हर आदमी इसी कवायद में लगा हुआ न? अपने-आपको बढ़ाना है, तरक्की, उन्नति। कहाँ बढाना है? बढ़ा के किसी और आयाम में चले जाना है? दूसरे जहान हैं? नए अंतरिक्ष हैं? ऐसा तो नहीं है। इसी दुनिया में।

जब ये सब इसी दुनिया में है तो बढ़ाने के साधन भी तुम कहाँ खोजोगे? इसी दुनिया में। तो ठीक है। मैं अकेला। मैं कहाँ अकेला? इस दुनिया में अकेला। तो खोजो दुनिया में, जो मिल जाए जो कोई पूरा हो, जो पूरा कर दे तुम्हें किसी तरीके से, यही है।

और कौन मिलेगा जो पूरा करेगा? वो इस पर निर्भर करता है कि तुमने अपने अकेलेपन को क्या आकार दिया है। तुम कल्पना करे बैठे

हो कि तुम्हारे सीने में एक गोल छेद है। तो तलाश तो तुम कर ही रहे हो। अब किसकी तलाश करोगे? कोई गोल-गोल हो। मेरा छेद गोल है, तो उसमें समाएगा क्या? कुछ चौकोर तो नहीं घुसेगा। फिट नहीं होगा ।

इधर मामला गोल है तो सामने मैं क्या खोजूँगा? कुछ गोल-गोल। और फिर तुम कहते हो ये देखो। वो गोल चाँद सा चेहरा देखकर के मैं फिसल गया। उसका चाँद सा चेहरा बाद में गोल था। तुम्हारे सीने में जो छेद है वो पहले गोल था, इसलिए तुम उधर को आकर्षित हुए।

अब इधर जो तुमने घाव बना रखा है। इधर जो गड्ढा कर रखा है, वो चौकोर है। तो अब क्या खोजोगे? कुछ चौकोर-चौकोर सा। और गोल गड्ढा भी कल्पित था और चौकोर गड्ढा भी। झूठे दोनों हैं। लेकिन दो झूठ, झूठों में भी भेद करे दे रहे हैं। दो दोस्त जा रहे हैं। एक को एक पसंद आ गई, दूसरे को दूसरी पसंद आ गई। झूठ दोनों पसंद हैं लेकिन झूठ-झूठ में भी जैसे अंतर है, भेद है। मज़ेदार है न?

ये पसंद भी झूठ है क्योंकि इसका भी जो घाव है वो झूठा घाव है। तुमने व्यर्थ अपने-आपको घायल कर रखा है। ऐसे घाव से कराह रहे हो जो घाव है नहीं। किसी के घाव का मौसम ये है। हाल ये है कि घाव गंदा है तो उसे कौन चाहिए? कोई जो बड़ी साफ़ हो। जैसा इधर मामला होगा, उसी के अनुसार उधर का मामला आप तय कर लोगे।

अब तय किया भी या तय हो गया? तय किया या तय हो गया? ये, इसको देख लीजिए, सब समझ में आ जाएगा *(बल्ब कि ओर इशारा करते हुए)*। तय है कि ये बंद होगा तो क्या होगा *(स्विच ऑफ करते हुए)*। तय है कि ये जलेगा तो क्या होगा *(स्विच ऑन करते हुए)*। और यहाँ सॉकेट है, वो बताए दे रहा है कि इसमें कौन सा प्लग अंदर जाएगा।

दो-पिन, तीन-पिन, तरह-तरह की विविधताएं हैं। मोटा पिन, छोटा पिन, लम्बा पिन, पतला पिन। समझदार लोग हैं आप। वो इस पर निर्भर करता है ये (सॉकेट) कैसा है।

सारा अध्यात्म आपको ये बताने के लिए है कि ये जो छेद आपने बना रखा है, ये झूठ है। क्यों नाहक कष्ट दे रहे हो अपने-आपको? जब ये झूठ है तो तुम क्या बाहर ढूंढते फिर रहे हो कि ये मिल जाए, इसमें खोंस के देखें? ये तो हुआ नहीं ठीक।

कई बार तो ऐसा होता है कि अंदर चला गया वो बाहर नहीं आता। हुआ है? लगे हुए हैं उसको निकालने में, फिर डाइवोर्स लॉयर को पकड़ना पड़ा। क्यों? बाहर ही नहीं आ रहा। अब अंदर ऐसा घुसा है ससुरा, आ ही नहीं रहा बाहर निकलने। फिर नंबर ब्लॉक करो उसका, और पचास चीज़ें करो क्योंकि एक बार घुस गया तो घुस गया।

जादू ये है, यही (सॉकेट) ही झूठा था तो घुसा कहाँ? सब झूठ है लेकिन उसके बाद भी तमाशा चल रहा है।

क्यों कहा रहा हूँ ये झूठ है? जो हमारी आंतरिक हीनता है, जो क्षुद्रता का भाव है, जो घाव बना रखा है, जो गड्ढा कर रखा है, क्यों कह रहा हूँ झूठ है? क्योंकि उसके बिना भी जिया जा सकता है। बहुत हैं जो उसके बिना जिए। और आप भी जानते हैं कि सदा आप ऐसे नहीं रहते हैं। कभी आप खुले स्थान जैसे भी होते हैं। हमेशा आप ये नहीं अनुभव कर रहे होते कि कुछ कमी ही है। कभी-कभी आप पूरे होते हो। कभी-कभी हो सकते हो तो सदा भी हो सकते हो। और ये (सॉकेट) झूठ है, इसका प्रमाण है ये (बल्ब)। यदि ये (सॉकेट) सच होता तो ये (बल्ब) कहाँ से आते?

चार लोग भी अगर जी गए स्वस्थ रहकर तो प्रमाणित तो हो गया न कि स्वस्थ रहकर जिया जा सकता है। आप क्यूँ चूकते हो? उनके लिए संभव था तो आपके लिए क्यों संभव नहीं है? आप क्यों कटोरा लिये घूमते हो? कटोरे सोने के भी हो सकते हैं। और भिखारी के समाज में कोई भिखारी ऐसा भी हो सकता है जो बड़ा सम्मानीय हो। हो सकता है आप बड़े सम्मानित आदमी हों, समाज के बड़े वरिष्ट सदस्य हों। फ़र्क़ क्या पड़ता है? कटोरा तो है न हाथ में?

कटोरे का अर्थ समझते हो न? कलपना। हाय, हाय। अरे, कुछ और मिल जाए। अरे, कुछ छिना जाता है। दिल का धक्क से रह जाना। कहीं वो वाली खबर न आ जाए। जानते हो न क्या बोल रहा हूँ? इसी में जीते हो न?

हम सब उन दो-चार खबरों से आशंकित हैं और हम सब उन दो-चार खबरों को लेकर आशान्वित हैं। कई बार तो ऐसा होता है कि तुम डरे होते हो तो वो खबर आई भी नहीं होती है पर लगता है आ ही गई। मन को टटोला है कभी? हाल जाँचा है?

ई-मेल आती है इनबॉक्स में, चाहे लैपटॉप में खोलो, चाहे मोबाईल में खोलो। उसका विषय भर दिखाई देता है। देखा है उसके विषय भर को देख करके मन तुरंत कल्पनाएं कर लेता है कि आगे क्या लिखा होगा। देखा है? और दो ही दिशा में कल्पना जाती है। जिससे डर रहे हो उसको लेकर तुरंत कल्पना उठेगी कि कहीं वो हो तो नहीं गया, और जिसकी उम्मीद में हो उसको लेकर कल्पना उठेगी कि काश वो हो गया हो। और कोई तीसरी क्या कल्पना। सबकुछ ठीक है तो कल्पना की ज़रूरत नहीं। जहाँ डर है और जहाँ उम्मीद है, वहीं कल्पना की उड़ान है।

दो बार पूछा है। 'बार-बार धोखा क्यों खाते हैं और धोखा खाकर भी समझते क्यों नहीं?' समझ तुम जाते हो पर बड़े सीमित अर्थों में समझते हो। पिछली बार, अभी जो उदाहरण लिया था उसी को आगे बढ़ा रहा हूँ। पिछली बार तुमने टीचर्स *(शराब की ब्रैंड)* पी थी और हाथ तुड़वाया था, तो तब से तुम टीचर्स नहीं पीते हो, तो समझ तो गए न। देखो तुमने सबक सीखा, अब तुम टीचर्स नहीं पीते। सबक लिया तो तुमने। सबक नहीं लिया? लिया तो।

चिरौंजीमल हलवाई का समोसा खाया था। पेट खराब हो गया था। अब तुम समोसा चिरौंजीमल के पड़ोसी के दुकान से खरीदते हो। चिरौंजीमल ब्लैकलिस्ट हो सकता है, समोसा ब्लैकलिस्ट नहीं होता। समोसा भी ब्लैकलिस्ट हो सकता है। कोई और आ जाएगा उसकी जगह। क्यों आ जाएगा? क्योंकि गड्ढा है जिसे पाटना है।

उस गड्ढे में दुनियाभर के समोसे, सब भरा हुआ है। समोसे का अर्थ समझ रहे हो न? ये भी समोसा है, ये भी समोसा है, ये भी समोसा है, ये भी समोसा है, वो समोसा, वो समोसा, वो समोसा (कमरे में सभी चीज़ों की ओर इशारा करते हुए)। एक अनंत रिक्तता है जिसमें तुम डाले जा रहे हो, डाले जा रहे हो, डाले जा रहे हो। वो भरने का नाम नहीं लेती।

हाँ, डालते वक़्त भी तुम होशियारी से बाज़ नहीं आ रहे। तुम कहते हो, ये वाला समोसा ठीक नहीं था, अगली बार दूसरा डालेंगे। हरी चटनी की जगह अब लाल चटनी डालेंगे। क्या पता उससे भर जाए। तो डालते हुए भी तुम तिकड़म पूरी लगा रहे हो। ऐसा नहीं है कि एकदम ही बुद्धु हो। दिमाग तो लगाया है।

जैसे जब कोई अपनी आठवीं शादी कर रहा है और दिमाग लगाए। पहली सात में जो गलतियाँ करी थीं, इस बार नहीं करेंगे। बहुत दिमाग लगाया है भाई ने। वैसा ही दिमाग लगाते हो। वो हिम्मत की बाद है आठवीं शादी तक पहुँचना। आठवीं नौकरी तक तो कई लोग पहुँच रहे होंगे। आठवीं नहीं तो दूसरी, चौथी, पांचवीं।

दिमाग तो लगाते ही हो। अब इस बार, अब उस बार। लोग कभी नहीं पूछते कि इतना दिमाग तो पहले भी लगाया था। क्या अंजाम हुआ? और अब क्यों फिर अपने ऊपर विश्वास कर रहा हूँ कि इस बार की तिकड़म सफल रहेगी। भरोसा बहुत है अपने ऊपर, भरोसा टूटने को ही नहीं आता।

जिन लोगों ने गणित विषय को कभी गम्भीरता से लिया हो, उन्हें याद दिलाता हूँ। गणित को, भौतिकी को, किसी को भी। जब तुम्हारे सामने कोई समस्या आती थी, तुम उसे हल करते थे। देखा है, कई बार पूरे विश्वास के साथ हल कर देते थे और पक्का ही हो जाता था कि हल कर दिया। वो तो जब सही उत्तर से मिलान करते थे तब पता चलता था गलत हो गया है। उस क्षण में वापस जाओ जब तुमने अपनी बुद्धि से हल निकाला है और तुम आश्वस्त हो कि हल सही है। जाओ उस क्षण में वापस। ऐसा हुआ है कि नहीं? और गणित से जिनका बहुत वास्ता नहीं है वो भी समझ रहे हैं मैं क्या कह रहा हूँ।

जीवन में अनेक पल आएं हैं कि नहीं जब तुम्हें पूरा पक्का ही पता है, और फिर एक पल के लिए हतप्रभ रह गए हो। ये क्या हुआ? दिक्कत ये है कि वो एक पल बहुत जल्दी बीत जाता है और तुम दुबारा अपने ऊपर यकीन करना शुरू कर देते हो कि नहीं ठीक है।

क्यों यकीन करना शुरू कर देते हो?

ये भी पढा दिया गया है। हमारा समाज आत्मविश्वास पर बहुत ज़ोर रखता है और वो आत्मविश्वास नहीं होता, वो अहंता विश्वास होता है। तुम अगर कम कॉन्फिडेंट (आत्मविश्वासी) हो तो तुम्हें जीने नहीं दिया जाएगा। पूछेंगे क्या है, समस्या क्या है? ये टीवी है, इसको अभी खोल दो। इसमें जितने चेहरे तुम पर उछल के आएंगे, वो सारे के सारे चेहरे कैसे होते हैं? कैसे होते हैं? सुपर-कॉन्फिडेंट (अति आत्मविश्वास से भरे हुए), वरना वो टीवी पर नहीं होते। तो अपने प्रति संदेह रखने को, अपने

ही प्रति शंकित रहने को कोई प्रोत्साहन ही नहीं दिया जाता। उस बात को ऐसे समझा जाता है जैसे गुनाह हो गया हो।

संसारी और सन्यासी में यही अंतर है। संसारी को सब पता है। उसे पक्का पता है क्या, क्या चीज़ है। उसके चेहरे पर देखो, तुम्हें कोई संदेह दिखाई नहीं देगा। सड़क पर दो लोग बात कर रहे हों, एयरपोर्ट पर बात कर रहे हों, बाज़ार में बात कर रहे हों, आप उनकी शक्लें देखिए: विश्वास से भरी हुई।

उतना विश्वास आपको इनकी शक्लों में नहीं मिलेगा। ये जानना चाहते हैं और कहते हैं कि अज्ञेय है। बात के अंत तक हम पहुँच नहीं सकते तो हम कैसे कह दें कि हमें पता है। हमें नहीं पता। ये बेचारे तो झुके हुए रहते हैं। ये कहते हैं, हम ज़्यादा कुछ जानते नहीं। और ट्रेन के कोमपार्टमेंट में आपको दो लोग मिल जाएंगे बात करते हुए, उनकी शक्लें देखिएगा। जैसे पता हो। और मूर्खों में मूर्ख वो है जिसकी शक्ल पर गहन आत्मविश्वास है, जिसे पता है। और ऐसा नहीं है कि उसे दूसरे के सामने पता है। वो अकेले में भी खड़ा है तो संसार को ऐसे देख रहा है जैसे ये गुत्थी तो उसने सुलझा ही ली है। 'हाँ, जानता हूँ ये क्या है। पता है, मुझसे पूछो।' ये अलग बात है कि बच्चू को अभी एक फोन आ जाए तो गुसलखाना ढूंढते फिरेंगे कहाँ है। उनकी भाषा में वॉशरूम। भारत के प्लेटफार्म में कुली से पूछोगे वॉशरूम, तो कहेगा 'कौन सी ट्रेन बताई?'

> ***"पर भीतर शंका जितनी गहन होती है, भीतर से तुम जितने भयाकुल होते हो, बाहर आत्मविश्वास का नकाब पहनना उतना ज़रूरी हो जाता है।"***

भीतर जो शंका है उसके तुम संपर्क में नहीं हो, उसके बस तुम शिकार हो। इस बात को समझना। तुम जिसके शिकार हो, ज़रूरी नहीं है तुम उसके सम्पर्क में हो। जिस चीज़ के सम्पर्क में नहीं हो, सम्पर्क में आए बिना भी उसके शिकार हो सकते हो।

हमारे मन की गहराइयों में क्या चल रहा है हम उसके सम्पर्क में नहीं हैं, पर हम उसके शिकार ज़रूर हैं। मन की गहराइयों में बड़ी अराजकता

है, बड़ी अव्यवस्था है। घोर डर उबल रहा है। हम उसके सम्पर्क में नहीं हैं तो हमें लगता है कि वो है ही नहीं। चूँकि हम उसके सम्पर्क में नहीं है, चूँकि वो हमारी दृष्टि में नहीं है, तो हमें लगता है जैसे वो नहीं है। अब कोई चीज़ तुम्हें दिखाई न देती हो। कोई स्नाइपर बैठा है बहुत दूर, वो तुम्हें दिखाई नहीं दे रहा, पर उसकी गोली चलेगी तो? लगेगी।

हमारा तर्क ये है कि दिख नहीं रहा तो? है नहीं। और दिखेगा कैसे? दिखने के लिए देखने जैसी दृष्टि चाहिए, नज़र का साफ होना बहुत ज़रूरी है, तीव्र, पैनी, वो है नहीं। और तुम अपनी ज़िन्दगी को देखते हो सुबह से शाम तक कि उसमें सतह-सतह पर तुम्हें कुछ ऐसा नज़र नहीं आता जिसको लेकर के तुम्हें चिंतित या शंकित होना पड़े, तो तुम कह देते हो सब ठीक है। कुल है। जो दुश्मन है वो गहरे छुप के बैठा हुआ है। वो ऐसी जगह बैठा हुआ है जहाँ से वो तुम्हें दिखाई नहीं देता पर जहाँ से उसकी चलाई गोली तुम्हें लगती ज़रूर है।

> ***"संत में और संसारी में भेद को ऐसे समझ लेना। मन के पाताल में उसके भी शैतान बैठा है, माया बैठी है। मन के पाताल में हमारे भी शैतान बैठा है, माया बैठी है, आस्तित्वगत डर बैठा है। पर उसने अपने शिकारी को ताड़ लिया है। वो माया को पहचान गया है। चूँकि पहचान गया है इसीलिए बच सकता है। हमें पता ही नहीं है कि हम निशाने पर हैं। हम बिंदास जी रहे हैं। हमें पता ही नहीं है हम निशाने पर हैं।"***

जैसे कसाई की दुकान में दो बकरे खड़े हों और एक दूसरे को चुटकुला सुना रहे हों। और जब एक को घसीट के ले जाया गया तो वो बोले, फिर मिलेंगे। बोले कि कॉफी तैयार रखना, बस आ ही रहा हूँ।

दो लोगों को हँसी-मज़ाक करता देखें, आपको दिखाई नहीं देता है। कोई है जो इनकी गर्दन पकड़ के ले जाने को तैयार है। और ये बकरे कसाई के लिए खड़े हुए हैं और हँस रहे हैं।

झूठे सुख को सुख कहे, मानत है मन मोद।

खलक चबैना काल का, कुछ मुँह में कुछ गोद।।

उत्सव जारी है। कसाई ने उठाया है अपना गंडासा, चाकू और बकरा उसे बोल रहा है, "सही है यार! कहाँ से लिया? मुझे भी दिलाना एक।"

कसाई बोला, "दिलाता हूँ अभी।"

भीतर जो बैठा है गहरा डर, उसी का प्रभाव है कि हमें *कूल* होना पड़ता है। मैं इस शब्द का इस्तेमाल इसलिए कर रहा हूँ क्योंकि हिंदी भाषा में इसके समतुल्य कोई शब्द नहीं है। कूल माने कूल। इसका हिंदी अनुवाद कुछ नहीं होता। और संस्कृत में तो है ही नहीं। उपनिषदों का ऋषियों को भी नहीं पता था कि कूल हो जाएगा कभी मामला। तो हम कूल लोग हैं। भीतर नर्क का कड़ाह उबल रहा है इसीलिए ऊपर-ऊपर कुल होना ज़रूरी है।

अच्छा, अपनी-अपनी जो फेसबुक डी.पी है, एकबार उसका स्मरण करिए। जितने लोगों को जानते हैं, उनके फेसबुक डी.पी का स्मरण करिए। कर लिया? आपके चित्र में और इनकी(दीवार पर लगे संतों के तस्वीरों की ओर इशारा करते हुए) शक्लों में मूल अंतर क्या है?

ये मुस्कुरा नहीं रहे। इनमें से कोई नहीं है जो मुस्कुरा रहा है। और मुस्कुराना आपकी मजबूरी है क्योंकि आप बहुत डरे हुए हो। इनमें से कोई डरा हुआ नहीं है इसीलिए इन्हें मुस्कुराने की ज़रूरत नहीं है।

वो शिव हैं, देखो। मुस्कुराते शिव देखे कभी? कहो। और तुम मुस्कुराने से बाज़ नहीं आते। गलती नहीं है कि कहो कि अरे नहीं, गलती हो गई थी कि मुस्कुरा रहे थे। अब नहीं मुस्कुराएंगे। मैं कह रहा हूँ विवशता है। तुम्हें मुस्कुराना पड़ेगा। और करोगे क्या? इतनी ज़ोर की पड़ रही है। मुस्कुराओगे।

भीतर के नर्क से, भीतर के गड्ढे से, भीतर की आग से भागो मत। उसके सामने खड़े हो जाओ। वो उतनी भी डरावनी नहीं है और उतनी भी हानिप्रद नहीं है जितनी लगती है। दूर खड़े हो इसीलिए बस कल्पनाएं हैं तुम्हारे पास। दूर खड़े हो, कुछ जानते तो हो नहीं तो कल्पनाएं फिर कैसी होंगी सब? झूठी। इतना भी बेबस होकर के क्यों जीना?

एक आध्यात्मिक खुद्दारी के साथ भी जिया जा सकता है। आँखें जब भी खुलें तो उनसे डर ही क्यों छलके? सहज भी जीया जा सकता है।

और डर छलकता है तो डर छुपाने के लिए तुम आत्मविश्वास का आवरण पहनते हो। द कूल एंड कॉन्फिडेंट गाए/गर्ल। और उसको ज़रा सा खंरोच भर दो तो खून की जगह डर बहने लगता है।

ये जितनी बातें हमने करीं, उनको एक में पिरो पा रहे हैं आप? या सब बातें अलग-अलग लग रही हैं? आपका संसार की ओर बेबसी में खिंचे चले जाना यूँ ही नहीं है। उसकी वजह एक झूठ है। और वो झूठ हमारे शरीर के साथ ही पैदा हो जाता है। वो झूठ हमारी शारीरिक व्यवस्था में निहित है।

छोटा बच्चा हो कि बड़ा आदमी हो, आँखें जब भी देखती हैं तो यही देखती हैं न संसार बहुत बड़ा है और मैं बहुत छोटा हूँ? फर्क नहीं पड़ता बच्चा छोटा है कि छह फुट का हो गया। संसार के सामने तो वो सदा ही नन्हा सा है। ये वो झूठ है जिसमें हम जीते हैं। पैदा होना।

पैदा हुए हो तो तुम्हें सदा यही लगेगा कि तुम खतरे में हो। देखते हो ना, पैदा होते ही सभी प्राणियों में क्या व्यस्था शुरू हो जाती है? पक्षी का बच्चा पैदा हो जाता है। क्या करा जाता है उसको? छुपा के रखा जाता है। उसकी माँ आएगी, उसको चोंच में दाना देगी। महीने भर वो उड़ नहीं सकता। और उसके पास कोई पंख, कोई फर नहीं है तो उसे ठंड बहुत लगती है। तो उसको फिर वो पत्ती-वत्ती में दबा-दुबू के रखती है।

ये सारा खेल क्या चल रहा है? ये सारा खेल असुरक्षा और डर का चल रहा है। बात अगर शरीर की असुरक्षा तक सीमित रह जाती तो कोई हर्ज़ा नहीं था। हमें लग जाता है कि हम ही असुरक्षित हैं। अगर शरीर भर असुरक्षित होता तो तुम संसार से बस शरीर की सुरक्षा के साधन माँगते। पर जब तुम्हें लगने लगे जाता है कि शरीर मात्र नहीं बल्कि तुम भी असुरक्षित हो तब तुम संसार से अपनी सुरक्षा के साधन माँगते हो। अंतर समझो। अब तुम ये नहीं कह रहे कि मुझे शरीर को बचाना है तो उसके लिए कपड़ा चाहिए, पैसे चाहिए, छाँव चाहिए, वगैरह।

असल में आदमी का जो बच्चा है, वो बड़ा कमज़ोर होता है। आदमी ही बड़ा कमज़ोर है। सभी जानवरों में सबसे कमज़ोर आदमी है। आदमी को जंगल में नंगा छोड़ दो, चार दिन नहीं चलेगा। बाकी कोई छोटे-मोटे जानवर भी तुम जंगल में छोड़ दो, वो उनका काम चल जाता है, आदमी

खत्म हो जाएगा। और खास तौर पर आदमी से उसकी स्मृतियां, ज्ञान और भाषा छीन लो तो जंगल में वो एक दिन भी न चल पाए। जानवर चल जाते हैं। तो आदमी बड़ा असुरक्षित है।

ठीक है। इस असुरक्षित कमज़ोर, इस कोमल और मुलायम शरीर की रक्षा के लिए तुमको कुछ प्रबंध करना है, वो करो। पर जब तुम बात को बढ़ा देते हो और कहना शुरू कर देते हो कि शरीर भर की नहीं बल्कि अपनी सुरक्षा का इंतजाम करना है। तब तुम अपने लिए नर्क तैयार कर लेते हो। हम अपने लिए चिंतित हैं। हम अपनी टाँग के लिए नहीं चिंतित हैं। समझो बात को।

हम अपने घर के लिए नहीं चिंतित हैं। हम अपने पति या बीवी या बच्चे या नौकरी के लिए नहीं चिंतित हैं। हम अपने लिए चिंतित हैं। अंतर समझना। तुम्हारी नौकरी चली जाती है, तुम्हें ये नहीं लगता तुम्हारी नौकरी चली गई। तुम्हें लगता है जैसे तुम्हारा कुछ टूट गया।

अभी शशि कपूर(अभिनेता) की मृत्यु हुई। अच्छे कलाकार थे। तो मैं पढ़ रहा था उनके विषय में। उनकी पत्नी थी जेननिफर, उनकी १९८४ में मृत्यु हुई थी कैंसर से और जेनिफर की मौत के बाद शशि कपूर का वज़न बढ़ता ही चला गया। उन्होंने अपने ऊपर जो शारिरिक अनुशासन बाँध रखा था वो उन्होंने बिल्कुल छोड़ दिया। और फिर गिरते, गिरते, गिरते अन्ततः वो ऐसी स्थिति में आ गए कि जहाँ उनका देहांत ही हो गया।

तो इस पूरे प्रकरण के बारे में जो एक बात बार-बार सामने आई, वो ये थी कि शशि कपूर ने अपने व्यक्तित्व का एक बड़ा हिस्सा अपनी पत्नी को समर्पित कर दिया था। और पत्नी के जाने के बाद वो हिस्सा खाली रह गया। एक रिक्तता, एक वैक्युम। फिर व्यक्ति तीस-चालीस साल और जिया शारिरिक तौर पर, पर ऐसे जीया जैसे आधा होकर कोई जिए। पत्नी नहीं मरी। पत्नी भर नहीं मरी। 'मेरा' कुछ मर गया। 'मैं' खत्म हो गया। और ऐसा खत्म हुआ कि फिर उभर नहीं पाया। जीवन के साथ हम ऐसे ही हैं।

घर नहीं जाता, पैसा नहीं जाता, इज़्ज़त नहीं जाती, हम चले जाते हैं। जैसे अपने-आपको संसार की किसी न किसी इकाई का इस्तेमाल करना बहुत ज़रूरी हो अपने-आपको भरने के लिए। तुम जिस भी चीज़ को

अपने-आपको भरने के लिए इस्तेमाल करोगे, उसका नुकसान बर्दाश्त नहीं कर पाओगे।

इसीलिए फिर देने वालों ने तुम्हें एक बात दी। एक जादुई जड़ी दी। एक करिश्मा दिया। छोटा सा ही शब्द है — आत्मा। वो क्या है? वो ऐसी जादुई चीज़ है जो छिन नहीं सकती। जब बच्चा पैदा हो तो जैसे उसके कान में फूँकने के लिए ऋषियों ने, जानने वालों ने तुम्हें ये जड़ी दे दी है।

तो बच्चा पैदा हुआ है, पैदा होते ही उसको क्या लग रहा है कि मैं तो हूँ...? कैसा हूँ? छोटा, नन्हा, अधूरा, असुरक्षित। तो उसे जुड़ना है किसी ना किसी चीज़ से। किससे जुड़ना है? नन्हा सा हूँ तो मुझे कुछ ना कुछ चाहिए जो मुझे बचा सके, सहारा दे सके, तो उसके कान में मंत्र फूँका। क्या मंत्र फूँका?

आत्मा।

ये समझाना उसको बड़ा मुश्किल था कि तू जैसा है ठीक है, पूरा है, क्योंकि तुम ये उसे समझा भी दोगे तो उसकी इन्द्रियाँ बगावत कर देंगी। तुम उसे समझा रहे हो तू वो पूरा है, और आँखें क्या दिखा रही हैं कि तू अधूरा है। तो ये समझाना बड़ा मुश्किल है कि ये अपने अधूरेपन को त्याग दे। उसका जिस्म ही उसे लगातार बता रहा है कि तू अधूरा है।

तो जो जानते थे उन्होंने कहा कि, 'ठीक है, तेरी बात मानी कि तू अधूरा है। तो मैं तुझे पूरा करने के लिए कुछ और दे रहा हूँ। ये हटा, बाकी चीज़ें जो तू पकड़ रहा है।' और वो बच्चा अपनी नन्ही-नन्ही मुट्ठियों से कभी ये पकड़ रहा है, कभी वो पकड़ रहा है, कभी कुछ कर रहा है। तो ऋषि पास गए और उसके कान में क्या बोले? क्या बोले?

(फुसफुसाकर बोले) आत्मा। बोले, तू इसका सहारा ले ले। तू इसका सहारा ले ले। पहली बात, इस चीज़ में खासियत ये है कि ये दुनिया की नहीं है। दूसरी बात, ये छिन नहीं सकती। दुनिया की नहीं है तो तूने कहीं से पाई नहीं, कहीं को गंवाएगा नहीं। और दुनिया की नहीं है तो चीज़ ही नहीं है। क्योंकि दुनिया में तो चीज़ें ही चीज़ें होती हैं, और चीज़ें दुनिया में ही होती हैं।

तुझे किसी न किसी का सहारा या भरोसा चाहिए। तू ये ले ले- आत्मा। तू इसके भरोसे जी। और बाकी सब को तू बेधड़क मान ले कि छिन

सकता है। तू जाएगा, तू अपने लिए एक फूल लेकर के आएगा। कोई दूसरा बच्चा आके तुझसे फूल छीन सकता है। लेकिन सबकुछ भी तुझसे छिन जाए, ये जादुई चीज़ नहीं छिनेगी। कौन सी चीज़? आत्मा।

अब तू मौज मना। जा तुझे जो चाहिए उसके पीछे जा। खुल के संसार में मौज कर। जो पकड़ना हो पकड़, जो छोड़ना हो छोड़। और अस्वस्थ रह कि कुछ ऐसा है जो न दुनिया का है, न दुनिया उसे छीन सकती है। बस अध्यात्म वहीं से शुरू होता है और वहीं पे आके खत्म हो जाता है।

हमें अपने जन्म का ही निषेध करना होगा। हमारी कहानी जिस बिंदु से शुरू हुई थी, हमें उस बिंदु को ही झूठा देखना होगा। उस कहानी के आगे जो कुछ हो रहा है वो तो उस बुनियाद पर खड़ा है ना, जिस बुनियाद से शुरुआत है। अब शुरुआत कहाँ से है आपकी? आप कब बोलते हो कि मैं शुरू हुआ? जन्म से।

और जन्म का मतलब ही होता है, अरे! इतना सा। कितने किलो का होता है?

श्रोता: ढाई या तीन किलो।

आचार्य: दो किलो, चार किलो। इतना तो सन्नी देवल का घूंसा है *(सभी लोग हंसते हैं)*। करेगा क्या बच्चा? जहाँ से बात शुरू हुई थी, वहीं पे जाके उसको देखना है। कहना है, यहीं से तो।

जवानी में पगलाया हुआ हूँ। वो कोई नई बात थोड़े ही है। मैं बचपन में भी पगला ही था। और बचपन में पगलाया हुआ हूँ, वो भी कोई नई बात नहीं है। मैं शैशव में भी पगला ही था। और शिशु पगलाया हुआ हूँ, वो भी कोई नई बात नहीं है क्योंकि मैं गर्भ में भी पगला ही था।

तो मुझे शुरुआत बिलकुल शून्य पे जाके करनी है। वहीं से जान लेना है कि दुनिया खेलने के लिए है। पाने के लिए नहीं है, न गवाँने के लिए है। यहाँ कुछ नहीं है जो तुम हासिल कर सकते हो और यहाँ कुछ नहीं है जो खो सकते हो। और इस बात से तुम त्यागी-विरागी नहीं हो गए। इस बात से तुम अब शेर हो गए। योद्धा हो गए, सुरमा हो गए, खिलाड़ी हो गए। मौज मनाओ। दहाड़ के खेलो। और हार जाओ(हंसते हैं)। कभी-

कभी जीतोगे भी। पानी की धारा है देखो कभी दाएं जाएगी, कभी बाएं जाएगी। क्या पता?

तुम्हारे लहर उठती है कि जीतना है। तुम जीतने के लिए खेलो और पूरी जान लगा दो जीतने में। और जब हार जाओ तो कहो, खेल हारे हैं, ज़िन्दगी थोड़े ही हार गए। कभी ज़िन्दगी भी हार जाओ, तो कहना ज़िन्दगी हारे हैं, खुद को थोड़ी हार गए। नुकसान हो जाए तो कहना व्यापार को घाटा हो गया। हम थोड़े ही घट गए। गलती करी है, हम गलत नहीं हो गए। अंतर है।

गलतियाँ तो हमसे बहुत हुई हैं। और जितनी हुई हैं, पूरी पता भी नहीं है। अभी खुलेगा राज़। बाद में पता चलेगा, जहाँ समझा था सही है, वहाँ भी सब गलत है। पर गलतियाँ उघड़ती रहेंगी। हम गलत नहीं हो गए। मैं गलत नहीं हो सकता।

मैं सही भी नहीं हूँ। मैं बस हूँ। इस होने को कहते हैं आत्मा। और जो उसमें नहीं जी रहा, वो बेचारा बड़ा गरीब है।

कभी मुर्दे को देखा है, जिसकी आँखें फ़टी हुई होती हैं, मुह भी फटा हुआ होता है? देखा है? वो अमीर मुर्दा भी हो सकता है। पर देखा है आँखें कैसी फ़टी हुई होती हैं? हम ऐसे जीते हैं। सारी इन्द्रियाँ खुली हुई हैं संसार के प्रति। और इतना पिटे हैं, इतना पिटे हैं कि मौत हो गई है। मौत हो गई है और मुह अभी भी खुला हुआ है। आँखें खुली हुई हैं।

फिर कोई आता है, पलकें ऐसे करके बंद करता है। और मुर्दा ज़रा पुराना हो गया है, तो तुम उसकी पलकें ढाँप भी नहीं सकते। सबकुछ अकड़ जाता है। जो पलकों की मांसपेशियां हैं, वो भी अकड़ गईं। तुम करो बंद। बंद ही नहीं हो रहा। खुली की खुली हैं।

जैसे दुनिया भर के ज्ञानी आके तुमको बताएं कि भाई कभी इन्द्रिय-निषेध भी कर लिया करो। और तुम आँख बंद करने को नहीं तैयार हो, अकड़ गई हैं आँखें। मुर्दे का यही हाल। हक्का-बक्का। कुछ मिल जाए। कोई आ तो नहीं रहा। कोई कुछ ले जाएगा।

इसमें कोई गलती नहीं है। हम पैदा ही ऐसे हुए हैं। कभी कोई पूछे कि ये क्यों कर रहे हो, तो एक ही जवाब है उसका। क्या? हम पैदा ही ऐसे हुए हैं। कोई गलती नहीं है। हम पैदा ही ऐसे हुए हैं।

ठीक है। तुम पैदा ही गलत हो गए। क्या कर सकते हैं? और ऐसी गलती को गलती क्यों कहें जो सबके साथ हो रही है और अनिवार्य है। जीव हो तो बेवकूफ हो। आदमी माने? बेवकूफ। ठीक है। वो हो गया, लेकिन अस्तित्व ने जो उपहार दे रखे हैं उनकी अवहेलना क्यों करते हो?

जन्म ने दुख दिया, कष्ट दिया, दर्द दिया। वो तो झेले जा रहे हो। संसार से आकर के तमाम गोलियाँ और बाण और परेशानियाँ आके लगती रहती हैं। उनको तो भोग रहे हो। और उसी संसार से उपनिषद भी उठे हैं, कबीर भी उठे हैं, नानक भी उठे हैं, कृष्ण भी उठे हैं। ज़रा समझदारी की बात है कि उन्हें भी ले लो। उसके अलावा कोई समाधान नहीं।

शक्ल बदल जाती है। एक इंसान जो आंतरिक दरिद्रता में जी रहा है। भीतरी गरीबी में जी रहा है। उसकी शक्ल ही अलग होती है। आँखें ही अलग होती हैं। उन आँखों पर भले ही उसने कितने रूप ढाँप दिए हों, लाद दिए हों, पर दिख जाता है। देख सकते हो तो दिखेगा।

और एक दूसरा आदमी होता है जो बस होता है। वो दूसरा आदमी तुम हो सकते हो। कोई अनिवार्यता नहीं है कि बीमारी में और भूखमरी में और अंदरूनी दरिद्रता में जियो। ये इसलिए नहीं है कि वहाँ बैठ करके तुम्हें मुह चिढ़ाएँ कि तुम सब तो मृत्युलोक के वासी नीचे-नीचे बैठो, हम ऊपर टंगे हैं। वो इसलिए हैं कि उन्हें तुम देखो और पूछो अपने आप से कि हम क्यों रह गए?

वो हमसे कुछ अलग नहीं। वो होने की संभावना हमारे भी भीतर है। हम क्यों फंसे रह गए? वो इसलिए नहीं हैं कि उनकी पूजा करो। वो इसलिए हैं कि उनको रोशनी बना के अपने आप को देखो। उनके प्रकाश में अपने आप को देखो।

कुछ-कुछ तुलना जैसी बात है, पर ये बड़ी अलग किस्म की तुलना है। इस तुलना में ये नहीं है कि एक पलड़े पे ये रखे हैं और एक पलड़े पर तुम रखे हो। ये वो तुलना है जहाँ तुलना करने के लिए भी तुम्हें उनकी आँखें चाहिए नहीं तो तुलना नहीं कर पाओगे। तो इसीलिए कह रहा हूँ, उनको रोशनी बना के अपने आप को देखो। और उससे कम में राज़ी मत होना नहीं तो ज़िन्दगी में वही हो गया जो शरीर ने और माया ने तय किया था।

3

सुंदर जीवन जियो, तुम्हारी कामुकता भी सुंदर हो जाएगी

आचार्य प्रशांत: कामवासना को लेकर के भोग, इच्छाओं और उनमें जो ऊर्जा जा रही है उसको लेकर के सवाल आए हैं। ज़्यादातर सवाल बेबसी के ही हैं कि पता है फिर भी क्यों बह जाते हैं। क्यों इतना समय, इतना ध्यान, इतनी ऊर्जा उस दिशा में देते हैं?

बात सीधी सी है ना। ऊर्जा तो है ही तुम्हारे पास। जब उस ऊर्जा को तुम कोई सात्विक दिशा नहीं देते तो वो तमाम तरह की बीमारियां बन के फूटेंगी। अगर कामुकता तुम्हारे जीवन पर छाई हुई है तो कामुकता की ओर मत देखो। वो तो जब खाली जगह पाती है तो खाली जगह में आके बैठ जाती है। सवाल ये पूछना चाहिए कि इतनी खाली जगह तुमने छोड़ी क्यों।

ये आसन है। इस पर मैं बैठा हुआ हूँ तो मैं बैठा हूँ। इसपर महीनों तक मैं न बैठूँ तो लौट के आऊँगा तो पाऊँगा की धूल बैठी है। जब तुम्हारे पास करने को कुछ नहीं होता, तो तुम बेवकूफी करते हो। प्रश्न ये है कि तुम्हारे पास क्यों नहीं है कुछ करने को। और ज़िन्दगी जैसी है, उसमें कुछ भी सम्यक करने को तुम्हें मिलेगा, इसकी संभावना बहुत कम है।

तुम अपनी ज़िन्दगी को देखो।

एक नौकरी पकड़ ली है पेट चलाने को और समाज के पैमानों पर एक अधकचरा सा अर्धसफ़ल जीवन जीने को। उस नौकरी में ऐसा कुछ भी नहीं जो तुम्हें दिली-सुकून दे सके। ठीक?

फिर एक घर है। उस घर में दीवारें हैं। कुछ सामान है। सब थोड़ा बहुत। बीस हज़ार की चीज़ तुम मोल-भाव करके अठारह में ले आए हो। एक पति है, जिसका वज़न शादी के बाद से बीस किलो बढ़ गया है। एक पत्नी है जो दो बच्चों के बाद लिफ़ाफ़ा हो गई है। तुम करोगे क्या?

टीवी है। उसको खोलते हो। वहाँ ऐसा कुछ भी नहीं जो तुम्हें दो पल लटकाए रहने से ज़्यादा सुकून दे सके। और जो दो पल तुम्हें लटकाता भी है वो भी तुम्हें काम का संचार करके।

अब रविवार है। और तुम्हारे जीवन में कोई उद्देश्य नहीं। तो नाड़ा ढ़ीला होगा और क्या होगा? इसके अलावा जो खाया-पिया है, वो अब जाएगा कहाँ? ऐसा तो तुम कहते नहीं कि चूँकि जीवन में कुछ लक्ष्य नहीं है इसीलिए जीवन में अब भोजन भी नहीं होगा।

खा तो तीन वक्त लेते हो ना? काम भले न करते हो। खाते तो हो? अब काम है नहीं। काम से मेरा अर्थ है सम्यक कर्म। वो तो है नहीं, और खाया खूब है। तो वो कहाँ जाएगा? वो तमाम तरह का कोढ़ बनके फूटता है। तुम इधर-उधर की बातें करोगे। व्यर्थ तुलना करोगे, बकवास करोगे। ये सब कामुकता का ही लक्षण है। ये उससे भिन्न नहीं है।

क्योंकि हम जिसे शारिरिक कामुकता कहते हैं वो चालीस-पैतालीस पे आके रुक जाती है। पर चालीस-पैतालीस पे रुकने से मानसिक कामुकता थोड़े ही रुकी। शरीर रुक गया है। दिमाग तो वैसे ही चल रहा है। तमाम तरह की बेवकूफियों में ऊद्यत।

ये क्यों हो रहा है? वो ये इसलिए हो रहा है क्योंकि जीवन गलत जिया जा रहा है। रात में अगर तुम एक हवसी बन जाते हो तो रात को मत देखो, दिन को देखो। दिनभर क्या किया। दिनभर सही जिए होते तो रात में थक के चूर होके सो गए होते। तुम्हारे पास रात में इतनी उर्ज़ा बची ही इसीलिए क्योंकि दिनभर बेईमानी कर रहे थे। दिन में तुमने काम किया नहीं। और जीवन माँगता है कि तुम ऊर्जा का सम्यक व्यय करो। जीवन

माँगता है, वो तुमने किया नहीं। वहाँ तुमने बेईमानी की, कामचोरी की। तो वो सब जो बचा हुआ है उसका क्या करोगे?

जिनके पास जीने के लिए एक उदत्तय लक्ष्य था, उन्हें थोड़े ही याद आती थी क्षुद्रताएं, गपशप। या किसी तरह से तुमने झूठ का, बेईमानी का पैसा इकट्ठा कर लिया है। अब पैसा तो आ गया है तो तुम्हें काम करने की ज़रूरत नहीं। तो अब क्या करोगे? तुम हो सकता है कोई सरकारी या अन्य नौकरी कर रहे हो जिसमें तुमने बहुत सारा धन अब ले लिया है, जमा कर लिया है। अब क्या करोगे?

या हो सकता है कि तुम कोई स्त्री हो, जिसका पति खूब कमाता हो। मुफ़्त का पैसा आ रहा है तुम्हारे पास। तुमने उस पैसे के लिए मेहनत नहीं करी, वो पैसा तुम्हारे पास आ रहा है। तुम करोगी क्या? तुम तमाम तरह की वासनाओं में गिरोगी। उसी में तुम लथपत होओगी।

बीमारी अक्सर, बल्कि अनिवार्यतः वहाँ होती ही नहीं जहाँ उसके लक्षण प्रकट होते हैं। पर हमारा स्वार्थ है बीमारी का सिर्फ सीमित उपचार करने में। रात की बीमारी का उपचार हम करना चाहेंगे बस रात में। पूर्ण उपचार करोगे तो जीवन बदलना पड़ेगा। जीवन बदलना पड़ा तो अहंता का केंद्र ही तुमको तोड़ना पड़ेगा।

काम न अच्छा है, न बुरा है। ठीक वैसे ही जैसे खाना न अच्छा है, न बुरा है। वो जीवन की नैसर्गिक क्रियाओं में से एक है। खाने को लेकर के इतना विचार करते हो क्या? और गौर से देखो अगर तो मैथुन और खाने में अंतर क्या है? दोनों में ही किसी शारिरिक माँग की पूर्ति हो रही है। कुछ है जो शरीर के भीतर जा रहा है और फिर कुछ है जो उत्सर्जित हो जाएगा।

खाने को लेकर के इतना पूछते हो? नहीं पूछते, क्योंकि खाने को लेकर के तुम्हें ये भ्रम ज़रा कम होता है कि खाना जीवन में जो अपूर्णता है उसे भर देगा। ऐसा भ्रम भी कईयों को होता है। वो दो-सौ किलो से ऊपर वाले हैं। उनको अब ये धारणा बैठ गई है कि भगवान नहीं है तो भोजन सही। भगवान की कमी भोजन से पूरी की जा सकती है तो वो सब सैंकड़ों में बात करते हैं। उनसे पूछो वजन कितना? बोलेंगे साढ़े तीन।

भोजन के साथ इस धारणा का बैठना थोड़ा मुश्किल होता है। भोजन-भोजन है। और भोजन ज़रा नंगा होता है। बात खुली होती है, दिख जाता है कि भोजन खाया, अब उसके बाद मुह से प्याज़ की गंध आ रही है। और जो भोजन खाया, अगली सुबह यह भी दिख जाता है कि उसकी मिट्टी बन गई। तो भोजन के साथ भगवत-कल्पना जोड़ना ज़रा मुश्किल बात है।

लेकिन जब सेक्स की बात आती है तो वहाँ शायरों ने काफ़ी काम कर दिया है। वहाँ उन्होंने बता दिया है कि प्रेमिका ही भगवान होती है। तो प्रेमिका भगवान है तो दे दनादन। क्या कर रहे हो?

तीर्थ यात्रा कर रहे हैं और क्या कर रहे हैं? कदम रुकने नहीं चाहिए।

असली की कमी है इसीलिए नकली से अपने आपको अतिशय भर रहे हो। असली होता तो नकली अपने सही स्थान पर होता। मैं नहीं कह रहा हूँ कि असली होता तो नकली शून्य हो जाता। फिर नकली बस उतना होता जितना होना चाहिए। जितना कि एक स्वस्थ आदमी के जीवन में भोजन होता है।

ये यहाँ जितने हैं। ऐसा तो नहीं है कि ये खाना खाते नहीं थे। खाना तो खाते थे पर खाने में ये परमात्मा को नहीं ढूंढ़ते थे। इन्हें पता था भोजन भोजन है, शरीर को ऊर्जा देने के काम आता है।

काम को लेकर के हमको ये नहीं पता। हम कहते हैं कि हम दिनभर गलीज और घटिया जीवन जी रहे हैं, कोई बात नहीं। रात में घर में स्त्री या पुरुष उपलब्ध है ना तो बिस्तर बजा करके दिनभर के नर्क से मुक्ति पा जाएंगे। और बात भी हमारी यही रहती है।

लोगों से पूछो, "क्या है? कैसा चल रहा है?"

बोलते हैं, "देखो, ज़िन्दगी तो बहुत बर्बाद है पर जब भी उसका चेहरा देखता हूँ, सारे दुख-दर्द भूल जाता हूँ।" अब ठीक है। चेहरा देखने से अगर दुख मात्र भूल सकते हो तो बाकी शरीर देख करके स्वर्ग भी मिल जाता होगा। तुम अपने ही तर्क पर आगे बढोगे।

दिनभर तुम एक घटिया नौकरी करो, एक घटिया जीवन जियो तो रात में खटिया तोड़ने के अलावा तुम्हारे पास ज़रिया क्या है। दिन रहा घटिया तो रात में टूटी खटिया। और करोगे क्या?

देखो, कैसे रिश्ते हैं? कहाँ से आजीविका चला रहे हो? किन लोगों के साथ उठ-बैठ, खा पी रहे हो? आठ, दस, बारह, चौदह घंटे नौकरी करते हो। वो नौकरी क्या है? पूछो अपने-आप से, ये मैं क्या कर रहा हूँ। कोई मुझसे पूछेगा, "तुम्हारे सकल जीवन का निष्कर्ष क्या है?"

'तो क्या बताऊँगा? क्या बताऊँगा? मैं जूते के फीते बनाता था। ये किया है मैंने जीवन भर। और कुछ नहीं, यही रहा है मेरा जीवन। क्या? और उसमें मेरी तरक्की हुई है भाई। पहले छोटे फीते बनाता था फिर बड़े फीते बनाता था। फिर वाइस-प्रेसिडेंसियल फीते बनाता था। फिर प्रेसिडेंसियल फीते बनाता था'।

ऐसा जीवन जी रहे हो तो फिर तुम्हारी मजबूरी है कामवासना। दिनभर तुम पिटे हो दुनिया से। रात में कहीं तो भड़ास निकालनी है ना। और अधिकांशतः जिसको हम सेक्स कहते हैं वो यही होता है। दिनभर पिटे हैं तो कहीं तो जाके ग़म-गलत करना है। एक सेडेटिव (सोने की गोली), नींद अच्छी आ जाती है। जैसे कई लोग सोने से पहले थोड़ी सी शराब पी लेते हैं, नींद अच्छी आ जाएगी।

जीवन एक है और जीवन की गुणवत्ता भी उसके अलग-अलग दिखाई देने वाले खंडों में एक ही होती है। तुम दफ़्तर में जैसे हो, घर में वैसे ही रहोगे। तुम मंदिर में जैसे हो, बाज़ार में वैसे ही रहोगे। हाँ, तुम्हारे नकाब बदलते रहेंगे। मंदिर में तुम एक तरह के दिखाई देते हो। दफ़्तर में तुम दूसरे तरह के दिखाई देते हो।

तुमसे वरिष्ठ कोई अधिकारी होता है उसके सामने एक दिखाई देते हो और जो तुम्हारे मातहत होते हैं उनके सामने दूसरा चेहरा होता है तुम्हारा। दोस्तों के सामने एक चेहरा होता है, माँ के सामने दूसरा चेहरा होता है। लेकिन उनके सबके नीचे वृत्ति एक है। अगर एक है तो इसका अर्थ ये है कि यदि दिनभर ठीक नहीं जी रहे तो तुम रात में भी ठीक नहीं जिओगे। ये सज़ा दी है तुमको जीवन ने।

"तुमने ये सोचा था कि सेक्स जीवन का सबसे बड़ा सुख है। जिसको तुम सबसे बड़ा सुख मानते हो उसमें भी ज़हर मिला रहेगा अगर तुम्हारा पूरा जीवन ज़हरीला बीत रहा है।"

आईन रैंड का वक्तव्य है कि, "मुझे बस ये बता कि कौन सा व्यक्ति किसकी ओर आकर्षित होता है और मैं तुम्हें बता दूंगी की वो व्यक्ति कैसा है।" दिनभर अगर तुम्हें बाज़ार ही आकर्षित करती है तो रात में भी तुम्हें बाज़ारू वैश्या ही आकर्षित करेगी। पक्का जानना। दिनभर अगर तुम बाज़ार के ही सपने लेते रहते हो तो रात में भी तुम्हें और कौन लुभाएगा? कोई बाज़ारू ही। और दिनभर जो सत्य के साथ रहता है, रात में उसे सती ही पसंद आएगी।

> ***"जैसे तुम, वैसा तुम्हारा काम। जब तुम राम में स्थापित होते हो तो काम भी राममय हो जाता है। और जब तुम राम में स्थापित नहीं हो तब तुम राम-राम भी करते हो तो उसके पीछे भी काम बैठा होता है।"***

यहाँ बहुत सारे युवा लोग हैं। सेक्स वासना उनके लिए निश्चित रूप से महत्वपूर्ण विषय है क्योंकि ये जो प्रश्न आए हैं उनमें से बहुत सारे उसी दिशा में हैं। तो उन्हें मैं प्रेरित करूँगा कि वो अपनी वासना को देखें। उसके उतार-चढ़ाव को, उसकी दिशा को, उसके रूप-रंग को, नैन-नक्ष शक्ल को देखें। इससे उन्हें अपने बारे में बहुत कुछ पता चेलगा।

देह देखी नहीं और फिसले। जान लेना आत्मा नहीं है तुम्हारे पास। बहुत दूर छिटक आए हो, अपने आप को न जानें क्या मान बैठे हो। इसीलिए देह देखते नहीं हो और फिसल जाते हो। जो देह है, उसे और क्या खींचेगा? देह ही तो। और जो अपने आप को देह मान बैठा है उसके जीवन में आत्मा का क्या महत्व?

और देह में भी देखना कि क्या है जो तुम्हें खींचता है। तुम पाओ कि जो वर्तमान फैशन के रुझान हैं कि इस तरह से बाल कटा हो, ऐसे कपड़े पहने हों, इस तरह के रंग चल रहे हैं, भौहें इस तरह से नोचवानी है और फिर रँगवानी है।

तुम पाओ कि जो रुझान चल रहे हैं उसी तरह का कोई लड़की-लड़का तुम्हें भा जाता है तो जान लेना तुम कि तुम पूरे तरीके से समाज के गुलाम हो। समाज अब ये भी निर्धारित किए दे रहा है कि तुम्हें प्रेम

किससे होगा। समाज में एक नया ज़ोर चला। लहर उठी कि पीले रंग से होंठ पोतने हैं। तुम अब समाज के पीछे-पीछे पिछलग्गु। तुम लगे खोजने कि पीले रंग से कौन पोत रही है और जो ही दिखी पीले होंठ वाली।

और क्या ऐसा ही नहीं हुआ है? घर जाओ, पुराने एलबमों को देखो। माँओं, मौसीओं, आंटियों, चाचियों, ताईयों को साधना कट में पा जाओगे। और इन्हीं मासियों, ताइयों और चाचियों पर हमारे चाचे, ताऊ और मामे फिदा हुए थे। उन्हीं कि हम पैदाइश हैं। इसीलिए कहता हूँ, पहली गड़बड़ तब ही हो गई थी जब पैदा हुए थे।

थोड़ी देर पहले मैंने शशि कपूर का ज़िक्र किया था। अपनी माताओं से प्रश्न करिएगा, वो बताएंगी शशि कपूर की मुस्कान का क्या मतलब होता था। आप ही थोड़ी जानते हो आशिक होना, दिल आशना है, उधर भी था। उन्हें भी आते थे खून में लिखे हुए प्रेम पत्र। पूछो। देवानन्द से पूछो, शम्मी कपूर से पूछो, शशि कपूर से पूछो, राजेश खन्ना से पूछो।

राजेश खन्ना को अपनी बड़ी सुरक्षा करनी पड़ती थी। किसके विरुद्ध? लड़कियों के विरुद्ध। वो लड़कियाँ कौन थीं? वो लड़कियाँ कौन थीं? चाचियाँ, ताईयाँ। ये सब जो अधेड़ उम्र वाली घूम रही हैं, इन्होंने राजेश खन्ना को कहीं का नहीं छोड़ा था। उसकी कार जा रही होती थी, बोनट पे आकर गिरी ऊपर से, पटाक। ये सब हुआ है। वो जो गिरी थी, आज वो माँ है और बच्चों को नैतिकता का उपदेश बताती है।

बड़ी पुरानी धारा है। हम प्रेम नहीं जानते। हम प्रेम से नहीं आ रहे। लेकिन संभावना है। जो नहीं हुआ, वो हो सकता है। आजतक चूके हैं, ज़रूरी नहीं कि आगे भी चूकते रहें। प्रेम के नाम पर भी हमें जो दे दिया गया है वो वासना का ही एक संस्करण है। हमारा प्रेम सामाजिक प्रेम है। हमारी वासना भी सामाजिक वासना है।

जब युवा लोग इकट्ठा होते थे, आज से कई साल पहले की बात है। मैं उनसे कहता था कि दस लड़कियों/लड़कों के चित्र लगा दिए जाएं, मैं पहले ही बता दूँगा कि तुम किसकी ओर आकर्षित होओगे। इतना तयशुदा है मामला।

एक गलत जीवन का अंजाम गलत प्रेम में होना ही होना है। तुम अगर पाओ कि तुम फँसते रहे हो गलत स्त्रियों या पुरुषों के साथ, तो

इसका अर्थ ये नहीं है कि स्त्रियों और पुरुषों को लेकर के तुम्हारा चुनाव भ्रांतिपूर्ण रहा है, इसका अर्थ ये है कि तुम हर तरीके से भ्रम में डूबे हुए हो। जो गलत नौकरी चुनेगा, ज़ाहिर सी बात है वो गलत बीवी भी चुनेगा। जिसको अपने लिए एक सही शर्ट चुननी नहीं आती वो अपने लिए जीवनसाथी कैसे चुन लेगा, भाई?

तुम पाते हो कि कदम-कदम पर गलतियाँ ही हैं, फिसलन ही हैं और ठोकरें ही हैं, तो इसीलिए तो ऐसा भी है ना कि तुम्हारा काम जिस ओर को प्रेरित होता है वो भी गलत ही है। और काम ऐसा बेलगाम घोड़ा। देखा है ना, किधर को भी चल देता है। अमेरिका कि सुपरमॉडल से लेकर पड़ोस की गुप्ता आंटी तक। कहीं रुकता है? अपने ही परिवारजनों को न छोड़े, जानवरों को न छोड़े, मुर्दों को न छोड़े, बच्चियों-बच्चों को न छोड़े।

ये सब बस ये बता रहा है कि जीवन में राम की कमी है। जो ऊर्जा राम को समर्पित हो जानी चाहिए थी अब वो मवाद बनकर बह रही है।

तुम्हारे पास अगर अध्यात्म नहीं है तो ये मत सोचना की मात्र अध्यात्म नहीं है। तुम्हारे पास अगर अध्यात्म नहीं है तो तुम्हारे पास बहुत कुछ है। नाना प्रकार की बीमारियाँ - एग्जॉटिक डिज़िज़ेस। तुम्हें किसी गधी के साथ मैथुन का मन करेगा। कुछ और है ही नहीं करने को।

कितने ही शोध हुए हैं दफ्तरों में कर्मचारियों को लेकर के। जो सबसे ज़्यादा उत्पादक कर्मचारी है वो पाया गया है कि सबसे कम जाते हैं व्यर्थ को वेबसाइटस इत्यादि की ओर। अब तो बहुत सालों से कम्पनियाँ सावधान हो गई हैं तो ब्लॉक वगैरह भी कर देती हैं। और जो सबसे ज़्यादा नकारे हैं जो दिनभर कुछ काम नहीं करते वो पॉर्न खोल के बैठे रहते हैं। तुम दोनों बातों में सम्बंध नहीं देख रहे?

सुनने में भद्दा लगता है लेकिन हमारे लिए हमारा पति या पत्नी भी किसी पॉर्न फिल्म के नायक या नायिका से बहुत अलग नहीं है। उसका इस्तेमाल हम उसी रूप में करते हैं। और कई बार तो पॉर्न में जो देखा होता उसकी अपेक्षा अपनी पत्नी से करते हैं। अब वो खिसिया रही है, झुँझला रही है, 'चाहते क्या हो?' और पत्नी पॉर्न देख आई है तो फिर घड़ी लगाके बैठी है। कह रही हैं, "कम से कम एक घंटा चलना चाहिए। हाँ देखा है, ऐसा होता है।" कह रहे हो, "देवी, मैं पुरुष ही हूँ और घंटा भर?"

दोनों बातों में ताल्लुक बैठाने का मतलब है कि दोनों बातों में तुम समानता देख रहे हो, नहीं तो ताल्लुक कैसे बैठाते। दफ़्तर में पॉर्न तब चली जब दफ़्तर में तुम्हारे पास करने के लिए कुछ नहीं था। जब तुम दफ़्तर में कामचोर और बेईमान थे। और घर में पत्नी के साथ पॉर्न तब चलेगी जब जीवन ही पूरा कामचोरी और बेईमानी का हो।

और कामचोरी से मेरा ये अर्थ नहीं है कि समाज ने जो काम दे दिया वो करना है। काम से मेरा आशय क्या है समझना। जब मैं कह रहा हूँ कामचोरी तो मेरा मतलब है वो काम नहीं कर रहे तुम जिस काम में जन्म की सार्थकता है। और वो एक ही काम है। जन्म को समझो, जीवन को जानों, मूर्खों की तरह भटको नहीं।

तुम इसलिए नहीं पैदा हुए हो कि तुम पैसा कमा लोगे तो तुम कुछ हो जाओगे। कमा लो पैसा और उससे फुला लो तोंद। क्या मिल जाएगा? फूली हुई तोंद भी जल ही जानी है। और बहुत मूर्ख लगते हो जब तुम्हें कुछ नहीं पता होता जीवन के बारे में लेकिन पैसा-पैसा कर रहे होते हो। और पैसा भी तुम कितना कमा लोगे? शक्ल देखो अपनी।

ज़्यादातर लोग जो दौड़ रहे हैं पैसे के पीछे। ताज्जुब की बात तो ये है कि वो पैसा भी नहीं कमा पा रहे हैं। इतना दौड़े, इतना दौड़े और फिसड्डी। जिधर को ही दौड़ते हो उसी दौड़ में तुम फिसड्डी। पैसा ही दिखा देते तुम कि एक अरब अरब कमा लिए। इतना दौड़-दौड़ के भी इतना ही कमा पाते हो कि दो रोटी चलती है, और टू बी.एच.के।

जन्म इसलिए नहीं हुआ है कि तुम टू बी.एच.के पा लोगे तो सार्थक हो जाएगा। टू बी.एच.के आवश्यक है, काफी नहीं। शरीर के लिए आवश्यक है छाँव का मिलना पर उससे जी नहीं पाओगे। जीज़स का बड़ा सुंदर वक्तव्य है, "मैन डज़ नॉट लिव बाई ब्रेड अलोन"।

सुंदर जीवन जियो, तुम्हारी कामुकता भी सुंदर रहेगी। कामुकता का परित्याग नहीं करना होता। ये नहीं कहना होता कि ब्रम्हचारी हो गए अब हम स्त्री/पुरुष की ओर देखते नहीं। काम को सुंदर बनाना होता है। हमारा काम सुंदर नहीं है, हमारा काम पशुओं से कहीं ज़्यादा गया-गुज़रा है।

पशु कम से कम काम के क्षण में एक दूसरे को धोखा नहीं देते हैं। कुत्ता कुतिया की ओर जा रहा होगा। कुतिया को अच्छे से पता है कि ये क्या खेल है। न कुतिया ये उम्मीद करेगी कि कुत्ता उससे बोले कि तुम संसार की सबसे रूपवती कुतिया हो। न कुत्ता पहले से तैयार होकर जाएगा कि बीस मिनट तो इसको मनाना है, इधर उधर की बातें करनी है। वो मनाना कैसे है?

पत्नी को मनाना है तो अपनी माँ को गाली दो। बहुत खुश हो जाती है। यही उसके लिए फोरप्ले है। ये सब जानवरों में होता देखा है कभी? वहाँ एक ईमानदारी है। नर-मादा दोनों को पता है कि ये क्या खेल है। दोनों खूब जानते हैं। वहाँ ये थोड़े ही चलता है कि आई लव यू। ये झूठा खेल हम खेलते हैं आई लव यू।

जानते तुम भलीभांति हो कि नज़रें कहाँ हैं पर दे रहे हो चॉकलेट। तुम्हें कोई मतलब है वो चॉकलेट खाए न खाए। फूल लेकर आए हो। क्या करना है? फूल क्या करोगे? कोई मतलब है? हमारा काम विकृत है, गंदा है।

कॉलेज के दिनों कि ही बात है, एक लड़की थी। तो गई मिलने। दोनों ने आपस में तय करा था। तो बता रही है, "एक के कमरे में मिले थे। खाना पैक करा के ले आए थे कि खाना खाएंगे और फिर सेक्स होगा।" लड़के ने उसको खाना नहीं खाने दिया। वो इतना उत्तेजित और इतना उतावला हुआ कि उसे खाना नहीं खाने दिया। वो भूखी पड़ी रही, वो चढ़ गया उसके ऊपर।

बात बहुत छोटी सी है कि खाना उसने बाद में खा लिया हो। वो बोल रही है कि खाना तो खाने दो। उससे इतना सब्र नहीं हुआ कि खाना खा ले। हमारा काम भद्दा है। हमारी वासना भद्दी है। सुंदरता नहीं है उसमें। हम पूजते थोड़ी हैं कि तू देवी है, तू देवता है। हम तहस-नहस करते हैं, हम बलात्कार करते हैं।

एक प्रमाण देख लो। तुम जिसके साथ भोग में उद्यत होते हो तुम्हारे भोगने के बाद वो गंदा हो जाता है, साफ़ नहीं। तुम्हारे स्पर्श से वो गंदा हो जाता है। देखना कभी, गौर करना।

संतों ने भी संगत करी है स्त्रियों की, पुरुषों की, पर जिसकी संगत उन्होंने करी है उनकी संगत के फलस्वरूप वो साफ़ हो गया। और हम जिसको छूते हैं वो हमारे छूने से गंदा हो जाता है। वो सिसकना शुरू कर देता है। उसमें कुछ घट जाता है। हम जिसे छूते हैं उसे नहाने की ज़रूरत पड़ जाती है। और नहा के भी वो अपनी आंतरिक मलिनता को नहीं साफ़ कर पाता।

याद करो तुम, कैसा तुमने अनुभव करा है छुए जाने के बाद। क्या ऐसा लगा है जैसे परमात्मा स्पर्श कर गया हो? क्या ऐसा लगा है जैसे उसने तुम्हें छू दिया और तुम्हारे सारे विकार हट गए, मैल हट गई, तुम हल्के हो गए? खास तौर पे स्त्रियां इस बात को जानती हैं कि छूए जाने के बाद उन्हें अक्सर यही एहसास हुआ है अगली सुबह कि जैसे उन्हें रौंदा गया हो।

हमारा काम शोषण से भरा हुआ है, सुंदर नहीं है। वो देता नहीं है, वो छीनता है। उसमें सुगंध नहीं है, उसमें बदबू है। काम को नहीं हटाना है, शोषण को हटाना है, दुर्गंध को हटाना है। सुगंधित, सुंदर और प्रेमपूर्ण काम भी हो सकता है, पर उसके लिए पूरा जीवन ही सुगंधित और प्रेमपूर्ण रखना पड़ेगा। जब आपमें सड़क के एक कुत्ते के प्रति प्रेम आ जाएगा, तब जानिएगा कि आप काम के क्षण में भी प्रेमपूर्ण हो पाएंगे, अन्यथा नहीं।

अगर आप ऐसे हैं कि सेक्स से पहले मटन खा रहे हैं तो जान लीजिए आपकी पत्नी के प्रति या जो भी आपका साथी है उसके प्रति क्या भावना होगी। मांस ही चबाया है न मैथुन से पूर्व? तो मैथुन में भी मांस ही चबाओगे, और क्या करोगे? तुम्हें उस बकरे के प्रति करुणा उठी क्या? नहीं उठी ना। तो तुम्हारे पंजों में जो स्त्री है, उसको लेके करुणा थोड़े ही उठेगी। तुम उसको भी वैसे ही काटोगे, चीथोगे, मांस को नोचोगे-निचोड़ोगे, जैसे बकरे के मांस को निचोड़ रहे हो। जीवन को देखो। जैसा जीवन है, वैसा ही।

राम ने अहिल्या को स्पर्श करा था और वो पत्थर से इंसान हो गई। बात के संकेत को समझो। ये भी स्पर्श करने का एक तरीका होता है कि तुम पत्थर को छू दो और उसमें प्राण आ जाएँ। और जो आम पुरुष होते हैं

उनका भी स्पर्श देखो प्राणवती स्त्री को छूते हैं, वो पत्थर हो जाती है। फिर वो कहते हैं, 'ये क्या हो गया? फ्रीजिड हो गई। इसे तो अब कोई उत्तेजना नहीं होती।' तुम्हारा स्पर्श ऐसा था कि वो फ्रीजिड हो गई। राम होते तुम तो पत्थर भी तरल हो जाता, बहने लग जाता।

कृष्ण ने भी गोपियों को स्पर्श किया था। और स्पर्श ऐसा था कि वो तर गईं, जीवन सफल हो गया उनका। और हमारा स्पर्श कैसा होता है? पर कृष्णमय तुम्हारा स्पर्श हो सके इसके लिए पहले कृष्णमय तुम्हारे जीवन को होना पड़ेगा। जीवन कृष्णमय है क्या तुम्हारा? नहीं न। तुम वैसे कभी अपनी प्रेमिका को स्पर्श नहीं कर पाओगे जैसे कृष्ण ने राधा को किया था।

ये बड़ी भूल रहती है हमारी। हम सोचते हैं कि हम कोई भी व्यवसाय कर लेंगे, कोई भी कारोबार कर लेंगे, कोई भी नौकरी कर लेंगे लेकिन घर में बड़ा स्वस्थ जीवन रहेगा हमारा। हम कहते हैं देखो, व्यवसायिक जीवन कैसा भी हो, मेरा पारिवारिक जीवन बड़ा अच्छा है। झूठ! ये हो नहीं सकता।

जैसा तुम्हारा व्यवासायिक जीवन है वैसा ही तुम्हारा पारिवारिक जीवन है। किसको बेवकूफ बना रहे हो? दफ़्तर में अगर तुम राजनीतिबाज़ हो, झूठे हो और कामचोर हो, तो बिस्तर पर भी तुम वैसे ही हो। तुम बिस्तर पर भी राजनीति ही करोगे। तुम वहाँ भी पाखंड और षडयंत्र ही करोगे।

मैं नहीं कह रहा हूँ कि सत्य की सेवा करो, कि परमात्मा को समर्पित हो जाओ, कि राम की चरण पखरो। मैं तुमसे कह रहा हूँ जीवन जैसा है उसको देख लो, राम जीवन में अपने आप उतर आएंगे। देखने में सच्चाई हो तो यही सच्चाई का आशीर्वाद है। देखने में सत्यता हो तो बात समझ लो सीधी है कि जीवन में सत्य उतर आया। नहीं तो देखने में सत्यता कैसे होती? मैं कह रहा हूँ सच्चाई के साथ जीवन को देखो - यही आध्यात्म है।

4

वासना का समाधान जिज्ञासा में नहीं अवलोकन में है

भोग न भुक्ता वयमेव भुक्ताः तपो न तप्तं वयमेव तप्ताः॥
कालो श्न रातों धर्मेश याताः तृष्णा न जीर्णा वयमेव जीर्णाः॥

हम विषयों को न भोग सके, विषयों ने ही हमें भोग लिया; हम तप नहीं कर सके पर तप ने ही हमें तपा लिया। काल व्यतीत न हुआ किंतु हम ही व्यतीत हो गए। तृष्णा जीर्ण नहीं हुई, हम जीर्ण हो गए।

~ वैराग्यशतकम् (श्लोक १२)

(तृष्णा के लिए कहा गया है, तृष्णा जीर्ण नहीं हुई हम जीर्ण हो गए)

प्रश्नकर्ता: यह होता क्यों है?

आचार्य प्रशांत: ऐसा ही है अब। होता क्यों है क्या? ऐसा होता है। यह समझ लिया है पहले?

तुम भोगों को नही भोग रहे, भोग तुम्हें भोग रहे हैं। समय नहीं बीत रहा, तुम बीते जा रहे हो। तुम सोचते हो कि तुम वासनाओं को भोग रहे हो वासनाओं को तुम नहीं भोग रहे, वासनाएं तुम्हें भोगे जा रही हैं।

यह बात बड़े सुंदर, संक्षिप्त और काव्यात्मक तरीके से कह दी गई है तो ऐसा लग रहा है जैसे कितनी सरल हो। इस बात को पीजिए। इस बात पर ध्यान करिए। यह मत पूछिए कि ऐसा क्यों होता है? क्यों उसके बारे में पूछा जाता है जिसका क्या स्पष्ट हो गया हो। जब आप कहते हैं कि यह क्यों है? तो 'यह' के बारे में स्पष्टता तो होनी चाहिए ना। आप पूछें दुःख क्यों है? और मैं पूछूं क्या क्यों है? आप कहें दुःख। मैं कहूँ दुःख समझाइए तो क्या है। पर आपको यही नहीं पता कि दुःख क्या है।

जिस चीज़ का पता ही नहीं कि क्या है उसके पीछे का कारण पूछना फ़िज़ूल है। आप कहें कि चमड़्ड़ा क्यों है? मैं कहूं चमड़्ड़ा है क्या? नहीं, आप कहें वह बेकार की बातें। तुम बताओ चमड़्ड़ा है क्यों? चमड़्ड़ा क्या है यह पता नहीं उसका पिछवाड़ा जानना चाहते हैं, उसका अतीत जानना चाहते हैं, उस का उद्‌भव जानना चाहते हैं तो फ़िज़ूल की बात हुई न।

भोग में लिप्त हैं सभी। वासना में लिप्त हैं, तृष्णा में लिप्त हैं। समय में लिप्त है, काल में। अपने जीवन में पकड़ लीजिए, देख लीजिए पहचान लीजिए कि वही घटना घट रही है जिसकी बात भृर्तृहरी कर रहे हैं।

उसके बाद यह नहीं पूछेंगे कि क्यों हो रहा है यह। उसके बाद अवाक खड़े रह जाएंगे कहेंगे, अरे बाप रे! यह तो मेरे ही जीवन में हो रहा है। 'क्यों' पूछना छूट जाएगा। आगे-पीछे की सारी बातें छूट जाएंगी। थोथी जिज्ञासाएं खत्म हो जाएंगी।

यह ऐसी सी बात है के जैसे कोई जंगल में खड़ा हो और दूर उसे कहीं साँप दिखता हो, वहाँ पाँच सौ मीटर दूर उसको दिखाई दे रहा है कि साँप और अजगर है और उनको देख करके वह बड़ी जिज्ञासा कर रहा है। साँप क्यों है? उसका रंग पीला और काला क्यों है? लंबा क्यों है? चौड़ा-चौड़ा क्यों होता है? साँप चूहा क्यों खा जाता है? यह सारी जिज्ञासाएं अभी छूमंतर हो जाएंगी जब दिखाई देगा कि सर पर अजगर लटक रहा है। फिर पूछना, कि अजगर क्यों है? अब वह लपेट रहा है तुमको जकड़ रहा है और तुम पूछ रहे हो कि यह लपेटना क्यों है? अरे, जान बचाओ क्यों है,

क्या है यह सब बाद में पूछना। जान बचाओ, जान!

जब अजगर तुम्हें जकड़ रहा हो तो तुम अजगर से पूछते हो, यह जकड़न क्यों है? पूछो? या जान बचाकर भागते हो। बाघ कूद रहा है तुम्हारे ऊपर और तुम पूछ रहे हो, यह बाघ क्यों है? लिखो बैठकर वहाँ कविता, "बाघ की छलांग"। "हमने देखी ज्यों कि त्यों, फिर पूछा यह छलांग है क्यों?" कविता पूरी नहीं होगी यह मेरा आश्वासन है। शुरू तो तुम करोगे, खत्म नहीं होगी। तुम खत्म हो जाओगे, कविता खत्म नहीं होगी। भर्तृहरि के लहजे में बोल रहा हूँ। यह सब व्यर्थ के प्रश्न है। जान बचाओ!

5

जीवन में आचरण की क्या महत्ता है?

प्रश्नकर्ता: आचार्य जी, ओशो कह गए,"आचरण नहीं अंतस।" अंतस तो इंद्रियों के दायरे का है नहीं, और आचरण पर काम करना नहीं। तो बस मिल गई छूट। वैसे ही रहो जैसे हो। बस बोलते रहो सोचते रहो, कि "बदलाव तो आंतरिक है ना। घटना घट रही है भीतर।" यह पाखंड है।

आचार्य जी, आचरण की महत्ता पर प्रकाश डालने की कृपा करें।

आचार्य प्रशांत: पौधा जब छोटा होता है तो उसको बचाना पड़ता है, उसे बाड़ देनी पड़ती है। आंतरिक शक्ति नहीं है उसमें अभी। आप यह नहीं कह सकते कि पौधे की निजी शक्ति, नैसर्गिक बल ही काफी होगा संसार से निपटने के लिए, ऐसा होगा नहीं। संभावना है पौधे में अभी जो कि अभिव्यक्त नहीं हुई है। तो पौधे को सुरक्षा देनी पड़ेगी। और सुरक्षा याद रखिए पौधे के शरीर को ही दी जा रही है। पौधे में भी रस है, आत्मा है, बड़ा सुंदर छायादार, फलदार वृक्ष हो जाने की संभावना हैं।

वो सब छुपी हुई हैं उस देह के भीतर। उस नन्हें से पौधे में एक विशाल वृक्ष छुपा हुआ है। प्रमाण इसका यह है कि नन्हा सा पौधा नष्ट कर दो विशाल वृक्ष कहीं नहीं रहा। नन्हें पौधे में विशाल वृक्ष है। नन्हा पौधा नष्ट कर दो, विशाल वृक्ष कहाँ है? गया, साफ।

तो जो बहुत ही बल हीन होता है उसे तो सुरक्षा की ज़रूरत पड़ती ही है। और फिर एक दिन ऐसा आता है जब उस पौधे का तना मोटा होने लगता है, व्यास बढ़ने लगता है, जैसे किसी जवान आदमी की मांसपेशियां फूल रही हों। और फिर जो बाड़ आपने लगाई होती है अब वह बाधा बनती है। माली अगर होशियार है तो वह जान जाएगा कि बाढ़ कब हटानी हैं।

आपने देखे होंगे वृक्ष जिन्हें घेर दिया गया लोहे की जाली से और वह जाली कभी हटाई नहीं गई नतीजा यह हुआ है कि उनका तना फिर जाली से संघर्ष करता है। जाली के छिद्रों के बीच में से बाहर निकलना चाहता है। फिर ऐसा सा हो जाता है जैसे लोहे ने तने पर शिकंजा कस रखा हो जैसे किसी ने आपका गला दबा रखा हो। तना एक तरफ से मोटा ऊपर से तना नीचे से मोटा, बीच में जाली ने उसको कस रखा है।

पौधे का अगर बस चलता है जो कि चलेगा ही पौधा अब धीरे-धीरे बड़ा वृक्ष होता जा रहा है तो पौधा तो जाली को तोड़ ही देता है जाली को वैसे भी टूटना है। बांस की है तो उसमें विशेष दम नहीं और अगर लोहे की है तो धीरे-धीरे जंग खा कर के अपने आप ही गिरेगी, झड़ेगी।

अब अंतस काफी है। अब पौधे के भीतर जो ताकत है वो इतनी ज़्यादा है कि उसे जाली की जरूरत तो नहीं ही है, जाली का होना अब एक समस्या है, एक विद्रूपता है, एक अनावश्यक विसंगति है। होना ही नहीं चाहिए जाली को।

ऐसा ही आदमी है। जब तक आप बहुत कमज़ोर हो तब तक आत्मा तो आपकी जगी ही नहीं है। तब तक यह कहना बिल्कुल ठीक नहीं है कि आचरण नहीं अंतस। ना, तब मत कहना। जो बिल्कुल बलहीन आदमी है उसके लिए तो आचरण ही आवश्यक है। आप उससे कह दोगे के आचरण पर ध्यान मत दो, आत्मा काफी है। आत्मा के कहे पर चलो। आत्मा का प्रकाश तुम्हें राह दिखाएगा। आत्मा का प्रकाश है कहाँ उसके लिए?

तो आचरण नहीं अंतस की बात लागू ही नहीं होती उनके ऊपर जिनका अंतस जागृत नहीं। वो तो बस जी रहे हैं। उनके पास और कुछ नहीं है। क्या है? आचरण है। आत्मा से तो छिटके हुए हैं। हाँ, आचरण करते हैं क्योंकि जो भी जी रहा है कर्म तो कर ही रहा है। कर्म माने

आचरण। तो आचरण है उनके पास। जब मात्र आचरण ही है उनके पास और जो आचरण है संस्कारित है, कंडीशन है, प्रभावित है, झूठा है पर आचरण है तो ना। चीज़ भले ही झूठी है, गंदी है, टूटी-फूटी है, कमजोर है पर है तो। क्या है?

श्रोता: आचरण।

आचार्य: शुरुआत तो हमेशा वहीं से करनी पड़ेगी जो आपके पास है। है क्या उनके पास?

श्रोतागण: आचरण।

आचार्य: तो वहीं से शुरुआत करो। आत्मा है ही नहीं तो आत्मा से शुरुआत कैसे करोगे? आत्मा तो उनके लिए दूर कहीं टिमटिमाता तारा है जो कि घने बादलों के पीछे छुपा है। एक तो बेचारा नन्हा तारा वो भी घने बादलों के पीछे छुपा हुआ। उस आत्मा के प्रकाश में यह कौनसा अंधेरा जंगल पार करेंगे?

आप किसी पथिक को कह दो कि वह जो सुदूर तारा है काले बादलों के पीछे उसकी रोशनी में तुम जीवन का घना जंगल पार कर लेना। वह पगला जाएगा। वास्तव में वह जो छोटा सा टिमटिमाता तारा है वह छोटा है नहीं। आप उसके निकट जाएं तो आप पाएं कि वो महा सूर्यों का महा सूर्य है। वह अनंत सूर्यों से बड़ा तारा है। लेकिन आप उससे बहुत दूर हो।

इतनी दूर आ गए, इतनी दूर आ गए अपने आप से, अपनी सच्चाई से, अपनी आत्मा से कि आप के लिए अब वो क्या है? एक नन्हा टिमटिमाता तारा। उसके प्रकाश में आप जिंदगी नहीं जी पाओगे। जंगल बहुत घना है, रात बहुत अंधेरी है, आप चल नहीं पाओगे। आपको तो अब कोई चाहिए स्थूल तल पर जो आपका हाथ पकड़ कर जंगल पार करा दे, या कि कोई बाहरी कृत्रिम साधन जो आपको प्रकाश दिखा दे। कोई दीया, कोई टॉर्च, कोई लालटेन, कोई बाती।

आत्मा का प्रकाश लालटेन के प्रकाश से अनंत गुना बड़ा है, पर आपके लिए लालटेन का प्रकाश ही बड़ा है क्योंकि आत्मा से तो आप बहुत दूर हो। इतना दूर हो, इतना दूर हो कि अनंत प्रकाश पर अनंत दूरी भारी पड़ रही है। अनंत प्रकाश पर अनंत दूरी भारी पड़ रही है।

बहुत बड़ा होगा प्रकाश, तुम्हारे किस काम का? तुम तो बहुत दूर हो गए उससे से। एक-एक तारा जो गगन मंडल में रात को टिमटिमाता है जानते हो क्या है? कुछ तो इतने बड़े हैं कि तुम्हारा पूरा सौर्य मंडल उसमें समा जाए, सूर्य भर नहीं। और मुझे अचरज ना होगा कि कोई तारा इतना बड़ा हो कि उसमें पूरी आकाशगंगा समा जाए। ऐसे-ऐसे तारे। पर हमारे लिए वह क्या रह गए? खिलोने।

हमारे लिए वह क्या रह गए? नगण्य, ना बराबर। हमारे लिए वह क्या रह गए? आकाश पर सफेद आभाहीन संकेतिक बिंदु, जिनको लेकर कल्पना तो की जा सकती है, काव्य तो किया जा सकता है पर जिनके सहारे जंगल नहीं पार होता। जंगल पार करने के लिए तो पास का एक छोटा दीया मिल जाए वही बहुत।

आत्मा यदि उपलब्ध हो आपको तो बेशक आप आत्मा के सहारे जियो। जब आत्मा है ही नहीं तो आत्मा की बात क्यों करते हो? आत्मा को तो जाने कहाँ छोड़ा है। झूठ है छोड़ना पर अपनी दृष्टि में तो छोड़ ही आए हो न। आत्मा को कोई नहीं छोड़ सकता पर अपनी नज़र में तो तुम खुद ही कुछ हो ना। बड़े अहंकारी! हम ही कुछ हैं आत्मा तो पता नहीं कहां है तुम्हारी नज़र में? दूर तारे जितनी दूर।

तो तुम्हें आचरण चाहिए। नन्हे पौधे को बाढ़ चाहिए। तुम कहो कि नन्हे पौधे की जड़ इतनी सामर्थ्यशाली हो,तो नहीं अभी वह बात है ही नहीं। तुम कहो नन्हे पौधे का अपना तना इतना सामर्थ्यशाली हो, वह बात अभी है ही नहीं।

अभी तो तुम्हें कोई बाहरी सहारा ही चाहिए। बाहर का कोई दीया चाहे बाहर की कोई बाड़। बाड़ में कोई ताकत नहीं। एक दिन ऐसा आएगा जब तना इतना सुदृढ़ और फैलने को इतना उतावला हो जाएगा कि वह खुद ही बांस की बाड़ को चरमरा के तोड़ देगा। ऐसा होते देखा है? कि पेड़ का तना, उसका व्यास फैलता जा रहा है फैलता जा रहा है और उसके

आसपास आपने एक बाढ़ लगाई थी वो बाड़ ही टूट गई। अरे बाढ़ छोड़ो पेड़ों के तनों में इतना दम होता है कि वह दिवाले ढहा देते हैं, ज़मीन तोड़ देते हैं। पर नन्हें पौधे यह काम नहीं कर पाते।

यह काम तो विशाल वट करते हैं। बरगद का पेड़ खूब करता है यह। अब तुम कहो एक नन्हा तुलसी का पौधा हो वह दीवार फाड़ के निकल जाए तो यह होगा नहीं। उसको तो सहारा चाहिए। और भला है कि उसे सहारा मिले। सहारा तुम्हें जब भी मिलेगा वह बाढ़ की तरह ही मिलेगा और बाढ़ माने पाबंदी।

होशियार की नज़र से देखो तो बाड़ माने सुरक्षा, बाड़ माने जीवन, और उद्दंड पौधे की नज़र से देखो तो बाड़ माने पाबंदी। पौधों से अगर आप बात कर पाते तो बहुत सारे नन्हें पौधे होते जो कहते, "यह अन्याय हो रहा है हमारे साथ। हमारी व्यक्तिगत आज़ादी में दखल दिया जा रहा है।

हमसे क्यों कहा जा रहा है कि तुम झूम नहीं सकते कि जब हवा चले? यह आपने बाड़ लगा दी है अब हम झूम नहीं पाते, अब हम नाच नहीं पाते।"

"हमसे क्यों कहा जा रहा है कि हम बकरी से दोस्ती न करें। अरे, वह बकरी बड़ी हमें प्यारी लगती है। हमारे करीब आती है, वह मुँह लगाती है हम पर। निश्चित रूप से वह हमें चूमना चाहती है।" कोई आपकी और अपना थूथन बढ़ा रहा है इसका अर्थ ही यही है कि वह चुंबन लेने को आकुल है। "मेरी बकरी से प्रीत जुड़ती थी। बकरी मुझे बड़ी प्यारी लगती थी। ऐसी सुंदर, सफ़ेद, धवल बकरी है। क्या रूप रंग। क्या शरीर सौष्ठव। क्या ऊंचाई है उसकी! श्वेता उसका नाम, गोरी-गोरी। और बीच में यह लगा दी बाड़ और यह किया है बड़ा ज़ुल्म।"

भला है कि पौधे विद्रोह नहीं कर पाते। भला है कि पृथ्वी ने उनकी जड़ों को जकड़ रखा है। पौधे से पूछो तो वह तो पृथ्वी की भी जकड़न को पाबंदी ही बोलेगा। पृथ्वी से पूछो तो बोलेगी कि प्रेम इतना है कि आलिंगन कर रखा है मैंने जड़ों का। प्रेम इतना है कि जड़े मेरे बाहुपाश में हैं। पौधे की सुनो ही मत। मूर्ख है, पगला है। क्यों सुन रहे हो उसकी? उसकी सुनी तो कोई पौधा बचेगा नहीं।

"आज़ादी उनके लिए है जिन्हें आत्मा उपलब्ध हो गई हो। जिन्हें आत्मा उपलब्ध नहीं हुई उनके लिए आज़ादी ज़हर समान है। आत्मा ही एकमात्र आज़ाद शय है। जो अभी आत्मस्थ नहीं हुआ वह अगर आज़ादी की बात कर रहा है तो अपनी कब्र खोद रहा है। आज़ादी से ज़्यादा खतरनाक कुछ नहीं होता। आज़ादी से ज़्यादा जानलेवा कुछ नहीं होता। अपरिपक्व, मनचले, मूढ़, नादान मन को अगर तुम आज़ादी दे दो तो तुमने उसे मौत का सामान दे दिया। और कोई यह न कहें कि मनचला और मूढ़ और अपरिपक्व मन तो होता नहीं। वही होता है। उसके अलावा कुछ होता नहीं। परिपक्व तो बुद्ध होते हैं और बुद्ध लाखों में एक होते हैं।"

बाकियों को आज़ादी शोभा नहीं देती। बाकियों को तो बाड़ चाहिए। वास्तव में बुद्ध यदि बहुत कम हुए हैं तो इसका एक बड़ा कारण यह है कि बाड़ लगाने वाले लोग बहुत कम रहे हैं।

आज़ादी का दूसरा नाम है बुद्ध, और बुद्ध बहुत कम हुए हैं क्योंकि हमने झूठी आज़ादी दे रखी है। यदि बाड़ लगाई होती तो बहुत बुद्ध हुए होते। यदि पहले ही झूठी आज़ादी ना दे दी होती तो आज़ाद व्यक्तियों की इतनी कमी ना होती। बाड़ लगा दो, उसके बाद वृक्ष आज़ादी में नाचेगा, झूमेगा। तब कह सकता है वह कि आचरण नहीं, अंतस। महावट को कोई ना सिखाए कि क्या आचरण करना है उसे आचरण के उपदेश की ज़रूरत नहीं। पर नन्हें पौधे को तो आचरण का उपदेश देना पड़ेगा।

सूफ़ी कहानी है सुनी होगी आपने। सूफियों का एक डेरा था तो उसमें उत्सुक यात्री आया। मेहमान, वह देखना चाहता था कि क्या होता है कैसे होता है। बड़ा डेरा था आश्रम। वह घुसा तो उसने देखा कि एक तरफ़ लोग बैठे हैं, वह कड़ी साधना कर रहे हैं। दूसरी और गया तो देखा कुछ लोग हैं वह सोने की तैयारी में है उसने कहा इतनी जल्दी सो रहे हैं। बोले,"हमें गुरु की आज्ञा है इतने ही बजे सो जाना है।"

तीसरी तरफ़ गया तो देखा कुछ लोग हैं जो सूखी रोटी खा रहे हैं। उसने कहा अरे आप सुखी रोटी खा रहे हैं। बोले, "हमारे लिए नियम

बनाया गया है कि तुम सुखी ही रोटी खाना।" चौथी तरफ़ गया तो वहाँ देखता है कुछ लोग कड़ा शारीरिक श्रम कर रहे हैं। वह पत्थर उठा-उठा कर ला रहे हैं। उनसे पूछता है यह क्या? "हमारे लिए यही तय किया गया है, हमें यह करना है।" सब कुछ बड़े नियम बद्ध तरीके से चल रहा है जिसको जो आदेश दिया गया है वह आंख बंद करके उसका पालन कर रहा है। उसे बड़ा अच्छा लगा। लोग समय पर सो रहे हैं। जिसको जो बोला गया है वह खा रहा है। कोई एक बात व्यर्थ की नहीं कर रहा।

दूसरी तरफ़ जाता है देखता है वहाँ सब नाच ही रहे हैं नाचे रहे हैं। यह अजीब बात है उधर सब मौन थे, कोई ज़रा सा मुँह नहीं चलाता था और यहाँ नाच रहे हैं। वह बोलते हैं हमें गुरु से आज्ञा मिली है कि तुम तो नाचो झूमो। वह बोलता है बढ़िया।

सब कुछ यहाँ पर तयशुदा है। सब का आचरण निर्धारित है। उसके बाद उसको कहा गया कि आइए अब आपको मठाधीश से मिलावाते हैं। डेरे के सरदार से, आश्रम के गुरु से। उसने कहा अच्छा चलिए दिखाइए। जब चेले ऐसे हैं तो सरदार तो सदाचरण की प्रतिमूर्ति होगा। जब खेलों में इतनी नियमबद्धता है तो सरदार देखने ही जैसा होगा। क्या बात होगी! वह सरदार के पास ले गए उसका सरदार से परिचय करवाया गया।

बताया गया कि यह डेढ़ सौ वर्ष के हैं। यह इतने पुराने हैं और दुनिया भर की सारी साधनाएं कर ली हैं। कुछ नहीं है जो इन्होंने छोड़ा हो। उसने कहा ठीक है मैं इनके साथ कुछ क्षण बिता सकता हूँ? उसको कहा गया ठीक है, अनुमति है, देखो इनको।

बाकी सब बैठे थे तयशुदा आसनों में, गुरुदेव बैठे हैं सुखासन में। उन्हें किसी आसन के कोई परवाह नहीं। एक पांव रखा है ज़मीन पर और एक पांव रखा है गद्दी पर, और बैठ गए। उसके बाद उनके लिए शराब लाई जा रही है। वो मज़े में शराब पी रहे हैं। उसके बाद बोले कि हम ज़रा रास देखेंगे। नचाया जाए। तो युवा जोड़े लाए जा रहे हैं उनके सामने नाच रहे हैं।

वो बोला यह बात कुछ समझ में नहीं आई। ये जो नए नवेले छोकरे हैं इनके ऊपर ऐसा अनुशासन और यह जो मुर्शिद है यहाँ पर वह तो खुद किसी नियम का पालन करते दिख नहीं रहे। आगंतुक को जवाब दिया

गया इसीलिए तो मुर्शीद हैं।

उनके साथ लागू होता है आचरण नहीं, अंतस। सिर्फ उनके ऊपर लागू होता है आचरण नहीं, अंतस। बाकी सब के ऊपर यही लागू होता है अंतस नहीं, आचरण।

और जब वो आगंतुक कुछ समझा-सा, कुछ बूझा-सा कुछ हैरान-परेशान सा मुड़कर जाने लगा तो उसको कहा गया रुको अभी। यहाँ जितने साधक हैं उनको जितने नियम दिए गए हैं वह तो तुमने देखें। एक नियम उन्हें और दिया गया है, वह बोला क्या? बोला उन्हें आखिरी नियम यह दिया गया है कि कभी गुरुदेव से अपनी तुलना मत कर लेना और कभी गुरुदेव के आचरण की नकल मत करने लगना। उन्हें अधिकार है वो सब कुछ करने का जो वो करते हैं, तुम्हें नहीं है। तुम तो वैसे ही जीयो हो जैसे तुमसे कहा गया है। उन्होंने बड़ी तपस्याएं की हैं, बड़ी खाईयां पार की हैं, बड़े समुद्र तैरे हैं। तब वो अधिकारी बने हैं वैसे जीने के जैसे वो जी रहे हैं।

कौवे की कहानी सुनी है ना जो हंसों के बीच में हंस बनकर उड़ने की कोशिश कर रहा था? एक पंख नहीं मिला उसका।

आचरण भी ठीक है, अंतस भी ठीक है, दोनों भी ठीक हैं, निर्भर सब इस पर करता है कि,तुम कौन हो। तुम्हारा ध्यान यदि प्रबल है, तुम पाते हो तुम्हारा होश इतना गहरा है कि तुम अपने होश के ही सहारे जी सकते हो तुम्हें किसी और सहारे की ज़रूरत नहीं, तो तुम आचरण पर ध्यान मत दो। तुम पाते हो कि दिनभर बेहोशी का कोई पल तुम्हें सताता नहीं, तुम पाते हो की कितनी कीचड़ कितनी दलदल कुछ भी हो तुम कभी फिसलते नहीं, तो तुम आचरण पर ध्यान मत दो। तब तुम कहो कि हमारी आत्मा जो कहेगी हम करेंगे।

लेकिन अगर तुम पाते हो कि दिन भर बेहोशी ही तुम्हें पकड़े रहती है, तो तुम आत्मा की और आज़ादी की बात भी मत करना। यह शब्द तुम्हारे लिए ज़हर है। तुम गुलाम बनकर जीना। तुम छोटी से छोटी बात पूछना। तुम अपने आप को हक ही मत देना स्वेच्छा से कोई निर्णय लेने का। तुम यह कहना ही मत कि, "हम भी कुछ हैं।" तुम ज़रूर कुछ हो। तुम जो हो उसको मूर्ख कहते हैं।

जिसका पांव अभी टूटा हुआ हो वह कहे कि मुझे तो अपने बूते चलना है तो दूसरा पांव भी तोड़ लेगा। तुम्हें अभी सहारा चाहिए। होते हैं ऐसे सूरमा एक टांग टूटी हुई है। बोले,"अजी हटाओ बैसाखी। यह हमारी आज़ादी मैं विघ्न है। हम अपने दम पर चलेंगे।" एक पांव टूटा हुआ है, खड़े हुए चले। क्या होगा? गिरे, दूसरा भी टूट गया। अब ले लो आज़ादी।

अपने जीवन को देखो ध्यान कितना गहरा है तुम्हारा। अपने होश को देखो धारा कितनी अविरल है उसकी। अगर तुम्हारी गहरी चेतना का प्रवाह सदा अविच्छिन्न रहता है, बड़ी से बड़ी बाधा, बड़ी से बड़ी चट्टान भी तुम्हारी धारा को रोक नहीं पाती, तो तुम किसी की मत सुनो। किसी आचरण सहिंता का पालन मत करो। गुरुओं के निर्देशों को हवा में उड़ा दो। संतो की बातों को फूंक मारकर हटा दो।

लेकिन अगर तुम पाओ कि चलना चाहते हो दाएँ और पहुँच जाते हो बाएँ, अगर तुम्हारा जीवन गवाही देता है तुम्हारी बेहोशी की, तो अपने पर भरोसा मत करना। सर झुका कर जो कहा जाए चुपचाप वही करना, और मन में कोई भी इच्छा उठे तो उसका साथ मत देना, फ़र्क नहीं पड़ता इच्छा क्या है।

अस्तित्व के खेल थोड़े अजब है। जिन्हें मुक्ति वास्तव में चाहिए होती है सिर्फ़ वही बंधन स्वीकार कर पाते हैं। जिन्हें मुक्ति नहीं चाहिए वह तो छद्म मुक्ति ले करके खुश हो जाते हैं। जिन्हें मुक्ति चाहिए वो कहते हैं मुक्त इतनी प्यारी है मुझे कि उसकी खातिर बंधन का लंबा समय भी झेल जाऊँगा। और अगर तुम बंधन का समय झेलने को तैयार नहीं हो तो इसका अर्थ इतना ही है कि तुमने गुलामी से यारी कर ली है। बेहोशी ही अब तुम्हारा जीवन है, उसी पर दिल आ गया तुम्हारा।

> ***"बुद्धों के लिए आचरण नहीं और बुद्धूओं के लिए अंतस नहीं। यही आख़री बात है।"***

प्र२: एक बात उठ रही है इसमें वह यह है कि आचरण भी हम उन्हीं से ले

जो अंतस में जी रहे हैं, क्योंकि आचरण तो हमें हर तरफ़ मिलता ही रहता है। और दिक्कत यह है कि जिसके पास आचरण है चाहे वो सांसारिक ही क्यों ना हो उसे यह पता ही नहीं होता कि अंतस कहाँ है? वह आचरण ले तो किससे ले।

आचार्यः हाँ, बढ़िया बात। इसका कोई तयशुदा जवाब नहीं है। प्रश्न जो आपने वास्तव में पूछा है वह यह है कि कोई अंधा है। जो अंधा है वह यह भी तो नहीं देख सकता न कि आँख वाला कौन है। तो अंधा किस आधार पर किसी से सहारा ले? कैसे पता करे कि कौन सहारा देने लायक है?

जो सिर्फ़ आचरण पर चलता है उसकी मदद के लिए ही पुराने लोगों ने एक सूत्र निकाला था। जानते हो सूत्र क्या है? वह सूत्र यह था कि गुरु को भी आचरण से पहचानो। यह बड़ी अजीब बात है क्योंकि इससे गुरु पर पाबंदी लगती है। उसका आचरण तो स्वच्छंद हो सकता है, पर वह पहचाना जा सके इसलिए वह जानबूझकर के एक तयशुदा आचरण रखता है कि, 'यह मैं हूँ, मुझे पहचान लेना'। उसमें क्या चूक हो सकती है? उस आचरण की नकल करने वाले पैदा हो सकते हैं।

तो देने वालों ने फिर एक शर्त रखी कि गुरु का आचरण बड़ा कठिन हो। नकल करने वाले के पसीने छूट जाएं। गुरु वह जो पचास चीज़ें हैं जिन से ऊपर उठा हुआ हो। इस दिशा में और उस दिशा में, इतना उसे ज्ञान होना चाहिए। और तो और उसे अपनी सिद्धियों का प्रदर्शन करना भी आना चाहिए। ऐसी उसकी बोलचाल, ऐसा उसका पहनावा हो, ऐसा उसका जीवन हो। अब यह सब देख कर के गुरु को पहचान लेना।

यह करके कठिनाई पैदा की गई नकलचियों के लिए, नकलचियों के लिए ज़रा मुश्किल किया गया। अब गुरु को कहा गया कि वह बसता है जंगल में और नर्म बिस्तर पर सोता नहीं। और उसकी नकल करनी है तो तुम्हें भी यही करना पड़ेगा। यह बड़ी भारी पड़ेगी नकल। तुम्हें भी वहाँ जाकर शेर के, बाघ के बीच में सोना पड़ेगा। वहीं जंगल में बिना किसी सुविधा के रहना पड़ेगा। मृगछाला पर पड़े हुए हो ज़मीन पर, गर्मी, सर्दी, बरसात झेल रहे हो। तो अब नकल करना भी चाहते हो गुरु की तो यह सब करो। लेकिन फिर भी नकल करने वाले रहे। तो यह तरीका दिया

गया है कि गुरु को भी और कैसे पहचानोगे? ऐसे ही पहचानो।

फिर जो ज़रा जागृत हो जाएं उनके लिए थोड़ा और उन्नत तरीका है। लिया क्या उन्नत तरीका है? चलो ऐसे हो सकता है कि पहले चरण पर तुमने किसी ऐसे को गुरु बना लिया हो जो झूठा आचरण दिखाकर के स्वांग करके गुरु की पदवी पर बैठ गया तो उस पर तुम एक दूसरा परीक्षण लगाना।

ता गुरु झूठा जानिए, भ्रांति ना जीव का जाए।

उसके तुम्हारे जीवन में होने से क्या तुम्हारे मन का अंधेरा दूर हुआ है क्या, तुम्हारे दृष्टि में स्पष्टता आई है क्या, तुम अब चीज़ों को पहले से ज़्यादा साफ-साफ देख पा रहे हो? बहुत कुछ जो पहले तुम्हें सच लगता था अब क्या स्पष्टतया झूठ लगने लगा है? यह सब होने लगे तो समझ जाओ कि सच्चे गुरु के साथ हो।

और फिर इसके बाद तीसरा चरण भी आता है। क्योंकि कई बार आँखों का पर्दा हटाने के लिए ज्ञान भी काफ़ी होता है। गहराई नहीं चाहिए, बोध नहीं चाहिए, ज्ञान से भी काम चल जाता है। पहले चरण पर स्वांग है दूसरे चरण पर ज्ञान है। जो तीसरा पैमाना होता है असली गुरु को जांचने का वह होता है प्रेम। असली गुरु वह है जिससे तुम अपने सारे कष्टों के बावजूद प्रेम कर सको। उसके सानिध्य में कष्ट तो तुम्हें मिलेंगे खूब, पर कुछ और भी ऐसा मिल रहा है कि तुम ना चाहते हुए भी उसके दीवाने रहोगे।

तो यह तीन चरण होते हैं गुरु की परीक्षा के और चौथा चरण अज्ञेय है। चौथे का कुछ पता नहीं। यह तीनों ही चरण कभी-कभी धोखा दे सकते हैं। चूक कहीं भी हो सकती है तीनों चरणों में। चौथा चरण यह है कि तुम परवाह ही मत करो। गुरु आकाश से बूंद की तरह टपकेगा। तुम उसे किसी परीक्षण से, कसौटी से, तर्क से गुजारो ही मत। पर वह बात बड़ी दूर की है।

वास्तव में वह चौथे चरण के बाद चौथे ही चरण वालों के लिए है। पहली तीन बातें जरा व्यवहारिक है। तो गुरु की पहचान का पहला चरण है गुरु का आचरण देखो। जो दिखाई दे कि हिंसा करता है, जानवरों को मारता है, मांस खाता है, उससे ज़रा बचना। जो दिखाई दे कि धन का

लोभी है, कंचन-कामिनी से भी जिसका मन उठा नहीं, उससे ज़रा बचना।

यह पहली छन्नी है, इससे छानना। पर इससे चूक हो सकती है। फिर दूसरी पर छानना। दूसरी क्या है? कि गुरु का ज्ञान देख लो। 'जाति न पूछो साधु की, बूझ लीजिए ज्ञान'। देखिए वह ज्ञान तुम्हारे काम आ रहा है। देखो उस ज्ञान से तुम्हें कुछ प्रकाश मिला की नहीं। और फिर तीसरी कसौटी है प्रेम कुछ ऐसा अज्ञात खिंचाव होना चाहिए उसमें कि असहनीय हो उससे दूर रहना। और कोई ऐसी दीवार होनी चाहिए उसके चारों ओर कि अलंघ्य हो और असंभव हो उसे छू पाना।

गुरु का तो ऐसा है कि जैसे किसी दीवार में छेद कर दिया गया हो। और उस छेद में आपका हाथ है और आपका हाथ पकड़ कर कोई खींच रहा है। खिंचे आप जा रहे हो और खिंच भी नहीं सकते क्योंकि बीच में दीवार है। खिंचाव जितना ज़रूरी है वह दीवार भी उतनी ही ज़रूरी है। वह दीवार बताती है कि अभी तुम कुछ हो इसलिए दीवार तुम्हें रोक रही है। जब तुम कुछ नहीं हो गए तो तुम दीवार पार कर जाओगे। तब गुरु से मिलन हो जाएगा तुम्हारा।

तुम अभी शरीर ही बने बैठे हो। तुम अभी अहंकार हो, जड़ हो, पत्थर हो, तो इसलिए दीवार तुम्हें रोक रही है। जब तुम विशुद्ध चेतना मात्र रह जाओगे, जब मिट ही जाओगे तो कौन सी दीवार तुम्हें रोकेगी? तब तुम दीवार पार कर जाओगे, तब मिल जाओगे।

मेरी सलाह यह है कि आप तीनों में से कोई भी प्रयोग मत करिएगा। आप बस प्रार्थना करिएगा क्योंकि यह तीनों ही प्रयोग असफल हो सकते हैं। इन तीनों ही परीक्षणों के नतीजे भ्रामक हो सकते हैं। प्रार्थना का नतीजा कभी भ्रामक नहीं होता। प्रार्थना से जो मिलेगा आपको वह खरा होगा।

6

सीधी बात सीधे आदमी के लिए ही होती है

प्रश्नकर्ता: आचार्य जी, प्रणाम। मेरी आध्यात्मिक यात्रा में आप के बाद जो नाम है जिससे मैं सबसे ज़्यादा प्रभावित हुआ वो है ओशो। मैं कई वर्षों तक साधना करता रहा उनके प्रवचनों के माध्यम से, यह समझ कर कि बुद्धत्व अति कठिन और दुर्लभ बात है।

फिर वह सूक्ष्म शरीर, अतींद्रिय जगत, कुंडलिनी यात्रा हो या कोई और ऊँची चोटी जिसे अधिक श्रम से पाया जाता है, या फिर ज़ेन या *सडन एनलाइटनमेंट* (अचानक ज्ञानोदय) मेरे लिए यह सब कुछ एक लक्ष्य हो गया। और फिर लक्ष्य माने बोझ, भारीपन और प्रतिस्पर्धा। पर आपसे मिलने के पश्चात सब सहज और सुलभ मालूम होता है। सारा बोझ उतरा हुआ लगता है।

तो मेरा प्रश्न यह है कि ओशो इस सहज सुलभ सत्य के बारे में इतनी विधियां, इतनी उलझन क्यों दे गए? क्या उद्देश्य था उनका? आप जैसा सीधा-सीधा भी तो ओशो बता सकते थे न।

आचार्य प्रशांत: सीधी बात सीधे आदमी के लिए होती है। जिसे

समस्याओं से लगाव हो उसके लिए बड़ी भारी समस्या हो जाएगी समस्याओं का विलोप।

लोगों को समस्याओं से मुक्ति नहीं चाहिए, लोगों को समस्याओं का प्रबंधन चाहिए। दोनों में बड़ा अंतर है। समस्याओं से मुक्ति का तो मतलब होता है जो समस्याग्रस्त है उस से भी मुक्ति। लोग परेशान सिर्फ़ तब होते हैं जब समस्याएं उनकी सहन सीमा से ज़्यादा चली जाती हैं। समस्या जब तक झेली जा सकती है तब तक तो वो जीवन का रस रहती है, वो जीवन का पार्श्व संगीत रहती है। कुछ चल रहा है सामने और पार्श्व में संगीत बजे जा रहा है, बजे जा रहा है। शोर को भी संगीत कहा जा सकता है। लोग ऐसे ही हैं।

हमें समस्याओं से तादात्म्य है। आप पचास लोगों को लें, उनसे कहे कि क्या चाहिए? वे पचास बातें लिखेंगे, पाँच सौ बात लिखेंगे। उन बातों में यह तो शामिल होगा कि फलानी समस्या है फलानी समस्या से मुक्ति चाहिए। कोई कहेगा धन की तंगी से मुक्ति चाहिए, कोई कहेगा तनाव से मुक्ति चाहिए, कोई कहेगा पत्नी से मुक्ति चाहिए, कोई कहेगा अपने दफ़्तर से मुक्ति चाहिए या बीमारी से मुक्ति चाहिए। पर कोई भी नहीं कहेगा कि मुक्ति चाहिए। अंतर बहुत बड़ा है, समझो इसको। जो मूल समस्या है हम उसको बचाए रखना चाहते हैं। जो बाहरी छोटी-मोटी समस्याएं हैं, हम बस उनको हटाना चाहते हैं क्योंकि वह परेशान करते प्रतीत होती है।

मूल समस्या छुपी हुई है। वह जड़ है! वह हर समस्या की माँ है। वह वृत्ती घनी भीतर बैठी हुई है। वो स्वयं कभी प्रतीत नहीं होती। जैसे बबूल की पेड़ की जड़ पर कांटे नहीं होते। कोई मिला है, जो घायल हो गया हो बबूल के पेड़ की जड़ से? सारे कांटे कहाँ होते हैं? शाखाओं पर। तो इसलिए बबूल के पेड़ की जड़ से हमारी कोई दुश्मनी नहीं। हमारी दुश्मनी किससे है? कांटो से। जड़ को हम छोड़ देते हैं, हम कांटों से लड़ने लग जाते हैं। इसी तरह से हम समस्या को छोड़ देते हैं हम, मूल समस्या से जनित छोटी-मोटी अन्य समस्याओं से लड़ने लग जाते हैं।

तो तनाव से मुक्ति चाहिए, गुस्से से मुक्ति चाहिए, बीमारी से मुक्ति चाहिए, बुढ़ापे से मुक्ति चाहिए। पचास तरीकों से मुक्ति चाहिए पर मात्र

मुक्ति नहीं चाहिए, क्योंकि मात्र मुक्ति का अर्थ होता है 'मैं' से मुक्ति, अपने-आप से मुक्ति। वह नहीं चाहिए। हमें चाहिए 'मैं'।

अब ऐसे में कोई अगर मिल गया आपको जो सीधे कहे कि 'मैं' से ही मुक्ती दे दूँगा, तो अब भग लेंगे। आप आए उसके पास, आपने कहा गुस्सा बहुत आता है। गुस्से से मुक्ति दिलाइए महाराज।

उसने कहा देखो, गुस्सा तुम्हें इसलिए आता है क्योंकि तुम्हारा जो पूरा दिन है वह गड़बड़ बीतता है। गुस्सा तुम्हें अकारण ही तो आता नहीं। तुम सिर्फ गुस्से का इलाज चाहते हो, वो हो नहीं सकता। तुम्हें अपना पूरा जीवन देखना पड़ेगा। तुम्हें देखना पड़ेगा क्या खा रहे हो, क्या पी रहे हो, क्या पहन रहे हो, किससे शादी करी है, कहाँ रह रहे हो, टीवी पर क्या देखते हो, कौन सा साहित्य पढ़ते हो, पड़ोसी कौन है तुम्हारा, वाहन क्या है तुम्हारा। यह सब चीज़ें तुम्हें देखनी पड़ेंगे तब तुम्हारे गुस्से का आमूलचूल इलाज होगा।

तो कहेगा महाराज,"मैं गुस्से के समाधान के लिए आया था। मुझे गुस्सा नहीं चाहिए।"

महाराज कह रहे हैं, "गुस्सा भर हटाने से काम नहीं चलेगा घर हटाना पड़ेगा, बीवी हटानी पड़ेगी, कपड़े हटाने पड़ेंगे, भोजना हटाना पड़ेगा, दफ्तर हटाना पड़ेगा, जिस समाज में रहते हो वो हटाना पड़ेगा। यह सब तुम्हें बदलने पड़ेंगे, तब जाकर के तुम्हारा गुस्सा हटेगा।"

वह कहेगा रहने दीजिए। माफ़ करिए। वो कहेगा यह तो ऐसी बात है कि मैं आपके पास आया था कि गाड़ी का वाइपर खराब हो गया है। और आप हथौड़ा लेकर गाड़ी ही तोड़ने लग गए। आप कर रहे हैं कि जब तक तुम्हारा मूल विनाश नहीं होता, तब तक तुम्हें आज़ादी नहीं मिलेगी। आचार्य प्रशांत की विधि ऐसी ही है। वहाँ वाइपर नहीं बदले जाते वहाँ नई गाड़ी दी जाती है। वह लोगों को चाहिए नहीं है। हमें अपनी पुरानी गाड़ियों से प्यार है।

ओशो की विधि दूसरी थी। आप उनके पास आते थे, वो आपको राहत देते थे। वो आपको अपने निकट खींचते थे। पहले वो आपको वो दे देते थे जो आपको चाहिए। तात्कालिक लाभ दिखा देते थे। तो आप खुश, ठीक है। मैं सिगरेट छोड़ने के लिए आया था। गुरुओं के पास लोग और क्या

छोड़ने जाते हैं? कोई वृत्तियां छोड़ने तो जाता नहीं गहरी। कोई आया है जिसे सिगरेट छोड़नी है। कोई आया है कि नींद नहीं आती है रात में, ऐसे बहुत हैं जो आते हैं। वो उसकी सिगरेट छुड़वा जब भी देते थे। विधियां थी, छूट गई सिगरेट।

अब उसे धीरे-धीरे करीब खींच रहे हैं, करीब खींच रहे हैं, करीब खींच रहे हैं। एक के बाद एक नई विधि देते जा रहे हैं, पुरानी विधि छुड़ाते जा रहे हैं। और फिर आखिरी बात यह होती कि जो आखिरी विधि दी है वो भी छुड़ा दो। पर वह आखिरी बात उसी व्यक्ति के लिए जो आखिर तक उनके साथ टिका रहे। जो आखिर तक नहीं टिका है वो कोई न कोई विधि साथ लेकर निकल जाएगा।

ओशो शुरू में आपको विधि देते, फिर उस विधि को काटने की दूसरी विधि देते, फिर तीसरी विधि देते, फिर चौथी विधि देते, और अंततः आपसे कहते सारी विधियां व्यर्थ हैं। तुम आज़ाद हो, उड़ो। परी आखिरी बात वह आपसे बिल्कुल आख़िर में कहते।

मैं वह बात आपसे सबसे पहले ही कह देता हूँ। जो बात वो बिल्कुल अंत में कहते वो बात मैं पहले ही कह देता हूँ। उसके फ़ायदे भी हैं नुकसान भी हैं। उसको फ़ायदा यह है कि समय बचता है, और नुकसान यह है कि किसी का समय नहीं बचता क्योंकि कोई सुनता ही नहीं है। जो दो-चार लोग होते हैं उनका समय बच जाता है। पर दो ही चार लोग होते हैं जिनका समय बचता है।

अब यह अपने-अपने मानक हैं, अपने-अपने तराज़ू हैं, जिसको जो चाहिए। मुझ में ओशो जितना धैर्य नहीं। वो बड़े आदमी थे, वो यह खेल खेल पाए कि एक विधि दो, फिर दूसरी दो, फिर तीसरी दो, फिर चौथी। मुझ में ज़रा लड़कपन है; मैं सीधी बात, सीधी चोट करता हूँ, खेल खत्म करता हूँ, सोने चला जाता हूँ। कौन घुमा-फिरा कर के दस बातें करें कभी कुंडलिनी जगाए, कभी यह पकाए, कभी कुछ करे? भक्क!

बात सीधी है, दिमाग खराब है, दिमाग ठीक करो, होश में आओ, शांति में रहो। फिर हम सोने जा रहे हैं, तुम भी सो जाओ या खेलने साथ चलो बाहर फुटबॉल खेलते हैं। कौन तुमसे कहे कि आओ आश्रम में एक साल रुको, पहले दो महीने तुम्हारी साधना का पहला चरण होगा। फिर

अगले दो महीने अगला चरण होगा, फिर उसके बाद अगला चरण होगा। अरे, कौनसे चरण? सारे चरण भ्रांतियां हैं। यह हमारा हिसाब है।

अब यह हिसाब बहुत लोगों को बहुत भारी पड़ता है। आप भी मेरे पास आ पाए क्योंकि आप पहले ओशो से गुज़र चुके हैं। ओशो का आखिरी चरण मेरा एक मात्र पहला और आखिरी है। इसलिए जो लोग उनके साथ रहे हैं उन्हें मैं भाऊँगा। ओशो उन्हें जहाँ छोड़ गए हैं मैं वहाँ से उनका हाथ पकड़ कर आगे ले जाऊंगा। और ऐसा नहीं कि ओशो की उन्हें बीच में छोड़ देने की इच्छा थी। अगर आप बीच में छूट गए तो इसके ज़िम्मेदार ओशो नहीं हैं, इसके ज़िम्मेदार आप हैं। आप आखिर तक चलते ओशो के साथ तो आखिर में ओशो आपसे वही कहते जो मैं आपसे कह रहा हूँ। आप आखिर तक चले नहीं ओशो के साथ, आप बीच में रुक गए। बीच में रुक गए तो अब आगे की यात्रा मैं करा दूँगा।

ऐसा खूब हुआ है। जिन्हें ओशो का सानिध्य मिला है उन्हें मेरी बातें तत्काल समझ में आ जाती हैं। वो तैयार ही खड़े हैं कूदने के लिए। कूदना भर बाकी था, मुझे कुछ करना नहीं मुझे कंधा मारना है थोड़ा सा, बस। उसमें मैं माहिर हूँ। पचासों वक्तव्य हैं ओशो के जिसमें वो कहते हैं, *"*एनलाइटनमेंट इस द लास्ट गेम।*"* बेकार की बातें हैं।

अस्सी के दशक के उत्तरादर्ध में मृत्यु के दो वर्ष तीन वर्ष पूर्व से मात्र ज़ेन की बातें करीं हैं ओशो ने। और भी करी होंगी, पर सबसे ज़्यादा ज़ेन पर क्योंकि ज़ेन कहता है जो भी दिमाग में आ रहा है सब हटाओ सब बेकार है। अपनी जीवन यात्रा के आखिरी पड़ाव में ओशो ने इधर-उधर की बातें करी ही नहीं। न शक्तिपात, ना कुण्डलिनी, ना सतोरी। और क्या-क्या लिखा है आपने, याद भी नहीं। सुक्ष्मशरीर, अतेंद्रिय जगत और जो पचासों बातें होती। कुछ नहीं आखिर में उन्होंने भी सिर्फ़ यही कहा ज़ेन। चुप हो जाओ।

जो मन से ना उतरे माया कहिए सोए।

मन में जो भी कुछ चल रहा हो, भले ही परमात्मा चल रहा हो, उसको भी व्यर्थ जानो। वह बात उन्होंने बिल्कुल अंत में कहीं, बहुत अच्छा होता अगर आप अंत तक उनके साथ रहते, या बहुत अच्छा होता कि आप अंत में ही उनसे मिले होते।

भूलकर भी ओशो को दोष मत दे दीजिएगा। यह मत कह दीजिएगा कि उन्होंने व्यर्थ में ही घुमाया, फिराया, भटकाया। बहुत करुणा थी उनमें, अधिक से अधिक से अधिक लोग तक पहुँचना चाहते थे। उन्हें यह तो स्वीकार था कि एक अव्वल दर्जे का साधु और संत होते हुए उन्हें भोगवादियों जैसा आचरण करना पड़े, पर उन्हें यह नहीं स्वीकार था कि लोग उनकी पकड़ से पहुँच से बचे रह जाएँ। वो कहते थे, "भले मुझसे नफ़रत करो लेकिन मेरे संपर्क में तो आओ। प्रेम से ना आओ मेरे तो मुझसे नफ़रत करके आओ, पर आओ मेरे पास ज़रूर।" करुणा उनकी बड़ी गहन थी।

गुरु को चेलों को देखकर बोलना पड़ता है। वक्ता को श्रोता के हिसाब की भाषा बोलनी पड़ती है। उन्होंने जो भी बोला, अपने सामने उपस्थित जनता को देखकर के बोला। लोग अगर सुनने को तैयार होते, तो ओशो भी बात करते दत्तात्रेय की और रिभु की। और ऐसा तो था नहीं कि ओशो, जिन्होंने ऐसे-ऐसे छुपे हुए संतों के नामों को भी उद्घाटित किया, वो दत्तात्रेय को और रिभु को जानते नहीं। पर ओशो की वाणी में आप इन दोनों का नाम नहीं पाएंगे।

यह ओशो का अज्ञान नहीं था, उनके श्रोताओं का अज्ञान था। लोग तैयार नहीं थे कि उनसे रिभु की बात की जाए, तो ओशो ने नहीं करी। लोग तैयार होते तो करते। और अल्पायु में ही निधन हो गया उनका। साठ वर्ष के भी नहीं थे। दस वर्ष और जीते, तो मैं आपसे कह देता हूँ ओशो मात्र रिभु गीता पर बोलते। बाकी सब खत्म। उनकी कहानी तो काल ने बीच में ही काट दी। मानवता के साथ काल ने बड़ा छल किया है।

बड़े से बड़ा योगदान ओशो का कि ऐसों को वो अध्यात्म में लेकर के आए जो अन्यथा कभी अध्यात्म की ओर उन्मुख होते नहीं। ओशो समझ लीजिए एक मिलन केंद्र है, एक **मीटिंगपॉइंट** है। एक तरफ से तो वो लेकर आते हैं सहजो बाई को और गरीब दास को और दूलन दास को। अपने इनका नाम सुना होता कभी ओशो ना होते तो? तो एक तरफ से तो अनजाने, अपरिचित संतों को लेकर आते हैं। और दूसरी तरफ़ से दूसरे हाथ से वो खींच के लाते हैं ऐसी सामान्य जनता को जो पूरी संसारी है, जिसका अध्यात्म से कोई लेना-देना नहीं। एक हाथ से उन्होंने पकड़

रखा है दुनिया के तमाम संतो को, सैकड़ों को, और दूसरे हाथ से उन्होंने पकड़ रखा है दुनिया की तमाम आबादी को। दोनों को ऐसे पकड़ रखा है और फिर दोनों को मिलवा देते हैं, यह ओशो हैं।

बड़ा निस्वार्थ व्यक्तित्व चाहिए ओशो होने के लिए। उन पर तो आरोप अक्षेप भी यही लगा था कि कौन सा बुद्ध पुरुष होता है जो दूसरे बुद्ध पुरुषों पर बोलता है। पचास बार उनसे यह पूछा गया कि आप निश्चित रूप से बुद्ध पुरुष हैं नहीं, क्योंकि बुद्धों ने तो अपनी बात कही थी और आप बुद्धों पर बोलते रहते हैं। 'ओशो बुद्ध पर', 'ओशो महावीर पर', 'ओशो कृष्ण पर', 'ओशो जीसस पर' तो ज़रूर आप में कोई खोट है। ओशो इस इल्ज़ाम को भी झेल गए, बर्दाश्त कर गए। यह उनकी करुणा थी।

कभी उनसे कहा गया पाखंडी हो, कभी कहा गया भोगवादी हो। कभी वो कहा गया जो आप कह रहे हो कि घुमाया-फिराया। हमें व्यर्थ ही नचाया। हमें उलझन में डाला। हम से सीधी बात नहीं करी। यह सब इल्ज़ाम उन पर मत लगाइए। जो कुछ आपने उनसे सीखा है पाया है उसके लिए कृतज्ञ रहिए। मुझे भी आपने यदि पाया है तो यह ओशो का उपकार है। ओशो ना होते तो मैं आपको नहीं मिलता।

आसमान के चाँद-सितारे बनना तो बड़े गौरव की बात होती है। सीढ़ी बन पाना कि जिस पर लोग पांव रखकर ऊपर चढ़ जाएं, बड़ा मुश्किल होता है। उसके लिए बड़ी निरअहंकारिता, बड़ा निस्वार्थ मन और बड़ा निष्कपट प्रेम चाहिए। ओशो में वह था। उन्होंने हमारे पांव के नीचे की सीढ़ी बनना भी स्वीकार किया, हमारे हित के लिए। उन्हें दोष मत दीजिएगा। उस सीढ़ी पर पांव रखकर आज आप दूसरी सीढ़ियों पर पहुँचे हैं। वह भी चाहते तो आसमान का चांद तारा बन सकते थे, सामर्थ्य पूरी थी उनमें पर उन्होंने सीढ़ी बनना स्वीकार किया।

आज आप ऊपर चढ़ गए हैं आज आप ओशो के वक्तव्यों को पढ़ेंगे, आपको खोट नजर आएगी। आप कहेंगे यहाँ यह चूक है, यहाँ यह बात है, यहाँ अशुद्धि है, यहाँ पर यह बात और बेहतर तरीके से हो सकती थी। आज आप वो बातें कर पा रहे हैं न क्योंकि आज आपको ओशो ने हीं परिपक्व कर दिया है, बड़ा कर दिया है। उन्हीं को पढ़-पढ़ कर आज आप

उन में खोट निकाल पा रहे हैं। जो पाया उसके लिए एहसानमंद रहिए। बात खत्म।

प्र3: आचार्य जी, प्रणाम। ओशो ने कहा कि जीवन कोई त्रासदी नहीं है, हास्य है। जीवित रहने का अर्थ है हास्य का बोध होना। आचार्य जी मुझे तो जीवन में दुख ही दुःख दिखता है हास्य कहीं दिखता नहीं ऐसा क्यों हो रहा है?

आचार्य: दुःख दिखता है। इसमें दिखना हास्य है। देख लिया तो हास्य है। दुःख तो है। आपको यदि दुःख दिख रहा है तो गलत नहीं दिख रहा। दुःख है, कोई इंकार नहीं। पर अधिकांश लोगों को वह दुःख दिखता ही नहीं। वह दुःख को कुछ और माने रहते हैं। *'*झूठे सुख को सुख कहें, मानत है मन मोर*'*। दुःख दिखता कहां है लोगों को?

चले जाइए किसी शॉपिंग मॉल में वहां हंसते मुस्कुराते चेहरों को देखिए खासतौर पर जवान उन्हें दुःख दिख रहा है? और दुःख है, बहुत गहरा है पर दिखता नहीं है। दुःख छुपा हुआ है चमकीले पर्दों के पीछे। दुःख छुपा हुआ है सीने में गदराए जिस्मों के पीछे पर दिखता नहीं। दिख गया तो मुस्कुरा दोगे, और करोगे क्या? परिभाषा ही यही है आनंद की कि मूर्खता दिख रही है और एक झीनी सी स्मिता तुम्हारे होठों पर है। यही परिभाषा आनंद की है। और जब भी दिखेगी मूर्खता ही दिखेगी।

संसार माने मूर्खता। संसार में और चल क्या रहा है। पहली मूर्खता थी पैदा होना। दूसरी मूर्खता थी अपने आप को पैदा मानना और तीसरी मूर्खता थी मर जाना। जन्म लेना मूर्खता, अपने-आप को जन्मा हुआ मानना मूर्खता और फिर मृत्यु में विश्वास करना मूर्खता। और पूरे संसार में इसके अलावा है क्या? मूर्खता ही मूर्खता तो है। जो देखेंगे वो मुस्कुराएंगे।

मुस्कुराएँगे इसलिए क्योंकि यह मूर्खता वो कर रहा है, कि कह लो करवा रहा है जो मूर्ख है नहीं। परमात्मा का स्वांग है। जैसे कोई बड़ा बच्चा बना बैठा हो। जैसे कोई होशमंद पागल बना बैठा हो। तो दिखेगा तो पागलपन ही, दिखेगी तो मूर्खता ही, पर अगर तुम देख रहे हो तो तुम

जानते हो तो यह मूर्खता करने वाला वही है जो तुम्हें देखने की शक्ति दे रहा है। और तुम मुस्कुराते हो, तुम कहते हो, "तू इतना होशियार है कि मुझे दिखवा सकता है कि तू इतना भी तो होशियार है ही कि मूर्खता ना करें सब जानते बूझते भी कर रहा है।" तो मुस्कुराओगे ही उसके चोरी पकड़ ली तुमने।

बुल्ले शाह कहते हैं न "क्यों झल्ले बै बै झाकिदा, ये परदा किसनु राखिदा।" पर्दा रखे हुए हो न। मुस्कुराहट आ ही जाती है जब पकड़ लेते हो कि कोई पर्दानशी छुपा बैठा है।

कोई मूर्ख मूर्खता करे तो त्रासदी है, परमात्मा मूर्खता करे, यह आनंद की बात है। और करने वाला तो वही है, कर्तापुरख। मुस्कुराओगे नहीं तो क्या करोगे?

प्र४: धन्यवाद जी। गुरु मिले और वैसे शिष्य मिले। आनंद की बात लागू नहीं होती कि आप आनंद की बात तब करें जब वहाँ तक पहुँच जाएँ। आपको मूर्खता दिख रही है तब तो आप त्रासदी ही माने। अगर आप उसको देखकर आनंदित होने लग गए तो?

आचार्य: जो देख रहा है उसके लिए आनंद है ना। जो मूर्खता में पड़ा हुआ है उसे कुछ दिखा कहाँ रहा है? उसे देख रहा होता तो वह मूर्ख क्यों होता? यह सारी बात कही उसके लिए जा रही है जिसके पास दृष्टि है। जिसके पास है ही नहीं उसके लिए मेरी कोई बात नहीं। वो इन बातों को अनसुना कर दे। मेरी यह बातें उसके लिए घातक हो जाएंगी। वह कहेगा, "अच्छा, मूर्खता बड़े आनंद की बात है। तो करे जाओ।" नहीं-नहीं। मूर्खता में आनंद उसके लिए है जिसके पास दृष्टि है मूर्खता को मूर्खता जान पाने की। जो मूर्खता को होशियारी माने उसके लिए तो भला है कि दुःख में जीए। कम से कम उसे झंझोडकर जगाएगा।

> *"दुःख से बड़ी औषधि दूसरी नहीं होती। आनंद उनके लिए जिन्हें अब औषधियों की जरूरत नहीं। स्वास्थ्य आनंद है।"*

7

स्वेच्छा से त्याग नहीं, स्वेच्छा का ही त्याग

वासनाओं का यदि स्वेच्छा से त्याग किया जाए तो त्यागी अनंतानंद में स्थित होता है।

~ भर्तृहरि

प्रश्नकर्ता: स्वेच्छा से त्याग क्या होता है, यह बताएँ।

आचार्य प्रशांत: स्वेच्छा से त्याग को पढ़िए स्वेच्छा का त्याग। वही है स्वेच्छा से त्याग। स्वेच्छा से त्याग का अर्थ होता है कि इतना पिटे, इतना पीटे कि अक्ल आ गई। कि स्वेच्छा पर जितना चलेंगे उतना यही मिलेगा। तो स्वेच्छा का ही त्याग कर दिया। कि ऐसी इच्छा जाए भाड़ में जो रोज पिटवाती है।

स्वेच्छा का त्याग का अर्थ होता है अपने ऊपर यकीन का कम हो जाना। सुधार उसका शुरू हो जाता है जो एक कदम भी रखने में कांपे, जो एक शब्द भी लिखने में कांपे। जिसको यह यकीन आ गया हो कि जो भी

कुछ कर रहा होऊंगा, गलत ही कर रहा होऊंगा। जो जल्दी में हड़बड़ाहट में कुछ कर ही ना पाए क्योंकि उसको पता है कि गलत किया है। गलती क्या है यह नहीं पता पर यह पक्का है कि गलत तो किया है क्योंकि मैंने किया है। जिसका अपने ऊपर से विश्वास इतना डिग जाए उसकी स्वेच्छा का त्याग हो गया।

स्वेच्छा से त्याग वरना नहीं हो पाएगा। जब तक स्वेच्छा बनी हुई है तब तक त्याग कैसा। हाँ, तब यह हो सकता है, स्वेच्छा यदि बनी हुई है है तो कि आप एक विषय का त्याग कर दें स्वेच्छा से और उसके बदले में कोई दूसरा विषय पकड़ लें। स्वेच्छा यदि अभी यथावत है तो अधिक से अधिक यह होगा कि विषयों का स्थानांतरण हो जाएगा। पहले एक विषय अच्छा लगता था वह बुरा लगेगा अब, और दूसरा विषय जो पहले बुरा लगता था वह अब अच्छा लगेगा; स्थानांतरित हो गए। पर स्वेच्छा अगर बची हुई है तो कुछ अच्छा और कुछ बुरा लगेगा ज़रूर।

स्वेच्छा का अर्थ ही यही होता है इच्छा माने कुछ अच्छा, कुछ बुरा। कुछ चाहिए कुछ नहीं चाहिए, यही तो इच्छा है। तो स्वेच्छा से त्याग बड़ी अर्थहीन बात है। स्वेच्छा का त्याग हो सकता है। वह तब होगा जब दिख जाएगी स्वेच्छा से जो भी करेंगे वो भारी पड़ेगा। स्वेच्छा से दाएँ जाएंगे तो जूते पड़े, और स्वेच्छा से बाएँ गए तो कील वाले जूते पड़े। बेहतरी यही हुई, बदलाव यही रहा।

कोई पूछे कि तुमने दिशा बदली तो स्थिति भी बदली होगी तुम्हारी? हाँ, स्थिति बिल्कुल बदली। पहले सिर्फ़ जूते थे अब कील वाले जूते हैं। फ़र्क नहीं पड़ता कि क्या कर रहे हैं, यदि स्वेच्छा से कर रहे हैं तो पिटेंगे। फ़र्क नहीं पड़ता कि क्या लिख रहे हैं, अगर हमने लिखा है तो गलत है। फ़र्क नहीं पड़ता कि क्या कह रहे हैं, हमने कहा है तो चूक है।

अब स्वेच्छा की जड़ पर प्रहार हुआ। स्व की जड़ पर प्रहार हुआ। स्व माने इच्छा। हमारा स्व अधूरा होता है। जो अधूरा है उसमें इच्छा होगी। अब स्व की ही जड़ पर प्रहार हो गया। यह स्व का अर्थ है अहंकार। अहंकार अधूरापन। अधूरापन माने पूरेपन की इच्छा। अब स्व पर प्रहार हो गया।

पर यह भी उनके लिए है जो दो शर्तें पूरी करते हों। पहली शर्त यह कि वो अत्यधिक तामसिक ना हों, क्योंकि जो तामसिक है उसको तो बहुत इच्छाएं भी नहीं उठती। इच्छाएं भी तब उठे ना जब आपको पूरेपन की प्यास हो। तामसिक व्यक्ति तो कहता है कि हम पहले ही पूरे हैं। कौनसा पूरापन? किसको चाहिए? हम तो पहले ही पूरे हैं। पूरे वो हैं, पूरे गधे हैं। और तामसिक है तो लिखा हुआ 'पूरा गधा' को पूरा जब तक पढ़ते तब तक तमस के मारे नींद आ जाती है तो गधा पढ़ते ही नहीं है। तो उन्हें इतना ही याद रहता है कि, 'हम पूरे हैं'। यही रह गया आगे का वह पढ़ ही नहीं पाए, नींद आ गई बीच में।

यहाँ बहुत लोग हैं ऐसे वो कहते हैं कि हम कुछ लिख रहे थे लिखते-लिखते बीच में नींद आ गई। यहाँ रात में मुझे लिखकर भेजना होता है। कहेंगे, भेजा काहे नहीं बोलेंगे लिख रहे थे लिखते-लिखते। एक-दो तो ऐसे पहुँचे हुए हैं जो कहते हैं पूरा लिख दिया बटन बटन दबाते समय नींद आ गई। तामसिक व्यक्ति की यही पहचान है उसको तुम बताओ तू पूरा गधा है। तो पढ़ेगा 'तू पूरा' फिर सो जाएगा। ठीक है हम पूरे हैं। तो उसको सुधार भी नहीं चाहिए उसकी कोई इच्छा होती नहीं। उसकी कोई इच्छा होती नहीं।

पहली शर्त यह है सुधरने की कि आप स्वेच्छा पर चलें। तामसिक व्यक्ति की तो स्वेच्छा भी मर गई। उसके भीतर इच्छा का कोई प्रबल ज्वार उठता नहीं। राजसिक में उठता है न, तामसिक में थोड़ी उठता है। तामसिक तो जस्ट चिल, सब ठीक है।

तामसिक व्यक्ति समझते हो कैसा होता है कि जैसे कोई कुत्ता पेट में छेद उसमें कीड़े भरे हुए हैं और माथे पर छेद उसमें कीड़े भरे हुए हैं, और मुँह में कीड़े भरे हुए हैं और एक आँख में कीड़े भरे हुए हैं। और वह बढ़िया जाड़े की धूप में लेट करके सो रहा है। तामसिक व्यक्ति ऐसा होता है। दुनिया की बहुत बड़ी आबादी है जो ऐसी है।

पहली शर्त है कि आप ऐसे ना हो। और दूसरी शर्त यह है कि आपको पिटना बुरा लगता हो। पहली शर्त यह है कि आप इच्छाओं पर चलो। हममें बहुत लोग इच्छाओं पर भी नहीं चलते उनकी इच्छाएं ही मर गई हैं। और दूसरी शर्त यह है कि इच्छाएं पर चलो और फिर पिटो तो पिटना

बुरा भी लगे। इस बुरा लगने को कहा गया है लज्जा। इसलिए पारंपरिक रूप से लज्जा को बहुत बड़ा गुण माना गया है। हममें से ज़्यादातर लोगों को लाज ही नहीं आती। हम बड़े बेशरम हैं। रोज़ पिटते हैं, रोज मार खाते हैं, लाज ही नहीं आती। आप कबीर से पूछिए, आज मैं पढ़ता तो कह रहे थे,

"हमसे बड़ा कौन परिवारी, क्षमा हमारी माँ है और लज्जा हमारी म्हातारी। हमसे बड़ा कौन परिवारी।"

उन्होंने लाज को इतना बड़ा गुण माना। उन्होंने कहा मैं परिवार ही हूँ और लज्जा मेरी स्त्री है। हमें लाज नहीं आती। हम इतना ठुकते हैं, लाज नहीं आती। बुरा ही नहीं लगता। जीवन थपेड़े थपेड़े देता है, थप्पड़-थप्पड़, लात-घूसे। जितने तरीके से तुम्हारी दुर्दशा करी जा सकती थी करी जाती है, तुम्हें लाज नहीं आती। तुम फिर भी दाँत फाड़ देते हो, हँस देते हो। निर्लज्ज! तुम्हारी हँसी ही नहीं छूटती, तुम्हारा मुस्कुराना खत्म ही नहीं होता। इसलिए स्वेच्छा का कभी त्याग नहीं होता।

दोनों ही शर्तें नहीं पूरी हो रही। पहली शर्त तो यह है कि इच्छाएं उठें। बहुत लोगों की इच्छाएं मर गईं, उनकी उठती नहीं। दूसरी यह है कि जिनकी उठें, वो इच्छाओं पर चलें, और फिर जब चोट लगे तो बुरा मानें। हमें बुरा नहीं लगता। बुरा उनको लगता है जिन्हें कभी-कभार चोट पड़ती हो कभी-कभार हारते हों।

जिनके जीवन का इतिहास ही हो गया हो हारना-पिटना उन्हें बुरा लगना बंद हो जाता है। अतीत बहुत बड़ा बोझ है। आपके अतीत में अगर सिर्फ हार ही हार है, आप लगातार निम्न श्रेणी के ही रहे हैं, तो फिर आपको हारना अब बुरा लगता ही नहीं। आप पिटते ही पिटते आए हैं सदा, जीवन के जिस भी क्षेत्र में गए हैं आप पिटे, तो आपको बुरा लगता ही नहीं। निर्लज्जता बड़ा कवच बन जाती है। अहंकार को बचाए रखती है।

प्र२: आपको वीडियो वगैरह में नहीं पर ऐसा ही बोलते हुए सुना है *बेसिकइगो* करके एक चीज़ होती है। तो अभी जैसे कहा कि,"निर्लज्जता से अहंकार को कवच मिलता है," पर निर्लज्ज तो जैसा आप कह रहे हैं

वो तभी होता है ना जब वो *बेसिकइगो* ही नही होती। तो बेसिक एगो नही होना वो भी एक इगो है।

आचार्य:*(ना में सर हिलाते हुए)*

प्र२: तो क्या है वो?

आचार्य: तुम्हें पिटाई पड़ रही है तो अहंकार तो है ही, वरना पिटाई किसको पड़ती? ईगो तो है ही, तभी तो तुम्हें पिटाई पड़ रही है। पर तुम्हारा अहंकार पिटाई से समायोजित हो गया है कि वो पिट लेता है, लजाता नहीं। अहंकार तो है तभी तो पिट रहे हो, पर वो अहंकार अभी इस कोटि का हो गया है कि पिटना उसे मंजूर है। लजाना मंजूर नहीं है।

बहुत लोग हैं इस श्रेणी के, देखो दुनिया में सब पिट ही तो रहे हैं। हमें अपने-आपसे बहुत कम प्रेम है। पिटाई के विरुद्ध, दुर्दशा के विरुद्ध हममें कोई विद्रोह ही नहीं उठता। पिटाई का मतलब यह थोड़ी ना है कि कोई तुम्हें जूता ले कर मारे। तुम रोज़ दफ़्तर जाने के लिए धूप में सड़ो, यह बहुत बड़ी पिटाई है। पर लोग बर्दाश्त किए रहते हैं। दुनिया की तमाम यंत्रणाएँ झेलो, पाबंदियां, बंदिशे झेलो यह बड़ी पिटाई है पर लोग झेलते रहते हैं, यह निर्लज्जता है।

एक दूसरा मन भी होता है, स्वयं के प्रति प्रेम पूर्ण, ज़रा संवेदनशील। उसको चोट लगती है वह बुरा मान जाता है। वो कहता है, "यह होना नहीं चाहिए था पर यह हुआ।" उसका अपमान होता है तो वो बुरा मान जाता है। वो कहता है, "होना नहीं चाहिए था, यह हुआ। मैं क्यों अपने-आपको ऐसी स्थिति में ले आया कि मेरे साथ क्या हुआ। मेरी ही गलती है आइंदा ऐसे होने नहीं दूँगा मैं सुधरूँगा।"

वह दोष दे रहा है अपने आप को। कह रहा है मैंने ही कुछ किया इसलिए मेरे साथ ऐसा हुआ, मैं बदलूंगा। समझ में आता है कि पिटाई कर जब वह बदलने की बात करता है तो उसके समझ में आता है कि पिटाई का कारण स्वेच्छा थी तो फिर स्वेच्छा का ही त्याग हो जाता है। यह कुछ शर्ते हैं जिनका पूरा होना जरूरी है।

कोई पूछे कि यह शर्तें कैसे पूरी होंगी, तो इसका कोई उत्तर नहीं है। प्रार्थना करो। प्रार्थना करो कि तुम्हारे भीतर लाज उठे। प्रार्थना करो कि तुम्हारी तमसा ज़रा कम हो।

8

ओशो के नाम के साथ 'सेक्स गुरु' क्यों जुड़ा?

प्रश्नकर्ता: ओशो के नाम के साथ सेक्स गुरु क्यों जुड़ा? जबकि उन्होंने इतनी गीताओं पर बोला। इतने अमूल्य वक्तव्य दिए हैं। दुनिया भर के संतो, ज्ञानियों, साध्वियों, मनीषियों पर प्रवचन दिए हैं।

आचार्य प्रशांत: अब क्या बताएँ? जब मैं स्कूल में होता था तो मेरे साथ एक पढ़ता था। उसका नाम था परमानंद पटोला। आप फिल्म का नाम बताइए वह तुरंत बता देता था कि उसमें गरमा-गरम दृश्य कौन सा था। नख-शिख विवरण दे देता था वह नायिका का उसके पूरे प्राकृतिक रूप में। कपड़े तो उसे दिखाई ही नहीं देते थे। मानव निर्मित चीज़ों का वह बड़ा विरोधी था। सिर्फ़ प्राकृतिक बातें उसे पसंद आती थीं।

आप ऊँचे-से-ऊँचे दर्जे की फिल्म का नाम बताइए उसे बस एक बात याद है किस दृश्य में नायिका का पल्लू सरका था। वह बता देगा आपको और बड़ा रस लेकर बताता था। गुलाबी साड़ी थी! ढाई घंटे की पिक्चर में वह दृश्य ढाई सेकेंड का था, शायद उतना भी नहीं, उसे वही याद है। परमानंद पटोला।

और तो और स्कूल की शिक्षिकाओं की जितनी अंतरंग कहानियां हो, आप परमानंद से सुनिए। शिक्षिकाएं जो विषय पढ़ा रहीं हैं उनका उसे कुछ नहीं पता। वह याद करने की बात नहीं। शिक्षिका इतिहास पढ़ाने आईं हैं, उसे इतिहास का कुछ नहीं पता, उसे शिक्षिका के भूगोल का पता है। शिक्षिका ने पढ़ाया इतिहास और परमानंद ने यह देख लिया कि शिक्षिका के उतार-चढ़ाव नदी-पहाड़ कहाँ-कहाँ हैं। अब यह तो अपनी-अपनी नज़र है। तुम्हें क्या दिखाई देता है?

शिक्षिका का तो कोई इरादा नहीं था कि वह तुम्हें काम में दीक्षित करें। वह तो बिचारी आईं थीं अपना कर्तव्य, अपना धर्म पूरा करने। तुमने उसमें क्या देख लिया यह तुम जानो। और फिर कक्षा नौ लगी। उसमें शरीर विज्ञान, बायोलॉजी एक किताब थी जिसका चालीसवां अध्याय था ह्यूमन रिप्रोडक्टिव सिस्टम।

परमानंद ने चालीसवें अध्याय, वह आखरी था, की चालीस कॉपियां कराईं, बाकी सब हटा दिया और उनको एक में जिल्द करा दिया। वह जब भी पढ़ता सिर्फ़ वही अध्याय पढ़ता। बाकी कुछ पढ़ने लायक नहीं था।

जो पुस्तक हमें दी गई थी उसका तो एक बटा चालीस अंश था पुरुष और स्त्री के जननांगों की रचना से संबंधित। एक बटा चालीस। चालीस उसमें अध्याय थे, चैप्टर, जिसमें से एक ऐसा था जो समर्पित था ह्यूमन रिप्रोडक्टिव सिस्टम बाकी तमाम सब कुछ। पर अगर किसी की नज़र सिर्फ़ जननांगों पर हो तो? वह तो एक बटा चालीस को चालीस बटा चालीस बना देगा न। इसलिए ओशो को सेक्स गुरु कहा गया।

ओशो को यदि कोई सेक्स गुरु कह रहा है तो इससे ओशो के बारे में कुछ नहीं पता चलता। इससे उनके बारे में पता चलता है जिन्हें ओशो में सिर्फ सेक्स दिखाई दिया। इतना कुछ बोला उन्होंने। कभी अष्टावक्र, कभी बुद्ध, कभी जीसस, कभी लल्लेश्वरी, कभी कबीर, कभी नानक। कौन है जिस पर ओशो ने नहीं बोला?

सैकड़ों उनकी किताबें। पर किसी से पूछो ओशो की कोई किताब वो बोलेगा 'संभोग से समाधि तक'। जान लेना कि इस आदमी के लिए संभोग अभी बड़ी बात है। इसका बस चले तो 'संभोग से समाधि तक' में पहले ही शब्द को छोड़कर बाकी तीनों शब्द को भी उड़ा दे। चारों शब्दों

पर बस संभोग लिख दे। किताब का क्या नाम? 'संभोग संभोग संभोग संभोग'। और उसे कुछ चाहिए नहीं।

कोई आदमी पूरे जीवन के बारे में बोल रहा है तो कामवासना के बारे में भी तो बोलेगा ना। थोड़ा बहुत तो बोलेगा। तुम ने उसकी वही बात पकड़ ली और फुग्गा फुलाए जा रहे हो कि ओशो ने तो सेक्स के बारे में बोला। उन्होंने सेक्स के बारे भी बोला। ठीक वैसे जैसे तुम्हारे शरीर में जननांग भी होते हैं। या तुम्हारा पूरा शरीर ही एक विशाल शिश्न है। द इनटायर बॉडी इज अ जॉइंट पेनिस, ऐसा तो नहीं है? कुछ लोगों का होता है ऐसा, सबका तो नहीं है।

अब तुम उसको दोष दो कि इन्होंने बोला ही क्यों? तो काहे ना बोले, भाई? फिर तो तुम परमात्मा को भी दोष दो। कि उसने शरीर में जननांग बनाए ही क्यों? अगर परमात्मा शरीर के एक छोटे हिस्से में जननांग बना सकता है, तो ओशो के साहित्य का भी एक छोटा हिस्सा सेक्स को समर्पित हो सकता है न? होना चाहिए। वही उचित है। पर परमानंद पटोला को तो सिर्फ़ वही हिस्सा दिखाई देता है बाकी हिस्से की तो कर दी उपेक्षा।

अष्टावक्र पढ़ना नहीं, अब ओशो ने अष्टावक्र पर कितने ग्रंथ बोल दिए, वह तुम्हें पढ़ने नहीं। ओशो ने उपनिषदों पर ज्ञान की गंगाएं बहा दी हों, उनमें तुम्हें नहाना नहीं। तुम्हें तो एक बात से मतलब है, अच्छा ओशो ने सेक्स के बारे में कुछ बोला। अच्छा ओशो ने ध्यान की कितनी विधियां दी थीं उनमें एक विधि यह भी थी कि एक कक्ष में नग्न होकर नाचो। उन्होंने अन्य भी तो विधियां दी थीं, तुम्हें एक ही क्यों याद है?

और देने वाला तो हर वह विधि देगा जो उपयोगी है। सैकड़ों विधियां दे रहे हैं एक उपयोग विधि यह भी थी, कि निर्वस्त्र हो जाओ और नाच लो। और दूसरे की देह के बड़ा आकर्षण में पड़े हो, तो दूसरे को भी निर्वस्त्र देख लो। आकर्षण ही मिट जाएगा। यह विधि दी। ऐसी उन्होंने सैकड़ों विधियां दीं। तुम्हें बाकी की विधियां क्यों नहीं याद है? और इल्ज़ाम उन पर है कि यह तो सेक्स की बातें करते थे। गंदे आदमी थे। वह गंदे हैं? वह गंदे नहीं हैं, तुम पटोला हो।

इंसान का मन इतना भी विकृत हो सकता है कि वह मंदिर जाए और देवी की मूर्ति देखे तो उसमें भी उसे वासना ही नज़र आए। ऐसे हज़ारों लाखों हैं जो देवियों की मूर्तियों को देखते हैं और कामोत्तेजित हो जाते हैं। क्या कर सकते हैं ऐसे लोगों का? उनके लिए तो प्रार्थना ही ठीक है।

9

शिव अर्धनारीश्वर नहीं, बल्कि नारी के हृदय हैं

विषयी जगहों में शिव अनोखे हैं, उनका आधा शरीर प्रियतमा का है और शान्त जनों में भी वे अद्वितीय हैं, स्त्रियों से निसंग हैं, जबकि कामदेवता के तीरों से घायल पूरी मानव जाति कामना के बोझ तले दबकर नहीं सुख पाती है और न ही अपनी वासनाओं को त्याग पाती है।

~ वैराग्यशतकम् (श्लोक १७)

प्रश्नकर्ता: शिव कौन? शिव माने क्या? आपने पहले भी उन पर कहा है किन्तु फिर सुनने की इच्छा उठ रही है।

आचार्य प्रशांत: तरह से श्लोक वर्णित करता है वही है शिव, कि जिसका आधा शरीर ही स्त्री का हो फिर भी वह स्त्रियों से निसंग हो, वो शिव है। जो संसार के मध्य कैलाश की चोटी पर बैठा हो, अछूता, वह है शिव। जिसका प्रकृति से कोई लेना-देना नहीं परंतु जिससे समस्त प्रकृति है, वह है शिव। जिसको स्थिरता में, स्थायित्व में, अचल रहने में ही

आनंद है, परंतु जिसकी अर्धांगिनी हैं सब चीज़ों को, समस्त संसार को चलाएमान करने वाली शक्ति, वो है शिव।

तो शिव कौन है यह हटाइए, शिवत्व आपके भी भीतर ही है। हम सब के अंतः स्थल का नाम है शिवत्व। शिव की अर्धांगिनी दिखाते हैं, शक्ति को। मैंने ऋषिकेश में एक दफे कहा था कि यह जिस तरीके से निरूपित किया जाता है यह ठीक नहीं है, कि आधा शरीर स्त्री का आधा शरीर पुरुष का दिखा दिया। यह गलत तरीका है। अर्धनारीश्वर जैसे चित्रित होते हैं, वह ठीक नहीं है।

ठीक यह होगा कि मात्र स्त्री को दिखाया जाए और स्त्री का जो हृदय है वह है शिव। बाहर-बाहर जो है वह तो प्रकृति ही है, शक्ति ही है, उसके केंद्र पर जो स्थाई, अनंत स्त्रोत बैठा है उसका नाम है शिव। तो बाहर-बाहर तो हम सब हाड़-मांस ही हैं। यह सब तो चला-चली की चीज़ है। कभी उठती है, कभी गिरती है, हज़ार तरीके के इसमें कभी रोग, कभी बिमारियाँ समय के साथ सब झड़ जाना है। तो मन है उसमें हज़ार तरीके की गतियाँ, उपद्रव। इन सबके बीच में जो बैठा है उसको शिव कहते हैं।

बीच में बैठने का अर्थ क्या है?

बीच में बैठने के दो अर्थ हैं, पहला जो कुछ हो रहा है उससे अछूता। दूसरा जो कुछ हो रहा है उसका आशय, उसका अंत। केंद्र के दो मायने होते हैं। जब हम कहें कि कुछ चीज केंद्र में है बीच में है तो उसके दो मायने हैं। पहला, वह चीज़ अछूती है परिधि पर जो भी हो रहा है उससे। वो है ही नहीं क्योंकि केंद्र पर तो एक बिंदु होता है और बिंदु का कोई अस्तित्व नहीं होता। बाकी जो कुछ है उसका स्थान में,आकाश में, समय में, अस्तित्व है। आपसे कोई कहे कि बिंदु दिखाओ तो आप नहीं दिखा सकते। क्योंकि, बिंदु का कोई क्षेत्रफल नहीं होता, एरिया नहीं होता। कैसे दिखाओगे?

और दूसरी बात होती है कि केंद्र का अर्थ होता है वह जो सबसे महत्वपूर्ण है। जब आपसे कहा जाता है कि केंद्रीय बात क्या है तो अर्थ होता है सबसे महत्वपूर्ण बात। तो जब हम कहते हैं कि शिव केंद्र हैं शक्ति का, प्रकृति का तो अर्थ है जीवन के लिए, संसार के लिए, मन के लिए, शिव ही सबसे महत्वपूर्ण हैं।

हम जो भी कुछ कर रहे हैं, शिव के लिए ही कर रहे हैं। हम यदि परेशान है तो इसलिए हैं कि शिव नहीं मिल रहे। हम यदि हिल रहे हैं तो इसलिए हिल रहे हैं कि शिव मिल जाएं। हम किसी दिशा यदि भाग रहे हैं तो इसलिए भाग रहे हैं कि लगता है वहाँ शिव बैठे हैं। हमारा लगना इत्यादि सब गलत है। हम जिन दिशाओं में भागते हैं शिव उधर है नहीं। दिशाएँ सारी उधर हैं और शिव इधर है। तो मिलेंगे नहीं उधर जिधर भाग रहे हैं। यह हैं शिव।

प्र२: सभी विषयों में शिव अनोखे हैं? शिव विषय का तो कोई?

आचार्य: *(ना में सिर हिलाते हुए)*शिव की मूर्ति की बात की जा रही है यहाँ। वो विषय हो सकती है। शिव कहाँ से विषय हो गए।

प्र३: अचार्य जी, आपने ओशो की सबसे बड़ी खूबी उनके साहस उनकी हिम्मत को बताया है।ओशो की इस खूबी से बहुत प्रभावित हूँ। उनको सुनता हूं तो अवाक रह जाता हूँ कि वे कैसे हर धारणा को चुनौती दे देते थे। कोई इंसान वैसा कैसे हो सकता है? मैं वैसा कैसे हो सकता हूँ?

आचार्य: नितेंद्र आप ओशो जैसा होना चाहते है और ओशो ने किसी के जैसा होना मंजूर किया नहीं। अब आप बताइए ओशो जैसा कैसे हो जाएंगे। कोई ओशो इसलिए नहीं होता कि पचास-साठ और ओशो हो जाएं। ओशो इसलिए होता है ताकि नितेंद्र, नितेंद्र हो सके। घास, घास हो सके। गेंदा, गेंदा हो सके।

"पारस में और संत में यही अंतरो जान वो लोहा कंचन करें यह कर दे आप समान।"

जो आपको आप बना दे वह गुरु है वह संत है। गुरु का काम यह नहीं होता कि आपको अपनी प्रतिलिपि बना दे, कि आप उसकी छाया हो गए। गुरुओं के प्रतिकृतियां बहुत घूम रही हैं। वह गुरु थोड़े ही हैं, वह फिर प्रति गुरु हैं। गुरुदेव की प्रतिमूर्ति को क्या बोलोगे? गुरु तो नहीं बोलोगे। क्या बोलोगे? वह प्रति गुरु हैं फिर।

कितने ही घूम रहे हैं जिन्होंने अपने नाम के साथ ओशो लगा दिया तो वह ओशो थोड़ी हो गए न। ओशो ने कभी नहीं चाहा था कि उनके पीछे बहुत सारे ओशोओं की कतार लगे। यह कर मत दीजिएगा। ओशो का जो जीवन भर का श्रम था वह व्यर्थ जाएगा। अगर यह होने लगा। आप, आप बनें। और आप बनने का क्या अर्थ होता है? आप बनने का अर्थ होता है कि आत्मा से आप ओशो समान बने। और व्यक्तित्व आपका वही रहे जो आपका हो सकता है।

जैविक रूप से आप अलग हैं, आपका अतीत अलग है, आपकी स्थितियाँ अलग है, आपका समय अलग है। उनका समय अलग था, उनकी बात अलग थी, उनकी भाषा अलग थी। आप न उन,से तुलना करें न उनकी नकल करें। यह नकल बड़ी अजीब चीज़ है। प्यार में भी होने लग जाती है। और फिर बड़ा अच्छा लगता है तो आदमी उसी के जैसा होने की कोशिश में लग जाता है। यह गड़बड़ है।

बुद्ध, बुद्ध हैं, महावीर, महावीर हैं, कृष्ण, कृष्ण हैं, क्राइस्ट, क्राइस्ट हैं। साझी उनमें मात्र आत्मा है, साझा उनमें मात्र सत्य है, और कुछ नहीं साझा है। साझा होने लायक है ही वही सत्य, हृदय। बाकी सब एक सा मत कर लीजिएगा। और आत्मा साझी ज़रूर होनी चाहिए। ऊँची से ऊँची चोटी का नाम है आत्मा। जो ओशो को उपलब्ध हुई थी वह आपको भी उपलब्ध होनी चाहिए। वह ज़रूर मिले आपको। और कुछ मत कर लीजिएगा।

किसी भी गुरु का किसी ओशो का, किसी कृष्णमूर्ति का, किसी बुद्ध का उद्देश्य यही होता है कि आप आत्मा को उपलब्ध हो जाएं। उस उपलब्धि में यह बात बिल्कुल ठीक है कि निजी व्यक्तित्व विलीन हो जाता है। पर उस लीन होने का अर्थ समझिएगा। उसका अर्थ यह नहीं होता कि व्यक्तित्व शून्य हो जाएगा, या कि शिष्य का व्यक्तित्व गुरु के व्यक्तित्व जैसा हो जाएगा। उसका अर्थ यह होता है कि अब जीने का केंद्र व्यक्तित्व नहीं रह जाता। अब जीने का केंद्र आत्मा बन जाती है।

“जब जीने का केंद्र आत्मा बन जाती है तो व्यक्तित्व होता है, वह भी आत्मा के रंग में रंगा होता है। व्यक्तित्व से खाली

नहीं हो जाएंगे आप।"

व्यक्ति जब तक है तब तक तो व्यक्तित्व होगा ना। ओशो का भी अपना एक व्यक्तित्व था। और बुद्ध का व्यक्तित्व बुल्लेशाह के व्यक्तित्व जैसा नहीं है। क्राइस्ट का व्यक्तित्व कृष्ण के व्यक्तित्व जैसा नहीं है। सब के व्यक्तित्व अलग-अलग व्यक्तित्व हैं। पर सब के खरे व्यक्तित्व हैं। सबका व्यक्तित्व आत्मा के सच्चाई के रंग में रंगा हुआ है।

यही हर ओशो की हर गुरु की इच्छा होती है। व्यक्तित्व अलग-अलग हों लेकिन सच्चे हैं। और व्यक्तित्व अलग-अलग होंगे ही क्योंकि सब अलग-अलग स्थितियों में है। कोई भी दो जीव एक स्थिति में नहीं होते। कोई स्त्री है,कोई पुरुष है, कोई अमीर है, कोई गरीब है, कोई हिंसक समाज में है, कोई प्रेमी समाज में है, कोई जंगल में पैदा हुआ है, कोई रेगिस्तान में पैदा हुआ है। तो व्यक्तित्व में भेद तो होना ही चाहिए होगा ही। कृत्रिम समानता लाना या एकरूपता लाना व्यर्थ है।

कृष्ण आज अगर आएंगे तो मुकुट पहनकर थोड़ी घूमेंगे। अष्टावक्र आज अगर आएंगे तो आप क्या उम्मीद करेंगे अभी भी उनकी आठ जगह से टेढ़ी ही होंगी हड्डियां। उन्हें आप बक्शेंगे नहीं। आप कहेंगे, "हजारों साल बीत गए पर तुम्हारी हड्डियां ठीक नहीं होनी चाहिए। और तब तुम संस्कृत बोले थे आज भी संस्कृति ही बोलना। और तब तुम जनक से बोले थे आज भी जनक से ही बोलना।" अब अष्टावक्र बेचारे ढूंढ रहे हैं जनक को कि कोई जनक मिले। आज जनक मिलेगा नहीं उनको। और हड्डियां अब उनकी ठीक हो चुकी हैं। पर तुम्हारे मारे अब झूठ-मूठ के टेढ़े होकर चल रहे हैं।

तुम्हारी शर्त ही यही है कि अष्टावक्र जैसा हो तब बात बने। और अष्टावक्र माने कैसा? आत्मा से तुम्हे कोई मतलब नहीं। जब तुम कहते हो मामला अष्टवक्र जैसा होना चाहिए। मुझे अष्टावक्र जैसा बनना है। तुम्हारा आशय यही है कि उन्हीं की तरह किसी राजा को सामने बैठा कर के, चल बे, सुन! कितनी मोहक बात है। एक ठेढ़ा-टपड़ा गरीब आदमी, कम उम्र का वो भी, एक प्रौढ़ राजा को सामने बिठाकर क्या ज्ञान दे रहा है। देखो बेटा, यह सब ठीक नही है।

अब आज का अष्टवक्र इटली में हो इतालवी भाषा बोलता हो, वेनिस में गंडोला चलाता हो। अब वो गाना गा रहा है वहाँ, तुम मानोगे ही नहीं की वो गीता है क्योंकि उसका गाना इतालवी में है। और उसने इटालियन हेट लगा रखा है। और वो बांका जवान है। अष्टावक्र ऐसे टेढे-टेढ़े यह खड़ा हुआ है नाव पर और दोनों हाथ से चप्पू चला रहा है और गीत गाता जा रहा है। गीत का अंदाज़ रूमानी है। और सुननेवाला कोई राजा नहीं है। सुननेवाले कौन लोग हैं? साधारण यात्री। वो बैठें है नाव में। तुम कहोगे कहाँ के अष्टावक्र हैं?

"आत्मस्थ जीयो, आत्मा देखो। व्यक्तित्व को आत्म के पीछे-पीछे आने दो। व्यक्तित्व आत्म की छाया रहे। व्यक्तित्व आत्मा का फल रहे।"

10

विद्या क्या, अविद्या क्या? इनका क्या महत्व है?

प्रश्नकर्ता: वैराग्यशतकं का श्लोक २७ कहता है कि पूर्वकाल में विद्या विद्वानों के क्लेश का नाश करने को होती थी। कालांतर से वही विद्या विषयी पुरुषों के लिए विषय का साधन बन बैठी। ये क्या बात है?

आचार्य प्रशांत: विद्या और ज्ञान में अंतर होता है। विद्या जब ज्ञान बन जाए तो अविद्या हो जाती है।

विद्या का अर्थ होता है, उसमें स्थापित हो जाना जो किसी ज्ञान की पकड़ में नहीं आता। तो विद्या मूलतः निषेधात्मक होती है, वो काटती है, नकारात्मक, ऋणात्मक होती है। उसका काम होता है, हटाना। हटाने के लिए कुछ बातें बोली जाती हैं। वो बातें क्यों बोली गई हैं? ताकि कुछ हटाया जा सके। पर कुछ होते हैं ऐसे धुरन्धर जिनका हटाने का कोई इरादा नहीं होता, तो वो उन बातों को क्या करते हैं? वो उन बातों को ही पकड़ लेते हैं।

जैसे कि किसी के शरीर पर खूब गंदगी हो, उसको साबुन दिया जाए। वो उस साबुन का उपयोग हटाने के लिए न करे, बल्कि साबुन को जेब में

और रख ले। उसने बढ़ा लिया अपने आपको, उसने अपने आपको कुछ दे दिया। अपने से कुछ घटाया नहीं, कुछ हटाया नहीं, स्वयं में कुछ इज़ाफ़ा कर लिया। विद्या ज्ञान बन गई। शरीर से मैल हट जाती, जो बचता उसको विद्या कहते। मैल और बढ़ गई, ये बात अविद्या की है।

अविद्या भी उपयोगी है। उपनिषद् कहते हैं, अविद्या भी चाहिए। पर अविद्या अविद्या की जगह उपयोगी है। विद्या की बात अलग है, वो चीज़ अलग है। अविद्या ऐसे, जैसे आदमी के कपड़े। ज़रूरत है उसकी, आवश्यकता है, उपयोगिता है। और विद्या ऐसे, जैसे आदमी की आत्मा। कपड़े से थोड़े ही उसकी तुलना करोगे।

11

द्वैत क्या, अद्वैत क्या? इनका हमारे जीवन में क्या महत्व है?

भोग में रोग का भय, ऊँचे कुल में उत्पन्न होने पर उससे नीचे गिरने का भय, धन रहने पर राजा का भय, मान में दीनता का भय, बल रहने पर शत्रु का भय, सौंदर्य रहने पर वार्धक्य का भय, वेदांत आदि शास्त्र के रहने पर वाद-विवाद का भय, विनय आदि गुणों के होने पर दुष्टों का भय, शरीर रहने पर यम का भय। कहने का तात्पर्य यह है कि इस संसार में सभी पदार्थ भय से व्याप्त हैं। केवल एकमात्र शिव के चरण ही निर्भय का स्थान हैं।

~ वैराग्यशतकं श्लोक, ३२

प्रश्नकर्ता: ये श्लोक द्वैत के सिद्धांत को बता रहा है। मुझे अद्वैत से जुड़े कई साल हो गए। अद्वैत तो क्या, द्वैत भी समझ नहीं आया।

कृपया द्वैत समझाने की कृपा करें।

आचार्य प्रशांत: जब तक समझने की ज़रूरत है तब तक द्वैत है। द्वैत का मतलब होता है बहुत सीधा - 'मैं' हूँ और दूसरा है। और जो दूसरा है वो 'मैं' के समतुल्य है, इस धारणा को रखना द्वैत है, कि बाहर जो कुछ है वो मेरे ही आयाम का, मेरी ही कोटि का है, मेरे समकक्ष है। आत्मा में और इन्द्रियों द्वारा प्रक्षेपित संसार में अंतर न देख पाना ही द्वैत है।

'मैं' हूँ, ये बात आत्मा की है। बाहर संसार है, बिल्कुल है। इन्द्रियाँ जो कुछ दिखाती हैं वो झूठ तो है नहीं। क्यों कहूँ कि ये लकड़ी है नहीं? बिल्कुल है। पर ये उस कोटि की नहीं है, उस आयाम की नहीं है, जिस आयाम में 'मैं' हूँ। इस बात को न समझ पाना द्वैत है। द्वैत का अर्थ है- अपने आपको देखना, संसार को देखना, दो को देखना, इस विभाजन को देखना, इतने भर से द्वैत नहीं हो गया। इस विभाजन को देखना और जिन दो विभाजित इकाईयों को देखना, उनको समतुल्य मान लेना। तो, "ये पदार्थ है और इसी पदार्थ के समतुल्य मैं भी पदार्थ हूँ," इस भावना में जीना द्वैत है।

अद्वैत क्या है फिर?

अद्वैत का अर्थ है कि "मैं पदार्थ मात्र नहीं हूँ।" आत्मा का आयाम अलग है, आत्मा कहीं और की है, अतुल्य है। उसकी समकक्षता नहीं की जा सकती। उसका कोई जोड़ीदार नहीं है, असंग है। आप ये नहीं कह सकते कि, "आत्मा और संसार"। ये बहुत अजीब बात हो जाएगी। अगर आप सुनते हो, फूल और काँटा, तो आपको अजीब लगता है? वो कोई अजीब बात नहीं है। अजीब बात है आत्मा और संसार। आप अगर सुनते हो स्वादिष्ट भोजन और घास, तो ये बात आपको थोड़ी विसंगत लगती है? उसमें कोई विसंगति नहीं है। विसंगति है जब आप बोलो आत्मा और संसार।

आपने आत्मा के सामने और शब्द लगा क्यों दिया? आपने ये जोड़ बैठा कैसे दिया? आपने ये बेमेल विवाह कैसे कर दिया? आपने ये कैसे कह दिया, आत्मा और संसार? आत्मा वो शब्द है जो अपने साथ पूर्णविराम लेकर के चलता है। आत्मा के साथ कुछ जोड़ा नहीं जा

सकता। आत्मा, खत्म बात, क्योंकि उसके बाद बचा क्या? आत्मा और अ, ब, स, द, कुछ भी बोलना बेवकूफी की बात है। यही द्‌वैत है कि तुमने आत्मा को संगति दे दी, और आत्मा की संगति हो नहीं सकती।

कहने वाले आत्मा के बारे में कह गए हैं "असंगोअहम्"- मैं वो हूँ जो असंग है, मैं वो हूँ जो जिसका कोई साझीदार नहीं, मैं वो हूँ जो जिसका कोई बाप नहीं, मैं वो हूँ जिसका कोई बेटा नहीं। मैं वो हूँ जो बस है, और सिर्फ वही है - "अहमेव ही केवलं।" और अगर सिर्फ मैं ही हूँ तो मेरे साथ जोड़कर संसार की बात क्यों कर रहे हो? हाँ, संसार है पर किसी और दर्ज़े का है, उसकी बात मेरे साथ मत करो।

संसार बोल लो, अगर संसार की बात करना चाहते हो तो बोलो संसार। पर ये कभी मत कहना, आत्मा और संसार। ये कभी मत कहना कि, "मैं इस दुनिया में हूँ," क्योंकि तुम हो आत्मा, और दुनिया में जो कुछ है, वो दुनिया का है। तुम इस दुनिया के नहीं हो। ये भावना रखना कि, "मैं इस दुनिया का हूँ, मैं एक संसारी हूँ," यही द्‌वैत है।

जब तुम कहते हो, "मैं इस दुनिया का हूँ," तो तुमने अपने आपको और दुनिया को एक ही धरातल पर उतार दिया। धरातल सिर्फ दुनिया के होते हैं, धरा सिर्फ दुनिया में है, हर तल इस दुनिया का है। तुम किसी तल के नहीं हो, तुम इस धरा के नहीं हो। इस दुनिया में तुमसे संबंधित बहुत-बहुत चीज़ें हैं और उनसे तुम्हारा संबंध मात्र साक्षी का है, जो शुद्‌धतम संबंध होता है। और कोई भी अगर तुम संबंध रख रहे हो तो द्‌वैत हो गया मामला।

> ***"अद्‌वैत का अर्थ है मेरा और दुनिया का संबंध दृश्य और दृष्टा का है, जिसमें दृश्य है दुनिया, दृष्टा हूँ मैं। भोग्य और भोक्ता का नहीं है।"***

तुम मानते हो कि तुम दुनिया के भोक्ता हो और दुनिया तुम्हारा भोग्य पदार्थ है। ये द्‌वैत है। और जब द्‌वैत होता है तो भूख होती है, क्योंकि दुनिया को अब भोगना है। द्‌वैत है तो तुम भागे फिरोगे, पीछा करोगे, लार टपकाओगे, मुँह की खाओगे, पीड़ा सहोगे। पर चेतोगे नहीं क्योंकि

तुमने एक झूठी, गलत धारणा पकड़ ली है। वो गलत धारणा ये है कि तुममें कोई छिद्र है, कोई कमी है जिसकी पूर्ति दुनिया से हो सकती है। तुमने दो झूठ एक साथ बोले हैं। पहला झूठ ये बोला है कि तुममें कोई छिद्र है, तुममें कोई कमी है और दूसरा झूठ तुमने ये बोला है कि तुममें जो कमी है उसकी भरपाई दुनिया से हो सकती है। ये दोनों बातें झूठी हैं। इस झूठ में यक़ीन रखना द्‌वैत है।

दुर्भाग्य की बात ये है कि दुनिया में अगर आठ अरब, नौ अरब इंसान हैं, तो तकरीबन सभी इसी झूठ पर जी रहे हैं। लोग ऐसे जी रहे हैं जैसे दुनिया फतह करने के लिए आए हो, या ऐसे जी रहे हैं जैसे दुनिया से अपनी जान बचाने के लिए जीते हो। पर सबको लगता यही है कि या तो दुनिया से कुछ हासिल किया जा सकता है या दुनिया में कुछ गंवाया जा सकता है।

"दुनिया से कुछ चाहना या दुनिया से कुछ बचाना द्‌वैत है।"

अद्‌वैत का अर्थ हुआ अपनी शान में जीना। "मैं हूँ ही नहीं इस दुनिया की," ये अद्‌वैत है। "जग मुझपे लगाए पाबंदी, मैं हूँ ही नहीं इस दुनिया की।" तुम पहना लो बेड़ियाँ, जिसको तुम बेड़ियाँ पहना रहे हो वो मैं हूँ ही नहीं, किसको पहनाई? तुम मेरे हाथों को बाँध सकते हो, मुझे नहीं। और अगर और साफ़ कहना हो, तो "तुम इन हाथों को बाँध सकते हो, मुझे नहीं"। मैं ये भी नहीं बोलूँगा कि मेरे हाथ हैं। "तुम इन हाथों को बाँध सकते हो, मुझे नहीं। मैं हूँ ही नहीं इस दुनिया की"। ये अद्‌वैत है।

अद्‌वैत कहता है पकड़ो तो जाने। और किससे कहता है? उससे कहता है जो उसकी कोटि का नहीं है, क्योंकि अद्‌वैत अपने-आप में पूर्ण है। अद्‌वैत की कोटि है सत्य और संसार की कोटि है निःसारता। इन दोनों को आमने-सामने नहीं रखते। अद्‌वैत है सार और संसार है निःसार, तो इन दोनों को आमने-सामने नहीं रख सकते। सार को निःसार से मिश्रित न करना ही अद्‌वैत है। सार को असार से मिश्रित न करना ही अद्‌वैत है। नित्य को अनित्य से मिश्रित न करना ही अद्‌वैत है।

अनित्य भी है, इन्द्रियों के देखे अनित्य भी है। मैं नहीं इनकार करता कि अनित्य नहीं है। इन्द्रियों के देखे अनित्य भी है, पर है तो भी वो अनित्य ही है। इन्द्रियों के देखे असार भी है, मैं नहीं इनकार करता कि असार नहीं है। पर असार है भी यदि, तो असार ही है। है पर असार है। कोई पूछे, संसार है क्या? कहो है, पर असार है।

शंकराचार्य बोल गए थे जगत मिथ्या। जगत मिथ्या का अर्थ ये नहीं होता है कि जगत है नहीं। इसका अर्थ है कि जगत है पर मिथ्या है। नहीं है, उसका जो भी अर्थ जानना चाहो। है तो, पर नहीं है। जो नहीं होकर भी भासित होता हो, उसे संसार कहते हैं। तो हम नहीं मना करेंगे कि संसार है। हम तो कहेंगे संसार है और पानी पिएंगे। संसार नहीं है तो पानी कहाँ से आया? संसार नहीं है तो ये आसन कहाँ से आया? सब है। संसार नहीं है तो ये शब्द कहाँ से आए?

संसार न होता तो बात भर रह जाती, सार भर रह जाता, पारब्रह्म रह जाता, शब्दब्रह्म कहाँ से आता? संसार है तो ये गला है। संसार है तो तरंगें हैं जो तुम्हारे कानों तक जा रही हैं, तो ये शब्द हैं। पर जहाँ से ये शब्द आ रहे हैं, वो संसार का नहीं है। तुम संसार मिटा दो, ये वाणी मिट जाएगी। पर वो नहीं मिटेगा जिसकी बात ये वाणी कर रही है। ये अद्‌वैत है।

अद्‌वैत नहीं कहता कि द्‌वैत झूठा है। अद्‌वैत बस ये कहता है कि द्‌वैत में बात द्‌वैत की है, अद्‌वैत की नहीं। बहुत सूक्ष्म बात कह रहा हूँ, समझो। अद्‌वैत बस ये कहता है कि भाई! तुम द्‌वैत को द्‌वैत जानना, अद्‌वैत अलग है। भेद करो। द्‌वैत अपनी जगह और अद्‌वैत अपनी जगह। और जहाँ पर द्‌वैत है उसको सम्मान दो।

कह मत देना कि मैं-ही-मैं हूँ, दीवार है ही नहीं। जाकर भिड़ गए, मुंडी फोड़ लोगे, और कुछ नहीं होगा। दीवार है, पर अनित्य है। मानो दीवार को, इनकार न कर दो कि दीवार है ही नहीं, संसार है ही नहीं। बिल्कुल है संसार। पर संसार और सार को एक ही तराज़ू पर मत चला देना। सार अतुल्य है और संसार में जो कुछ है सब तुलनात्मक है।

श्रोता: अगर कोई ऐसे बोले कि संसार नहीं है, तो मन बहुत चालाक है, तो

मन ये कह रहा है कि मुझे तामसिक होने का भी एक बहाना मिल गया, कि संसार नहीं है तो भी मैं पिट रहा हूँ तो पिटते रहो।

आचार्य: बिल्कुल, बिल्कुल। संसार नहीं है, वही बोलेगा जिसके पास सार भी नहीं है। कोई सोया पड़ा हो तो ये सपना देख सकता है कि वो अकेला ही सो रहा है। फिर वो कहेगा, और कोई नहीं है। जो जगेगा वही कहेगा कि और लोग हैं लेकिन सोए हुए हैं। जो स्वयं भी सो रहा है वो मज़े में कह सकता है कि और तो कोई है ही नहीं, संसार है ही नहीं, मैं-ही-मैं हूँ। पगले! जग, तो तुझे पता चलेगा कि दूसरे हैं, पर दूसरों में और तुझमें आयामगत भेद है। दूसरे भी हैं पर वो सोए हुए हैं। तू जगा हुआ है।

और जागृति का कोई समकक्षी नहीं होता। जागृति कई प्रकार की नहीं होती। जागृति के कई रंग नहीं होते, कई गुण नहीं होते। जागृति मात्र जागृति होती है। जागृति की तुलना नींद से नहीं की जा सकती।

प्र२: दोनों को एक पर देख लेना, उसी को आसक्ति बोलते हैं?

आचार्य: जब दोनों को पर देख लोगे, तो वो जो दूसरा है उससे तुम आसक्त हो ही जाओगे, क्योंकि तुम्हें वो अपने जैसा लगेगा। एक खरगोश जब दूसरे खरगोश को देखता है, तभी तो आसक्त होगा।

दो चीज़ें चाहिए आसक्त होने के लिए- पहली, कोई दूसरा दिखे। दूसरी, जो दूसरा दिखे वो अपने जैसा हो। खरगोश को गीदड़ से तो नहीं आसक्ति होती, और खरगोश को चींटी से भी नहीं आसक्ति होती। खरगोश को किससे आसक्ति होती है? खरगोश से। अब दो शर्तें पूरी हो रही हैं।

पहली शर्त क्या? कि कोई दूसरा दिखा। और दूसरी शर्त? कि अपने जैसा दिखा। तो आसक्ति का मूल कारण है कि तुमने संसार को अपने जैसा मान लिया। अगर सिर्फ संसार दिख रहा है तो आसक्ति नहीं होगी। आसक्ति तब पैदा होगी जब संसार अपने समतुल्य लगे, कि नर खरगोश को मादा खरगोश दिख गई तो उसने कहा, "ये तो मेरे जैसी। ये अब मुझे शांति दे सकती है। अब इसका भोग करके मुझे चैन मिलेगा"। अगर वो

सिर्फ ये देखता, "दूसरा खरगोश है लेकिन मैं कुछ अलग हूँ," तो उसे आसक्ति नहीं होती।

श्रोता: तो आत्म परिभाषा पर नहीं आना चाहिए कभी।

आचार्य: बिल्कुल। संसार को देखो। उसके जितने क्रिया-कलाप हैं, उनमें संलग्न होना है, हो जाओ। पर अपने आपको संसार के संदर्भों में कभी परिभाषित मत कर लेना। ये मत कह देना कि मैं दुनिया से संबंधित इकाई हूँ। आत्मा का रिश्ता किसी से मत बैठा देना। आत्मा का कोई नाते-रिश्तेदार नहीं होता। आत्मा पर शर्तें, पाबंदियाँ, बंधन इत्यादि संबंध मत रख देना।

प्रश्न: ये जो अंतरआयामी जीवन है, यहाँ भी वहाँ भी, वो जैसे मेरे आसपास कुछ लोग हैं, मैं उनको भी देखता हूँ कि वो व्यावहारिक जीवन में भी पता लग रहा होता है कि बहुत उथल-पुथल के बीच में हैं। चेहरे पर ही पता लग जाता है कि कौन सिर्फ यहीं पर है, कौन साथ में है। इसको हम कैसे साध सकते हैं? एक पहला कोई सूत्र अगर आप देना चाहें।

आचार्य: संसार को नहीं साधा जा सकता। तुम सत्य को साध सकते हो। तुम्हें भीतर की शांति से इतना प्रेम होना चाहिए कि उसको तुम छोड़ने को तैयार ही नहीं हो। जैसे कि कोई बच्चा माँ के साथ फिल्म देखने गया है। फिल्म तो देख रह है पर माँ कि गोद नहीं छोड़ रहा। फिल्म चल रही है, वो पूरी फिल्म देखेगा। और फिल्म में पूरा संसार है, पूरी दुनिया की बात हो गई। लेकिन वो फिल्म कहाँ बैठे-बैठे देख रहा है? वो नहीं छोड़ेगा वो। ऐसे जियो।

पूरी लीला देखेंगे, लेकिन माँ की गोद नहीं छोड़ेंगे। और ऐसा नहीं कि माँ की गोद में आँखें बंद कर ली हैं। देख हम सबकुछ रहे हैं, लेकिन सही जगह पर बैठकर देख रहे हैं। वो नहीं छोड़ेंगे। अब सामने कभी हिंसा के दृश्य चल रहे हैं, कभी बारिश हो रही है, कभी धूप है, कभी खाने-पीने की चीज़ आ गई हैं, कभी आकर्षक खिलौनें हैं। बच्चा सब देख रहा है, गोद

नहीं छोड़ रहा। ऐसे जियो।

प्र३: आचार्य जी, आप जो बोल रहे हैं अभी, वो मतलब अपने आपमें एक बहुत बड़ी बात है। मतलब अगर आपको ये दिख जाए कि जो चीज़ आप जो देख रहे हैं, उसके अलावा भी कुछ है। लेकिन होता क्या है कि अगर मेरी चप्पल जैसी भी कोई चीज़ गुम जाए, तो वो चप्पल इतनी हावी हो जाती है। मेरे नंगे पाँव में जो मुझे बार-बार लग रहे होते हैं। ये सारी बातें एक जगह हो जाती हैं। मैं चप्पल पर एकदम केंद्रित हो जाता हूँ। मुझे वो चप्पल चाहिए।

आचार्य: तुमने चप्पल को मध्यस्थ बना लिया है। तुम सोच रहे हो, शांति चप्पल के माध्यम से आएगी। अपना और शांति का सीधा रिश्ता रखो, उसमें किसी बिचौलिए की ज़रूरत नहीं है। चप्पल हो न हो, वो रिश्ता रहेगा। बच्चे के कपड़े बदलते रहते हैं, माँ से उसका रिश्ता थोड़े ही बदल जाता। माँ की साड़ियाँ बदलती रहती हैं, बच्चे से उसका रिश्ता थोड़े ही बदल जाता है। दिन, त्यौहार, तिथियाँ बदलती रहती हैं, माँ और बच्चे का रिश्ता थोड़े ही बदल जाता है। दुनियाभर में जो दृश्य आ रहे हैं, फिल्म में पर्दे पर जो दृश्य उठ रहे हैं, आवाज़ें आ रही हैं, वो बदलते रहती हैं, माँ और बच्चे का रिश्ता थोड़े ही बदल जाता है।

कोई मध्यस्थ नहीं चाहिए। आप ये थोड़े ही कहोगे कि बच्चा जब पीले रंग की शर्ट पहनकर आएगा तो माँ का प्यारा होगा या कि बच्चे ने जब चप्पल पहन रखी होगी तो उसे माँ मिलेगी। अरे! चप्पल हो या न हो, शांति तो सदैव है। शांति को शर्तों में मत बाँधो, उसे बेशर्त रखो, हर स्थिति से निरपेक्ष।

प्र३: जैसे चप्पल नहीं है ,चप्पल मुझे दिख रहा है कि ठीक है, मुझे अशांत कर रही है और मुझे चप्पल नहीं मिल रहा है। तो क्या मेरे सोच-सोचकर के शांत होने से वो अलग नहीं होगा?

आचार्य: प्रयोग कर लो कि क्या शांत रहते हुए भी चप्पल नहीं ढूँढी

जा सकती? अद्‌वैत नहीं कहता कि तुम द्‌वैत को भूल जाओ। चप्पल चाहिए। पदार्थ और पदार्थ समकक्षी होते हैं। पाँव पदार्थ है, चप्पल भी पदार्थ है और ज़मीन पर जो काँटे हैं, रोडियाँ हैं वो भी पदार्थ है। पाँव पदार्थ को काँटा पदार्थ परेशान कर देगा अगर बीच में चप्पल पदार्थ नहीं है।

तो तुम खोज लो। पर क्या ये खोज शांति के साथ रहते हुए भी नहीं हो सकती? बस यही है। तुम्हें जो करना है करो, इतना बता दो कि अशांत होकर तुम कौनसा काम बेहतर कर लेते हो? तो जो भी करना है वो माँ की गोद में बैठकर करो न, शांत रहकर करो न। उसको क्यों छोड़ते हो?

प्र३: और जो ऐसा होता है न कि आपका मन ही आपके पीछे पड़ा रहता है कि वो शांति से भागे।

आचार्य: मन कुछ नहीं है, मन धारणाओं का पिंड है। धारणाएँ बदल जाएँगी, मन बदल जाएगा। ये तुमने धारणा पकड़ रखी है कि कुछ करोगे, कुछ पाओगे, कोई स्थिति अनुकूल होनी चाहिए, तब शांति है। स्थितियाँ अनुकूल हो, प्रतिकूल हो, जो हो सो हो। हर स्थिति में भीतर हृदय में शांति का बिंदु बना रह सकता है। और जब वो बना रहता है तो जीवन बदल जाता है, तुम्हारी हरकतें बदल जाती हैं। कोई काम नहीं है जो शांति से न किया जा सकता हो। तुम मुझे एक काम बता दो जिसके पूरा होने में शांति बाधा है।

प्र३: मुझे लगता है, मुझे शांति से ज़्यादा अपने ऊपर विश्वास है, तो मैं दिमाग दौड़ाने लग जाता हूँ, ये करना चाहिए या वो करना चाहिए। लेकिन मैं उसको छोड़ देता हूँ जिसके बिना तो काम होगा ही नहीं।

आचार्य: तमाम तरीके के साक्ष्य उपलब्ध हैं। तुम्हारा विश्वास कबका टूट जाना चाहिए। अपने पर भरोसा करने का कोई आधार तो होना चाहिए।

12

भोग की वास्तविकता

प्रश्नकर्ता: ओशो का वक्तव्य है: भोगते रहने से आदत बनती है और दमन से अंदर विष इकठ्ठा होता है।

आचार्य जी, आज भर्तृहरि-प्रवचनमाला का तीसरा सत्र है। आधा सफर कर लिया है। ज़बरदस्त व्यक्तित्व थे भर्तृहरि। भोगा तो पूरा भोगा और जब त्यागा तो पूरा त्यागा। श्रृंगारशतकम पढ़ने से ईर्ष्या उठती है कि "वाह! भर्तृहरि ने तो देखा है, अनुभव किया है स्त्री के सौंदर्य को, उसके शरीर को। हम तो बस सोच-सोचकर क्षीण हो रहे हैं।

तो, आचार्य जी, ओशो के वक्तव्य को अगर भर्तृहरि के जीवन के सामने रखें तो बड़ा विरोधाभास सामने आता है। भर्तृहरि तो भोगते गए वक्ष, जाँघें, होठ। कोई उभार नहीं स्त्री शरीर का जिसका वर्णन नहीं करते हों। ज़रूर अव्वल दर्जे के भोगी रहे होंगे। तो प्रश्न ये है कि भोगना होता क्या है? और क्या भोग-भोगकर वैराग्य पाया जा सकता है? अगर हाँ, तो क्या ओशो गलत हैं? अगर नहीं, तो क्या भर्तृहरि गलत हैं?

आचार्य प्रशांत: तो दो-चार बातें हैं जो सामने आई हैं। उन बातों में सामंजस्य नहीं बैठ रहा। क्या बातें सामने आई हैं? कि ओशो कह रहे हैं कि भोग तो गड़बड़ है ही, क्योंकि भोगोगे, भोग आदत बनता जाएगा। और दमन भी गड़बड़ है क्योंकि दमन भीतर जहर पैदा कर देता है, इकठ्ठा कर देता है। फिर ये जीवन देखते हैं राजा भर्तृहरि का, तो उसमें

दिखाई देता है कि खूब भोगा और फिर त्याग दिया।

भर्तृहरि के जीवन से यही पता चलता ही कि ऊँचे-से-ऊँचे भोग में भी ये दम नहीं है कि वो जागृति को रोक सके। जिसकी तुम सिर्फ कल्पना कर सकते हो वो सब उन्हें उपलब्ध था। जो कुछ तुम अपने लिए चाहते हो, वो उससे गुज़रे, वो उनका अनुभव था। जिसकी तुम लालसा रख सकते हो, उसको उन्होंने सक्रिय तौर पर भोगा, और उसके बाद भी ठूँठ-के-ठूँठ रह गए। ये है भर्तृहरि के जीवन से सीख।

तुम कहते हो कि चार बूँद मिल जाए तो तर जाओगे। अपने प्रेमियों को या अपनी प्रेमिकाओं को जब तुम कविताएँ लिखते हो, तो कुछ इसी तरह की तो लिखते हो? तेरे लबों से दो बूँदें मिल जाती, वगैरह-वगैरह। तुम दो बूँद में अघा जाते हो, तुम्हें लगता है इतना ही बहुत होगा। और भर्तृहरि को दो महासागर उपलब्ध थे। दो महासागर में भी पेट नहीं भरा, तुम्हारा दो बूँद में कैसे भर जाएगा?

अब ओशो का कथन प्रासंगिक हो जाता है। ओशो ने कहा है, भोग आदत बन जाती है। तुम पहले प्रेयसी से माँगते हो दो बूँद। फिर कहते हो, चार बूँद। अब वो देने लग गई है न, तो माँग बढ़ेगी। फिर कहते हो सौ बूँद। अब वो भी बेचारी फँस गई है। फिर कहते हो, अब कटोरा भर ला। फिर कहते हो, अब बाल्टी भरकर। फिर बड़ा हाँड़ा सामने रख देते हो, कहते हो, "अब बैठ जा, भर इसको, मैं भोगूँगा।" और ऐसे-ऐसे करके माँग बढ़ती जाती है।

हाँ, तुम इतने सामर्थ्यशाली और इतने सौभाग्यशाली नहीं हो कि तुम्हारी प्रेयसियाँ तुम्हारी माँग पूरी करती जाएँगी। तो तुम्हारे जीवन में एक मुकाम आता है जब तुम्हें लात पड़ जाती है। जब तुम माँगते हो ज़्यादा, और वो कहती है "भग यहाँ से!" सामर्थ्य नहीं है इतनी तुम्हारी। तुम राजा नहीं हो न। भर्तृहरि राजा थे, तो वो माँगते गए, उन्हें मिलता गया। अनंत माँगा उन्होंने, उन्हें अनंत मिला। माँगते तुम भी अनंत हो, तुम्हें मिलता नहीं। उन्होंने माँगा, उन्हें मिला।

इतना मिलने के बाद भी ठन-ठन गोपाल। ये सीख है, कि इस उम्मीद में मत जिए जाना कि और पाओगे तो तर जाओगे। कितना भी पा लोगे, निराशा, दुःख, अवसाद, झटका उतना ही तगड़ा लगेगा जितना भर्तृहरि

को लगा।

असल में तुम उन झटकों से थोड़े सुरक्षित भी इसीलिए हो क्योंकि तुम्हें बहुत ज़्यादा मिला ही नहीं है। और मिला होता तो और तीव्र दुःख होता। तुम्हें और तीव्र दुःख पाना है क्या? तुम भर्तृहरि को हीरो मानते हो, नायक है तुम्हारी दृष्टि में। तुम कहते हो, देखो! कि जब भोगा तो पूरा भोगा और जब त्यागा तो पूरा त्यागा। क्या आदर्श है! स्टड हैं भाई। यही उठता है न तुम्हारे कि बड़े लोग हैं? जब पाने निकलें तो दो जहान फतह कर लिए, और जब छोड़ा तो सबकुछ लात मारकर छोड़ दिया। बिल्कुल किस फ़िल्मी हीरो जैसी बात लगती है।

तुम्हें उसमें दुःख नहीं दिखाई पड़ता। तुम्हें उसमें एक आदमी की आँखों से खून रिसता नहीं दिखाई देता। तुम्हें नहीं समझ में आता, भर्तृहरि का जब दिल टूटा होगा तो टुकड़े बिने में नहीं गए होंगे। चूर-चूर, कण-कण फ़ैल गए होंगे, ऐसे टूटा होगा उनका हृदय। तुम उसी अग्निपरीक्षा से गुज़रना चाहते हो? तुम इतनी कड़ी सज़ा पाना चाहते हो?

भर्तृहरि को ये सज़ा मिली भोग की कि उनके हाथों से सब फिसल गया। ऐसा नहीं है कि जैसे उन्होंने लात मारकर छोड़ दिया। ऐसा है कि जैसे किसी को इतनी ज़ोर का प्रहार हुआ हो अन्तःस्थल पर कि उसके होश उड़ गए हो और उसके हाथों से सब छूट गया हो। इसमें कोई होशियारी या बहादुरी या नायकत्व नहीं है। इसमें बेबसी है, लाचारी है।

जो आदमी भोग को इतना समर्पित रहा हो, भोग उसने स्वेच्छा से तो नहीं छोड़ा होगा। अस्तित्व से ऐसा घात पड़ा, ऐसी लात पड़ी, मनस्थल पर ऐसा प्रहार हुआ कि बेहोश हो गए और सब छूट गया। और जब आँख खुली तो अपने आपको जंगल में पाया। ये उन्होंने करा नहीं है, ये उनके साथ हुआ। जीवन ने धोबीपाट दिया है। नियति ने चारों खाने चित्त किया है। तुम ये अपने साथ होना चाहते हो, करवाना चाहते हो? तुम पागल हो?

फिर ओशो के कथन का जो उत्तरार्ध है, कि दमन से अंदर विष इकठ्ठा होता है। तो भर्तृहरि के जीवन से दमन की शिक्षा थोड़े ही मिलती है। दमन का तो अर्थ होता है तात्कालिक रूप से किसी विचार को ऊर्जा न देना, दरकिनार कर देना। जैसे कोई मेहमान घर आया हो और उसको

आप कह दो कि भाई, उस कोने में बैठ जाओ। उसको निकाल नहीं दिया है, मेहमान है। कुछ बात मर्यादा की है और कुछ बात विवशता की। उसको निकाल नहीं सकते तो उसको आपने बस इतना कह दिया है कि भाई, ज़रा कोने में बैठ जाओ। ये दमन है?

भर्तृहरि के जीवन को देखकर के कोई दमन की शिक्षा थोड़े ही मिलती है कि वासना का दमन कर दो। इससे तो ये पता चलता है कि जब ऐसा मेहमान घर में आए तो तुम घर छोड़कर भाग जाओ। उसको नहीं निकाल सकते तो खुद भग लो। और यही बात सही है, मज़ाक से आगे की है। वो दिमाग में आए तो तुम दिमाग छोड़ दो। तुम उसके पास जाकर के बैठ जाओ जो दिमाग से ज़रा आगे का है। तुम कहो कि दिमाग में तो अभी सब लुच्चे घुस गए।

घर में आग लगी हो तो तुम घर में रहोगे क्या? तुम तो शीतल पनाह ले लोगे न। घर में सब चोर आदि घुस आएँ; तुम भी घर में ही रहोगे क्या, ये कहकर कि मेरा घर है? तुम कहोगे, मैं चला भाई, तुम ही रह लो।

दमन करने को नहीं कहा जा रहा है। वमन ही कर दो, छोड़ ही दो। और दमन की ज़रूरत तब पड़ती है जब बेबसी बड़ी गहरी हो। यहाँ बात साफ-साफ दिख रही है, अभी भी क्या बेबसी है? सब तो खुला-सा हो गया, अभी भी क्या बेबसी है? बेबसी का अर्थ होता है वश नहीं है, शक्ति नहीं जगी है। देख तो ली शक्ति। इतनी बड़ी शक्ति होती है जागरण में कि एक राजा को हिमालय पहुँचा दे, जोगी बना दे। वो शक्ति तुम्हारे भीतर भी है।

तुम हो कितने भी भोग में लिप्त, जागरण की ताक़त भोग की ताक़त से कहीं ज़्यादा है। श्रृंगार में और वैराग्य में जीता कौन? जीता तो वैराग्य ही न। इससे तुम्हें तुम्हारे भीतर की ताक़त का पता चलना चाहिए। तुम्हारे भीतर भी दोनों हैं, श्रृंगार भी है, वैराग्य भी है। जीतना वैराग्य को ही है। तुम क्यों श्रृंगार का पक्ष लिए जाते हो? हरंतों के साथ खड़ा होकर तुम्हें क्या मिलेगा? तुम गलत पक्ष पर बाज़ी लगा रहे हो। तुम सट्टे में पैसा खोओगे। तुम उसकी तरफ खड़े हो गए हो जिसका हारना पक्का है।

भर्तृहरि जैसे मामले में भी जब काम और भोग नहीं जीते तो तुम्हारे मामले में क्या जीतेंगे? कामदेव जितना प्रबंध, जितनी योजना कर

सकते थे, उतनी उन्होंने की और फिर भी उन्होंने मुँह की खाई। जीता कौन? काम कि शिव? जब शिव को ही जीतना है तो शिव के साथ हो लो न।

ऐसी लड़ाई क्यों लड़ते हो जिसमें पिटाई पक्की है? और बेग़ैरती की पिटाई। ये भी नहीं है कि तुम जाकर साधू-संतों से जूता खा रहे हो कि गुरु से पिट रहे हो। कभी किसी वैश्या से गाली खाओगे, कभी किसी दो कौड़ी के सौदागर से, कभी किसी अयोग्य ग्राहक से। ऐसे-ऐसों के तलवे चाटोगे जो किसी कीमत के नहीं। क्यों अपनी ये दुर्गति कराना चाहते हो?

एक उम्मीद अगर तुम छोड़ दो तो जीवन सरल हो जाएगा। उम्मीद ये है तुम्हारी कि किसी तरह से तुम जैसे हो वैसे ही बने रहो और फिर भी तुम्हें उच्चतम की प्राप्ति हो जाए। शिव तुम्हें चाहिए पर काम छोड़े बिना। शिव तुम्हें चाहिए पर शिव के सिंहासन पर तुमने काम को बैठा रखा है। ये उम्मीद छोड़ दो कि शिवत्व की प्राप्ति तुम्हें काम से हो सकती है; सब अपने आप ठीक हो जाएगा।

जब काम आए और दस्तक दे तो उससे पूछो, तू देगा क्या मुझे? ज़रा आरपार की बात करो न। कहो, "बैठ यहाँ पर, ये मेज़ है, सामने बैठ। तू क्या देगा मुझे?" और जो कुछ वो देगा उसका विवरण माँगो, जैसे कि एक चतुर ग्राहक माँगता है। ऐसे ही थोड़े कि एक व्यापारी आया, उसने तुम्हें लुभाया और तुमने गाँठ ढीली कर दी। इसमें कोई होशियारी है?

तुम पहले पूछो कि अपना माल दिखा और बता कि तेरे माल से मुझे क्या फायदा है? विवरण दे, एक-एक छोटी-से-छोटी बात बता; हाँ, फिर क्या होगा, हाँ, फिर क्या होगा, हाँ, फिर क्या होगा। पल-पल का हाल बता, नमूना दिखा। और जैसे-जैसे बात खुलती जाएगी, वैसे-वैसे तुम पाओगे कि तुम्हारी उम्मीद गलती जा रही है। तुम्हें दिख जाएगा साफ-साफ कि ये जो तुम्हें देने आया है उसमें झूठी उत्तेजना, मलिनता और दुर्गंध के अलावा और कुछ नहीं है।

काम का उन्माद ज़रा सी देर को होता है और उसके बाद क्या बचता है? कैसी हो जाती है मनोस्थिति? भागते हो पेशाबघर की ओर, किसी तरह सो जाना चाहते हो। उतरे हुए कपड़े भी पहनने में क्या झंझट होता है। वासना का क्षण बीत गया, अब ये सब करो सफाई। स्त्रियाँ नहाने को

भागती हैं। ज़रा सी देर का था वो सब और अब क्या कर रहे हो? अब सफाई में लगे हुए हो।

सास बहु के पीछे-पीछे भागेगी, "सुन, तू सुबह नहा लिया कर, उसके बाद चौके में घुसा कर"। बहु कहती है, "क्यों पीछे पड़ी है कि सुबह नहा लिया कर?" क्योंकि सास सब जानती है कि रात में क्या उपद्रव कर रही हो तुम। तो वो कहती है, "तू पहले नहा, उसके बाद रसोई में घुस।" कई बार तो आइना दिखाना काफी होता है; "देख, तेरे मुँह पर अभी भी क्या लगा हुआ है? मुँह तो धो ले।"

काम के बाद ये सब बिखरा नज़र आता है। जैसे शराबियों की दावत के बाद शराब की टूटी हुई बोतलें, उल्टियाँ, देखा है? दुर्गंध, वमन, छितराया हुआ खाना। तो काम के बाद बिल्कुल वही दृश्य होता है जो शराबियों की दावत के बाद होता है। बदबू उठ रही होती है न जिस कमरे में शराब की दावत हुई होती है? और वहाँ का हाल बता देता है कि यहाँ शराबी थे। गद्दों पर सिलवटें होंगी, वही कामवासना के बाद होता है। चीज़ें टूटी पड़ी होंगी, वही कामवासना के बाद होता है। ज़्यादा चढ़ गई होगी तो कपड़े भी फटेंगे, और काम का उन्माद ज़्यादा हो तो वहाँ भी यही है।

और ये कोई नई बात नहीं है। तुम इससे परिचित हो, तुम इससे सैंकड़ों बार गुज़र चुके हो। जब काम में प्रविष्ट होते हो तो उसके बाद का दृश्य भी याद कर लिया करो। और तुम जानते हो वही दृश्य आएगा। अजीब दृश्य होते हैं, कच्छा नहीं मिल रहा और बत्ती बंद है, अब तुम खोज रहे हो, टटोल रहे हो। और अँधेरे में और बेहोशी में तुमने उसकी कच्छी पहन ली। कोई यहाँ ऐसा नहीं जिसके साथ यदि ये नहीं तो इससे मिलते-जुलते दृश्य न घटे हो।

और कितना बड़ा झंझट होता है? रुमानियत गई, कामदेव और रति दोनों रवाना हो गए, अब ढुँढ़ाई मची है और कच्छा नहीं मिल रहा। और चादर गंदी कर दी है, अब डर लग रहा है कि सुबह मोनू चादर न देख ले। तो देवीजी यदि ज़्यादा शालीन हैं तो रात में ही भगेंगी चादर धोने। सुबह पप्पू-पिंकी दोनों पूछ रहे हैं, ये क्या है? पापा को नाक आई थी?

यही सब तो है। जैसे किसी नाटक में पर्दा गिर गया हो और उसके बाद देखो रंगमंच पर क्या बचता है? तू-तू, मैं-मैं, फालतू की बातें। जैसे ब्याह का मौका हो, रातभर की रंगीनियाँ। और सुबह कभी जाकर देखो, जहाँ ब्याह का मंडप लगा हो वहाँ पर क्या हालत होती है? कुत्ते घूम रहे होते हैं और झूठा तलाश रहे होते हैं। और टेंट वाले शोर मचा रहे होते हैं, गली-गलौज। रात की मादकता कहाँ गई? ये चोट तुमने भी खाई है और सैंकड़ों बार खाई है, उसके बाद भी होश नहीं आता?

और अगर तुम स्त्री हो तो गहरे-से-गहरा अपमान तुमने अनुभव किया है, जब तुम्हारे शरीर को भोगने के बाद तुम्हारा साथी करवट बदलकर खर्राटें लेने लग जाता है। क्योंकि उसे तो भोगना था, उसने भोग लिया। अब उसे नींद भोगनी है, अब वो नींद भोगेगा। अब हो गया काम। अब वो करवट बदलेगा और सो जाएगा।

तुम्हें बलत्कृत नहीं अनुभव होता? तुम्हें दिखता नहीं कि अभी-अभी जो हुआ, उसे रेप (बलात्कार) कहते हैं? वो सो गया, और थोड़ी देर पहले वो कैसी गुलाबों सी बातें करता था। वो सो गया। वीर्य का स्खलन हुआ नहीं कि वो सो गया। और इस अपमान से तुम हर वीर्यपात के साथ गुज़री हो, लेकिन तुम्हारी कामुकता अभी भी नहीं जाती।

वीर्यपात के बाद बचती है रुमानियत, बचता है गुलाबी रंग? वही देह जिसपर लोटे जाते थे, काटे जाते थे, निचोड़े, नौंचे, खसोटे, चूसे जाते थे, अब तिरस्कृत हो जाती है, छोड़ देते हो। काम निकल गया। थोड़ी देर में वासना फिर जगेगी, तब हो सकता है उसे सोते से उठा दो, झंझोड़ो, कि, "उठ री! मैं फिर आ गया दोहने के लिए।" इस नर्क से सैंकड़ो बार गुज़रे हो, अभी और गुज़रना है?

ये सब बताकर के तुमसे ये नहीं कह रहा मैं कि मैथुन के कृत्य में कोई पाप है। मैं बस तुम्हें ये बता रहा हूँ कि जिन उम्मीदों के साथ तुम मैथुन में उतरते हो, वो उम्मीदें कभी नहीं पूरी होंगी। सम्भोग से तुम परम् आनंद की तलाश करते हो। तुम्हारी उम्मीद बार-बार टूटी है, पर टूटकर भी बची हुई है।

परमात्मा किसी के शरीर में या किसी के जननांगों में थोड़े ही छिपा हुआ है कि तुम बार-बार चोट करोगे तो वो उपलब्ध हो जाएगा। जैसे कोई

मंदिर में घंटा बजाए और सोचे कि अब मूर्ति जग उठेगी। घंटा बजाने से तो फिर भी हो सकता है कि पाषाण में प्राण आ जाएँ, पर किसी के जननांगों पर चोट करने परमात्मा थोड़े ही सजीव खड़ा हो जाएगा तुम्हारे सामने। सोच तुम यही रहे हो कि परम सुख मिल जाएगा। मिलता वो है नहीं और तुम कसरत किए जा रहे हो।

प्रः आचार्य जी, मैं कामोन्मुख हूँ, और काम एक वृत्ति है। तो मुझे याद आता ही कि अपने कहा था कि वृत्तियाँ छुटती नहीं हैं, वो बस कृष्ण रंग में रंग जाती हैं। कृष्ण के रंग में रंगा काम कैसा होगा? क्या आदर्श काम तब है जब उसमें उत्तेजना न हो?

आचार्यः कर लिया न विचार? उठा दी कल्पना? कि काम फिर ऐसा हो जिसमें उत्तेजना न हो। जैसे कृष्ण की कल्पना नहीं की जा सकती, वैसे ही कृष्णमय जीवन की कल्पना नहीं की जा सकती। ये बातें हवाई तीर छोड़ने की नहीं हैं, कि यहीं तुम बैठे-बैठे कल्पना कर लो कि जब कृष्ण उतरेंगे जीवन में तो जीवन कैसा हो जाएगा।

जब तुम कृष्णमय जीवन को कल्पना में नहीं उतार सकते तो फिर कृष्णमय काम की कल्पना क्यों कर रहे हो? ये ऐसी ही बात है कि जैसे तुम अपनी हालत को बचाए-बचाए सोचना चाहो कि रासलीला के समय कृष्ण के मन की क्या अवस्था थी और गोपियों के मन की क्या अवस्था थी। तुम बिल्कुल यही प्रश्न पूछ रहे हो।

तुमने पूछा, 'कृष्णमय काम कैसा होगा?' तुम वास्तव में गोपियों के मन की हालत जानना चाहते हो। क्योंकि जब रास छिड़ता था तब कृष्ण और गोपियाँ एक दूसरे के अंग-प्रत्यंगों का स्पर्श भी करते थे। उसमें पारमार्थिक प्रेम तो था ही, शारीरिक प्रेम भी पूरी तरह शामिल था। तुम जानना चाहते हो कि उस वक़्त उन्हें कैसा अनुभव होता था? वो क्या सोच रहे थे? मन का माहौल क्या था? ये व्यर्थ का प्रश्न है।

ये ऐसी-सी बात है कि कोई गोपी जो उस रासलीला में आई ही न हो, बचकर बैठी हो, कृष्ण से बैर रखती हो, दुर्भावना, वो दूर बैठे-बैठे गाँव में कल्पना दौड़ाए कि रास में क्या चल रहा होगा? तुम्हारी हालत उस गोपी

की है। रास में क्या होता है और रासमय जीवन क्या होता है, कृष्णमय काम क्या होता है, ये जानना है तो कृष्ण के साथ यमुना किनारे उतरना पड़ेगा। मुरली की पुकार का जवाब देना पड़ेगा, भागकर आना पड़ेगा। बाकी सारे काम-धंधे छोड़ने पड़ेंगे। कृष्ण को ही सबकुछ और सर्वोपरि मानना पड़ेगा।

तुम्हारे जीवन में तो पचास आका हैं। कभी किसी का हुकुम बजाते हो, कभी किसी की आज्ञा मानते हो। गोपियों के लिए तो बस कृष्ण थे। जब तुम्हारे लिए भी सिर्फ कृष्ण हो जाएँगे, तब तुम जान जाओगे कि कृष्णमय जीवन और कृष्णमय काम कैसा होता है। उससे पहले कयास मत लगाओ, बेवकूफी की बात है।

कल्पना खूब करते हो न तो उसी गोपी की करो। वो बैठी हुई है दूर। कुछ भी हो सकता है कारण। उसे ईर्ष्या है बाकी गोपियों से, उसे कृष्ण से डर लगता है, उसके दूसरे कई मालिक हैं, वो अपने पति की अनुमति चाहती है। बहुत कारण हो सकते हैं कृष्ण के पास न जाने के। परिवार की मर्यादा का ख़्याल रखना है तो कृष्ण के पास नहीं गए। बहुत कारण हो सकते हैं।

और कृष्ण के पास न जाकर वो कर क्या रही है? वो सोच रही है कि वहाँ चल क्या रहा है। तुम हो वो गोपी। सोचो नहीं, जाओ। रास के विषय में घोड़े मत दौड़ाओ, तुम दौड़े जाओ।

और कृष्ण के पास जाने के लिए बहुत कुछ है जो पीछे छोड़ना पड़ता है। गोपियाँ जंगल से नहीं आई थी, उनका भी अतीत है, घर है, द्वार है, परिवार है, लोक-लाज है, मर्यादा है, स्त्रीत्व है, वो सब छोड़-छाड़ कर आई थी। जो वो सब छोड़ने के लिए नहीं तैयार है, उसके लिए नहीं है कृष्ण। गोपियों को भी बहुत ताने-उलाहनाएँ पड़ती थी।

तुम तो दस दिशा में दिमाग लगाते हो। कभी यहाँ खटखटाते हो, कभी वहाँ अर्जी देते हो। और फिर पूछते हो, 'कृष्ण कैसे होंगे?'

13

क्या सम्भोग से वाकई समाधि मिल सकती है?

या तो पापनाशक जल वाले गंगा तट पर निवास करें, या फिर मनोहर हार वाली तरुणी स्त्री के वक्षस्थल पर।

~ वैराग्यशतकं श्लोक ३०

आचार्य प्रशांत: ये बात उन्हीं दिनों बोली जा सकती है, जिन दिनों नशा बहुत हावी हो। जब नशा बहुत हावी हो तो बिल्कुल वही बोला जाएगा जो इस श्लोक में भर्तृहरि ने बोला है। और मैं कह रहा हूँ कि यही वक्तव्य दुनिया के हर कामी आदमी का है।

किया क्या है यहाँ पर भर्तृहरि ने? देखो। वो कह रहे हैं कि, "या तो शुद्ध, पापनाशक जल वाले गंगा तट पर निवास करो या मनोहर हार पहने जवान स्त्री के वक्षस्थल पर, सीने पर, स्तनों पर।" ये वो क्या कर रहे हैं? देखो। वो दोनों को बराबर ठहरा रहे हैं। वो कह रहे हैं कि शिव से बहती गंगा और किसी जवान स्त्री का यौवन एक ही बात हैं।

कामवासना यही धोखा देती है। वो आपको स्तवन से हटाकर स्तन पर ले आ देती है। वो आपको मौन से हटाकर यौन पर ले आ देती है। वो कहती है, मौन और यौन अगल-बगल की बातें हैं। जैसे यहाँ पर भर्तृहरि ने कहा है कि या तो ये, या फिर ये। जैसे कि दोनों बातें एक बराबर हो। भैया, या तो आलू दे देना या टिंडा दे देना, एक ही तो बात है।

ये क्या आलू-टिंडे का खेल चला रखा है? तुम गंगा की तुलना किसी स्त्री की जवानी से कर रहे हो। पर यही काम हर कोई कर रहा है। हम सब सोच रहे हैं कि शिवत्व हमें स्तनों और जांघों में मिल जाएगा। ठीक वही बात जो यहाँ भर्तृहरि ने कही है, कि गंगा बराबर नंगा। गंगा के पास जाने की क्या ज़रूरत है, जब नंगा होकर के वही सुख मिल सकता है?

नहीं, भर्तृहरि का मान टूटा, मान्यता टूटी, दिल टूटा, राज्य छूटा, इसीलिए छूटा क्योंकि इस प्रकार की मूर्खतापूर्ण बातें करते थे। भर्तृहरि को जो क्लेश झेलने पड़े वो इसीलिए झेलने पड़े क्योंकि उन्होंने ऐसी दुःसाहसी, व्यर्थ, भ्रान्तिपूर्ण, वास्तव में पापयुक्त बात कही। उन्होंने राम को काम के बराबर बैठा दिया। नतीजा वही हुआ जो आप देख रहे हो। ऐसा थपेड़ा पड़ा समय का कि जंगल-जंगल फिर भटकते फिरे और भूल नहीं पाए कि कैसी पिटाई हुई थी। इतनी भ्रान्तिपूर्ण बात करोगे तो भाई, और क्या होगा?

श्रोताः व्यंग भी कर रहे हैं ऐसा लग रहा है।

आचार्यः जो समझ जाए उसके लिए व्यंग है, जो न समझे उसके लिए प्रलोभन है। क्या ज़रूरत है तीर्थाटन करने की? क्या ज़रूरत है अध्यात्म की? क्या ज़रूरत है सत्संग की? मनोहर हार पहने तरुणी स्त्री के वक्षस्थल पर ही जब स्वर्ग है।

श्रोताः आम बोलचाल में भी ये बोलते हैं न कि कोई बाबाजी बन गए दुनिया में कुछ नहीं मिला इसलिए।

आचार्यः जो शिव से मिलना है वो शिव से ही मिलेगा। नर-नारी, यक्ष-

गंधर्व, राजा-रंक, ज्ञान-धन, कहीं से नहीं मिलेगा, सिर्फ शिव से मिलेगा। ये उम्मीद बिल्कुल छोड़ दो कि देह से नेह लगाकर तर जाओगे। देह खुद तो तर नहीं पाती, तुम्हें क्या तारेगी? सुंदर-से-सुंदर देह का क्या हश्र होता है?

> ***"देह की यही बात है - जीवनभर जलती है, दूसरों को जलाती है और अंत में जल जाती है।"***

14

जीवन का एक ही आधार होना चाहिए - सत्यनिष्ठा

जब हमें भोजन के लिए फल, पीने के लिए मधुर पानी, सोने के लिए पृथ्वी, पहनने के लिए पेड़ों की छाल पर्याप्त रूप से उपलब्ध है तब हम धन के मद से उन्मत्त इन्द्रियों वाले दुर्जनों के निरादर को क्यों सहें।

~ वैराग्यशतकं, श्लोक २१

प्रश्नकर्ता: आचार्य जी, प्रणाम। मैं नया जुड़ा हूँ आपसे। कुछ ही महीने हुए हैं आपसे यूट्यूब के माध्यम से जुड़े हुए।

वैराग्यशतकं का श्लोक २१ मुझे सता रहा है। मेरे वजूद पर सवाल उठा रहा है। मैं कॉर्पोरेट में काम कर रहा हूँ तीन साल से, आप समझ ही गए होंगे। मैं पापियों के लिए काम कर रहा हूँ। क्या करूँ? छोड़ दूँ?

आचार्य प्रशांत: पापियों के लिए काम तो कर रहे हो, लेकिन कौन है वो पापी उसको अभी ठीक से समझे नहीं। बहुत जल्दी दोष तुमने रख दिया

उनके ऊपर जो तुम्हारे साथ काम करते हैं या जिन्होंने तुम्हें नौकरी दी है।

लोग नौकरियाँ छोड़ते हैं। बहुत नौकरियाँ छोड़ते हैं, एक से दूसरी में जाते हैं। नौकरी देने वाला पापी होता अगर, मालिक में पाप होता अगर, तो नौकरी छोड़ देने से पाप हट जाना चाहिए था, क्योंकि लोग नौकरियाँ तो बहुत छोड़ते हैं। लेकिन एक नौकरी छोड़ते हैं तो दूसरी में जाते हैं, क्योंकि पाप मालिक में नहीं है, नौकर में है।

पापियों के लिए काम तुम निश्चित कर रहे हो, वो पापी तुम स्वयं हो, वो पापी तुम्हारी वासना और वृत्ति है। भीतर बैठी है वासना, भीतर बैठा है डर, वो तुमको ले जाता है तमाम दुकानों पर, तमाम मालिकों की चौखट पर। जब तक भीतर पापी तुम्हारे बैठा रहेगा, तब तक नौकरियाँ छोड़ने से कुछ नहीं होगा। एक नौकरी छोड़ोगे तो दूसरी कर लोगे।

हो सकता है कि दूसरी नौकरी का आकार-प्रकार बहुत भिन्न हो, हो सकता है दूसरी नौकरी को तुम नौकरी का नाम भी न दो, हो सकता है तुम सारी पारम्परिक नौकरियाँ छोड़कर के घर पर बैठ जाओ, लेकिन फिर भी तुम किसी-न-किसी की गुलामी ज़रूर कर रहे होंगे। कोई-न-कोई तुम्हारा मालिक ज़रूर बना होगा क्योंकि भीतर जो वृत्ति है, वो कहती ही यही है कि तुम बड़े छोटे हो, तुम किसी को मालिक बनाओ। भीतर जो हीनता बैठी हुई है वो आश्रय माँगती है, सहारा माँगती है; उसे अपने पर भरोसा नहीं। वो किसी न किसी के दरवाज़े जाकर ज़रूर नाक रगड़ेगी।

भर्तृहरि तो कह गए कि पीने को साफ़ पानी है, पहनने को पेड़ों की छाल है, खुले आसमान के नीचे सो जाओ, जो मिले खालो-पीलो; तुम्हें ये स्वीकार कहाँ है? तुम तो कहते हो कि अगर ये सब हो गया तो जीवन व्यर्थ हो जाएगा। और भर्तृहरि की बातों को शाब्दिक तौर पर मत लो। अगर वो कह रहे हो, पेड़ों की छाल पहनों और पीने के लिए मधुर पानी, भोजन के लिए फल हो, सोने के लिए पृथ्वी हो, तो इसका आशय है कि कम से कम में गुज़ारा। और कम से कम में ये मत समझ लेना कि जैसे मन को मारा जा रहा है। कम से कम से आशय है- ठीक उतना ही, जितना तुम्हें वास्तव में चाहिए।

तो कम-से-कम जब कहा जा रहा है, तो वो कुछ कम नहीं है, वो ठीक उतना ही है जितना तुम्हें वास्तव में चाहिए। पर भीतर तुम्हारे कोई बैठा है जिसे कुछ पता नहीं कि उसे वास्तव में कितना चाहिए। वो बड़ा भूखा है, और ऐसा भूखा है कि उसे अपनी भूख का भी कुछ पता नहीं। भूख का भी उसे सिर्फ एक धुँधला-सा एहसास है। जैसे उसको रटा दिया गया हो कि तुझे भूखा होना चाहिए। अपनी भूख से भी वो वास्तव में सम्पर्क में नहीं है।

अजीब भूखा जीव है वो, जो भीतर बैठा है। लेकिन अपनी भूख में उसका विश्वास गहन है। और जो अपने आपको भूखा मानेगा, वो फिर हर उस शख्स के सामने मत्था टेकेगा जो उसकी भूख किसी भी तरीके से भर सकता हो।

क्या होता है जब कोई कम्पनी किसी पद के लिए कुछ लोगों को नौकरी पर रखना चाहती है? क्या वो जाती है और जबरदस्ती लोगों को लेकर के आती है? ये लोग जो हर शाम, हर रात अपने दफ्तरों से अपने घर जाते हैं, अगली सुबह क्या ये जंजीरों से बाँधकर दफ्तर लाए जाते हैं? ये स्वेच्छा से ही तो आ रहे हैं। स्वेच्छा से ही ये गए थे नौकरी माँगने। इन्होंने देखा कि विज्ञापन है, इन्होंने देखा कि जगह खाली है, और ये खुद पहुँच गए शर्ट, पैंट, टाई पहनकर के, कि हमें नौकरी दे दो।

तो मालिक को क्यों पापी बोल रहे हो?

तुम नौकरी देने वाले को क्यों पापी बोल रहे हो?

उसने तुम्हें रस्सी से नहीं बाँधा, वो तुमसे बेगार नहीं करवा रहा और रोज़ सुबह वो तुम्हें तमंचे के बल पर काम पर नहीं ला रहा। तुम्हारी भूख, तुम्हारी लिप्सा, तुम्हारा ड़र, तुम्हारा लालच तुम्हें खींचकर के लाता है, असली पापी वो है। जब तुम सहमत होते हो कि नौकरी करोगे, तब अनुबंध या करार तुमने नौकरीदाता के साथ नहीं किया है, तब अनुबंध किया है तुमने अपने झूठ के साथ, अपने अहंकार के साथ, अपनी भूख के साथ।

ये बात साफ़ समझ लो, जब तक वो भूख कायम रहेगी, गुलामी कायम रहेगी। जब तक तुम्हारे भीतर हीनता का एहसास कायम रहेगा, तब तक तुम किसी-न-किसी के गुलाम बने रहोगे। हाँ, किसके गुलाम हो

ये बात बदल सकती है।

आज तुम किसी ऐसे के गुलाम हो जो तुम्हारा अन्नदाता है, कल तुम किसी ऐसे के गुलाम हो सकते हो जिससे तुम्हें मद मिलता हो, परसों किसी ऐसे के गुलाम हो सकते हो जिससे तुम्हें कोई आकर्षण हो गया हो। फिर हो सकता है कि कोई ज्ञानदाता हो, तुम उसके गुलाम बन जाओ। पर भीतर जब तक भिखारी बैठा हुआ है, तब तक कोई न कोई दाता तो तुम्हारे सिर पर चढ़ा ही रहेगा। कभी धनदाता, कभी आश्रयदाता, कभी प्रेमदाता; झूठा प्रेम, वास्तविक थोड़े ही, कभी संबलदाता।

> ***"नौकरी को मत छोड़ो, उसको छोड़ो जो नौकरी की तरफ़ भागा था। उसके बाद नौकरी शेष रहनी हो तो रहे और जाती हो तो जाए। उसको छोड़ो जो एक नौकरी में होते हुए दूसरी नौकरी का विज्ञापन देखता है और पाता है कि दस प्रतिशत तनख्वाह ज़्यादा मिलेगी वहाँ, तो लार टपकाने लगता है।"***

जब तुम किसी नौकरी में घुसते हो तो बड़ा सीमित प्रयोजन होता है तुम्हारा, कि तुम्हारे हितों की, झूठे हितों की पूर्ति होती रहे। तुम ये थोड़े ही देखते हो कि तुम किसके लिए काम कर रहे हो। तुम ये थोड़े ही देखते कि तुम जिसके लिए दिन-रात एक कर रहे हो, खून-पसीना एक कर रहे हो वो कौन है और वो तुम्हारे श्रम का और तुम्हारे द्वारा उत्पादित पैसे का क्या कर रहा है।

तुमने कभी जानना चाहा कि जो महानुभाव तुम्हारी कम्पनी के ऊँचे से ऊँचे शिखरों पर बैठे हैं, बोर्ड में हैं, *शेयरहोल्डर* (शेयरधारक) इत्यादि हैं, वो कौन हैं? तुम उन्हीं के लिए तो काम कर रहे हो न? तुमने कहा, कॉर्पोरेट में काम कर रहे हो, कॉर्पोरेट का प्रथम सिद्धांत है कि कम्पनी का वजूद होता है *शेयरहोल्डर* के लिए। तो तुम नौकर अगर हो तो कम्पनी के नहीं हो वास्तव में, तुम *शेयरहोल्डर* के नौकर हो। एक तरीके से उसके व्यक्तिगत नौकर हो।

और किसी का नौकर भी हो जाना कोई बुरी बात नहीं, अगर मालिक उच्चकोटि का हो। मालिक में योग्यता हो तो हँसते-हँसते सिर झुका

दो और नौकर हो जाओ। तुमने कभी जानना चाहा, तुम्हारे मालिकों में कितनी योग्यता है? कोई तुम्हें महीने का अगर एक लाख देता है तो तुमसे पाँच लाख, दस लाख उगाहता भी है। जब उतना तुम उसे कमाकर देते हो तो एक लाख तुम्हें देता है।

तुमने कभी जानना चाहा कि जो पैसा तुम उसे कमाकर दे रहे हो, वो उसका करता क्या है? क्योंकि वो जो कुछ भी करता है उस पैसे का, उससे पूरे संसार पर फर्क पड़ता है। उस पैसे का कमाया जाना और उस पैसे का खर्च होना किसी का व्यक्तिगत मामला नहीं है। तुम जिनके हाथ में पैसा दे रहे हो, अगर वो तुम्हारे पैसे से अपनी बीवियों को लंदन में खरीददारी करवाते हैं, तो तुम कर क्या रहे हो? तुम जिनको पैसा कमा-कमाकर दे रहे हो, अगर वो तुम्हारे पैसे से *प्राइवेट जेट* (निजी हवाईजहाज) खरीदते हैं, आलिशान बंगले बनवाते हैं, तो तुम क्या कर रहे हो?

तुम अपना ये एकमात्र जन्म इसलिए गंवा रहे हो ताकि किसी की मोटी बीवी जाकर लंदन में गहने और साड़ियाँ और जो कुछ भी है, खरीद सके। कोई तुमसे पूछे कि तुम्हारे जन्म की सार्थकता क्या रही? तो तुम कहोगे, "मैं दिन के बारह घंटे काम करता हूँ, ताकि कोई अपने परिवार को हज़ार तरीके की अय्याशियाँ करा सके।" तुम्हें लाज नहीं आती? तुम इसलिए पैदा हुए थे?

किसी मोटे पूँजीपति की मोटी बीवी को शार्ट-स्कर्ट पहनाने के लिए जन्म हुआ था तुम्हारा? जितनी भद्दी वो दिखती है उस शार्ट-स्कर्ट में, उतना भद्दा तुम्हारा जीवन है। और पूँजीपतियों की जो बीवियाँ होती हैं, वो आमतौर पर बड़ी मोटी और भद्दी ही होती हैं। हाँ, बीवियों के अलावा उनकी जो अन्य सहेलियाँ होती हैं, वो ज़रूर छरहरी और आकर्षक होती हैं।

तुम दिन-रात इसलिए खट रहे हो ताकि कोई *शेयरहोल्डर* तुम्हारी कमाई से पाँच सहेलियाँ पाल सके? वो तुम्हारा अन्नदाता है, तुम उसके सख़ीदाता हो? "मैं कमा-कमाकर दूँगा ताकि तू रंगरेलियाँ मना सके।"

और तुम्हारे द्वारा किए गए *श्रम* से बहुत अनर्थ हो रहा है, वैश्विक तल पर अनर्थ हो रहा है। आज दुनिया के सामने हज़ार तरह के संकट हैं। संकटों में संकट है ये जो दुनिया का तापमान बढ़ रहा है। ये तापमान

कौन बढ़ा रहा है? ये क्या गरीब लोग बढ़ा रहे हैं? ये तापमान बढ़ाने वाले दुनिया के एक प्रतिशत लोग हैं। *ग्लोबल वार्मिंग* (वैश्विक तापन) का कारण दुनिया के एक प्रतिशत लोग हैं। पिंच्यानवे प्रतिशत जो कार्बन उत्सर्जित हो रहा है, वो दुनिया के एक प्रतिशत लोगों द्वारा हो रहा है।

समझो बात को। पिंच्यानवे पर्सेंट जो कार्बन *इमिशन* (उत्सर्जित) है, वो दुनिया के एक प्रतिशत लोगों द्वारा हो रहा है। और वो एक प्रतिशत लोग कौन हैं? वो वही हैं जिनके लिए तुम अपनी जवानी बर्बाद कर रहे हो। और वो तुम्हारे गृह को नर्क बना रहे हैं। गृह को भी और ग्रह को भी; पृथ्वी को भी और तुम्हारे घर को भी। और तुम काम करे जा रहे हो।

मज़ेदार बात ये है कि अधिकांश लोग वास्तव में जिनके लिए काम करते हैं, उनकी उन्होंने शक्ल भी नहीं देखी होती है, क्योंकि वो लोग बहुत दूर बैठे होते हैं, बहुत ऊँचे। तुम्हें पता भी नहीं चलेगा, तुम किसके लिए काम कर गए। तुम बहुत निचले पायदान पर काम करते हो। वो ऊँचे लोग कभी-कभार जैसे नए साल इत्यादि पर एक *मेल* (संदेश) भेज देते हैं कम्पनी के सारे बारह हज़ार कर्मचारियों को। और तुम उनकी शक्ल उस मेल में देख लेते हो और खुश हो जाते हो कि, "मैं भारत में काम कर रहा था और अमेरिका से, *हेडक्वार्टर्स* (मुख्यालय) से मुझे भी ईमेल आई।"

या कि जब कोई बहुत बड़ा *लेऑफ़* होना होता है, जब बहुत सारे कर्मचारियों की छटनी होनी होती है, तब आती है एक ईमेल, जो बताती है कि, "देखो! हम कितने संकट के दौर से गुज़र रहे हैं।" और संकट का दौर क्या है? संकट का दौर ये है कि पूरा एक देश खरीदना था अमेरिका में बैठे उस धनपशु को, वो खरीद नहीं पाया। बीवी कह रही थी, पूरा एक शहर खरीदकर दो, वो खरीद नहीं पाया; बड़ा संकट आ गया है। कम्पनी इतना पैदा ही नहीं कर पाई कि उसकी सारी लालसाएँ और भोग-विलास पूरे हो सकें। बड़ा संकट आ गया है।

तो फिर वो लिखकर भेजेगा कि अब *आर्गेनाईजेशनल रिस्ट्रक्चरिंग* (संगठनात्मक पुनर्गठन) होगी। वो ये बताएगा भी नहीं सीधे-सीधे तुम्हें कि तुम्हें लात मारी जा रही है। वो बड़े चिकने-चुपड़े और संयमित शब्दों में तुम्हारा काम तमाम कर देगा। ऐसों के द्वार के कुत्ते

क्यों बने हुए हो? क्योंकि पापी तुम्हारे भीतर बैठा है। तुम लालची हो। वो टुकड़ा डालते हैं तुम्हारे सामने, और तुम लालच में दुम हिलाना शुरू कर देते हो।

और बहुत बड़ा टुकड़ा भी नहीं डालना पड़ता, ऐसे भूखे कुत्ते हैं हम। किसी को बता दो कि आठ फीसदी इज़ाफ़ा हो गया है उसकी तनख्वाह में, वो नाचना शुरू कर देता है। किसी को पाँच प्रतिशत बोनस दे दो, वो पगला जाता है। बस इतनी सी ही रोटी डालनी पड़ती है।

> ***"लालच न होता अगर आम आदमी में तो उसका शोषण क्यों होता? और इस सिद्धांत को दिल से लगा लो। कभी भी पाओ कि तुम्हारा शोषण हो रहा है तो उसकी वजह सिर्फ और सिर्फ लालच और डर होंगे।"***

जिस कुत्ते की हम बात कर रहे हैं, उस कुत्ते के गले में जो पट्टा है उसका नाम है लालच। नहीं तो कुत्ता भी आज़ाद रहने के लिए ही पैदा होता है।

> ***"लालच हमें हज़ार तरह की ठोकरें खाने के लिए, बेगैरत होने के लिए, निर्लज्ज होने के लिए मजबूर कर देता है। वो लालच कुछ भी हो सकता है। पैसे का लालच तो है ही, सुरक्षा का लालच, देह का लालच, कामवासना, दूसरों की नज़र में अच्छा बने रहने का लालच, ज़िम्मेदार कहलाने का लालच। और लालच का ही दूसरा नाम डर भी है।"***

एक-से-एक लोग होते हैं। पूछो, क्यों फँसे हुए हो? ये क्या कर रहे हो? वो कहेंगे ज़िम्मेदारियाँ पूरी कर रहे हैं।

> ***"कर्म का सिर्फ एक उचित आधार हो सकता है, वो है सत्यनिष्ठा। उसके अलावा तुम जिस भी वजह से काम कर रहे हो वो गलत है, मत करो। ऊँचे-ऊँचे शब्दों के पीछे मत छुपो, मत कहो कि, "मैं ज़िम्मेदारी पूरी करने के लिए काम करता हूँ, कि प्रेम के लिए काम करता हूँ।""***

एक से पूछा मैंने, कि तुम ये काम क्यों करते हो? बोले, "देखिए, *केमिकल इंजीनियरिंग* (रसायन-अभियांत्रिकी) की डिग्री है मेरे पास। चार साल मैंने वहाँ लगाए थे। तो वो चार साल व्यर्थ कैसे जाने दूँ? तो अब मैं जीवनभर *केमिकल इंडस्ट्री* (रसायन उद्योग) में ही काम करूँगा।" ये तर्क है। किसको बेवकूफ बना रहे हो?

तुम कह रहे हो, दूसरी भूल इसलिए करनी है क्योंकि पहली कर दी। तुम कह रहे हो, एक झूठ जिया है तो अब उसके कारण सौ और झूठ जीने हैं। ये क्या तर्क है?

एक आया मेरे पास दुखी। मैंने पूछा, क्या है? बोला, "गलत शादी हो गई।" मैंने कहा, वो तो सभी की होती है। खैर, कोई बातें उससे कही। मुझे लगा नहीं कि वो बातें उसके कान में घुसी, पर वो बातें वो सुनकर चला गया।

वो दोबारा आया कुछ महीने बाद। अब वो बहुत, बहुत दुखी था। मैंने कहा अब क्या? बोला गलत नौकरी मिल गई। मैंने कहा पहले तू मेरे पास आया था गलत शादी हो गई, अब आया है गलत नौकरी मिल गई। ये हो क्या रहा है तेरे साथ? बोला वो अब बीवी की इच्छाएँ तो पूरी करनी पड़ेंगी न। तो इसलिए ये नौकरी पकड़ी है।

ये तुम देख रहे हो, क्या हो रहा है? या इतने बुद्धू हो कि कुछ दिखाई नहीं देता? तुमने एक गलती करी और फिर उस गलती के फलस्वरूप अब दूसरी गलती कर रहे हो। गलत बीवी उठा लाए और अब उस गलत बीवी को पालने के लिए, या उसकी इच्छाएँ पूरी करने के लिए, या उसका मन रखने के लिए तुम अब नौकरी भी गलत कर रहे हो।

पहली गलती तो ये करी कि माँ-बाप से सच्चा रिश्ता नहीं रखा। वो झूठ की पट्टी पढ़ाते गए और तुम पढ़ते गए। और अब दूसरी गलती ये करो कि उनके कहे अनुसार जीवन भी बिता लो। 'अब देखिए, उनकी इच्छा है कि फलानी तरह की नौकरी करूँ तो मुझे करनी ही पड़ेगी।' तुम्हारे संबंध यदि स्वस्थ होते, माँ-बाप से तुम्हारे रिश्ते यदि सहज और प्रेमपूर्ण होते, उन संबंधों का आधार अगर सच्चाई होती, तो वो कभी ये दुराग्रह नहीं करते कि तुम घटिया और जलील नौकरियों में उतरो पैसों के लिए।

पहली भूल तो ये थी कि वो संबंध ही सदा से कुत्सित थे। और अब उस भूल को ठीक करने की जगह तुम उसी भूल को आधा बनाकर दूसरी भूल करते हो, फिर तीसरी, फिर चौथी।

और क्यों कोई करता है उस तरह की कॉर्पोरेट नौकरियाँ जिसमें तुम फँसे हुए हो? एक महीने तनख्वाह न मिले, कौन रुकेगा वहाँ? लालच के मारे ही तो सब करते हैं, या प्रेम है किसी को उस दफ्तर से?

कल मेरी किसी से बात हो रही थी। वो एक अंतर्राष्ट्रीय टैक्सी सर्विस कम्पनी में काम करता है, जो अपने आपको एक *टेक्नोलॉजी* (तकनीकी) कम्पनी बोलती है। हम सब जानते ही हैं, हम सब उनके ग्राहक हैं। तो मैंने पूछा, तुम क्या करते हो? बोला *डेटा एनालिसिस* (विश्लेषण)। मैंने कहा *डेटा* क्या *एनालाइज़* करते हो? बोला यही कि *पैसेंजर* (यात्री) कहाँ चढ़ा, कहाँ उतरा? और उससे संबंधित पचास बातें।

मैंने कहा अच्छा एक बात बताओ, कोई इसलिए चढ़ा हो कि उसे कहीं उतरकर किसी की हत्या करनी है, इससे तुम्हारी कम्पनी को अंतर पड़ता है? वो जो पूरा *डेटा टेबल* है, उसमें कोई *कॉलम* ऐसा है जिसमें ये *फील्ड* भी *रिकॉर्ड* होता हो कि जो मेरी गाड़ी में बैठा उसका मन और मंतव्य क्या थे?

कोई तुम्हारी गाड़ी पर चढ़े, मंज़िल पर पहुँचे, जितना भाड़ा था पूरा दे दे और उतर जाए, तुम्हारी कम्पनी खुश रहेगी कि नहीं रहेगी? "बिल्कुल खुश रहेगी क्योंकि भाड़ा पूरा दिया"। मैंने कहा बिल्कुल ठीक बात। और कोई तुम्हारी गाड़ी पर चढ़े और सत्संग के लिए जा रहा हो, और दो-सौ रुपए भाड़ा आए और वो डेढ़ ही सौ रुपए दे, तो तुम्हारी कम्पनी बिदकेगी न? बोला, "हाँ, बिल्कुल बिदकेगी।"

मैंने कहा अब बताओ तुम कहाँ काम कर रहे हो? तुम्हारी कम्पनी को इससे बिल्कुल प्रयोजन नहीं कि जो बैठ रहा है वो कौन है। जो यात्रा हो रही है, वो हो क्यों रही है, किस दिशा हो रही है। तुम्हारी कम्पनी को बस ये प्रयोजन है कि जो बैठा उसकी जेब ज़रा हल्की कर दी जाए। ऐसों के लिए तुम काम कर रहे हो।

एक ज़िंदगी है, बार-बार दोहराता हूँ, क्यों व्यर्थ बिता रहे हो? ये तो भाड़े के लोग हैं, *मर्सिनरीज़* (किराये का)। जीवन जीने के दो ही तरीके हैं - या तो *मर्सिनरी* होकर जी लो या *मिशनरी* (प्रचारक) होकर जी लो। तुम क्यों भाड़े के टट्टू बने हो? गुलामी करनी ही है तो सत्य की करो।

ये थोड़े ही कि किसी ने गाड़ी बुलाई और तुम गाड़ी लेकर पहुँच गए, "जी हुज़ूर"।" वो बैठ गया और बोला चलो फलानी जगह; तुम ले गए। और वो उतर गया, तुमने कहा, "जी हुज़ूर।" यही तुम्हारा रिश्ता है बस उस इंसान से। ये इंसान का इंसान से रिश्ता है। "तू मुझे बता तुझे कहाँ जाना है? मैं तुझे छोड़ दूँगा। मैं जानना भी नहीं चाहूँगा कि तू सही जगह जा भी रहा है या नहीं"। ये क्रूरता नहीं है क्या? ये हिंसा नहीं है क्या?

कोई जाता हो आत्महत्या करने और बैठे तुम्हारी गाड़ी पर, तुम बस ये पूछोगे कि, "तू मुझे पूरे पैसे देगा या नहीं देगा उतरकर?" और अगर तुम्हारी गाड़ी से उतरकर उसने तुम्हें पूरे पैसे दे दिए, तो भली बात, किस्सा खत्म। तुम्हें फर्क ही नहीं पड़ता कि वो आत्महत्या करने के लिए उतरा है।

कुछ लड़के मिलने आए। मैंने पूछा, 'क्या करते हो?' बोले *सॉफ्टवेयर इंडस्ट्री* में हैं।

मैंने कहा, ठीक है, अच्छी बात है। कर क्या रहे हो?

बोले फलाने प्रोजेक्ट में काम कर रहे हैं। मैंने कहा बताओ उसके बारे में कुछ।

बोले, "हमें बस अपने *मॉड्यूल* (मापांक) के बारे में पता है, उसके आगे कुछ पता ही नहीं।"

मैंने कहा, तुम्हें कुछ तो पता होगा कि ये जो पूरा प्रोजेक्ट होगा, अंत में जो पूरा सॉफ्टवेयर पैकेज निकलेगा, उसका इस्तेमाल कौन करेगा? उपयोगकर्ता कौन है?

बोले, "वो हम जानते नहीं। न हमने पूछा, न उन्होंने बताया।"

एक थोड़ा होशियार था। उसने कहीं से पता करके दो-चार बातें बोली।

मैंने कहा अब ये भी बताओ कि ये जो तुम बना रहे हो, ये अभी कहाँ-कहाँ प्रयुक्त है? कौन लोग हैं जो इसका इस्तेमाल कर रहे हैं और किस लिए इसका इस्तेमाल कर रहे हैं?

वो हक्का-बक्का। बोले, "ये सब है जो जानना होता है क्या? ये पूछने की बातें हैं?"

मैंने कहा, गाली दी थी, बताऊँगा नहीं कौनसी दी थी। मैंने कहा तुझे ये नहीं पता कि तू जो कर रहा है, उसका इस दुनिया पर असर क्या पड़ेगा? तू ये जाने बिना करे जा रहा है, जिए जा रहा है, दिन के बारह घंटे खटे जा रहा है। और तू पूछना भी नहीं चाहता कि ये जो चीज़ निकल कर आ रही है ये दुनिया के साथ क्या करेगी? किनके हाथों में जाएगी? किसकी वासना की पूर्ति करेगी? किसको हानि पहुँचाएगी? किसके ख़िलाफ़ इस्तेमाल होगी? किसके लिए इस्तेमाल होगी? तू जानना भी नहीं चाहता? तेरी कोई वृहद चेतना है कि नहीं, कोई वाइडर कॉन्शियसनेस? या तू बिल का चूहा है, कुँए का मेंढक है? तुझे बस इससे मतलब है कि तुझे रोटी मिल गई।

जैसे हिटलर के कारखानों में काम करने वाले मज़दूर। हिटलर के गैस चैम्बर थे, उनमें भी तो कर्मचारी नियुक्त होंगे न? उनसे पूछो, तुम क्या करते हो? पूछा गया उनसे। युद्ध खत्म होने के बाद उनमें से तमाम लोगों को पकड़ा गया, बड़े शोध किए गए, *इंटरव्यू* (साक्षात्कार) इत्यादि हैं।

उनसे पूछा गया, तुम क्या करते थे? बोले, "हम अपना काम करते थे। कर्तव्य निभाते थे। ड्यूटी दी गई थी, पूरी करते थे। हमें और क्या मतलब? हमसे कहा गया था कि, 'तुम गिनों, आज कितने मरे?'; हम लिख देते थे आज इतने मरे। हमने थोड़े ही मारा।"

ये तुम्हारा हाल है। और याद रखना, तुममें से हर एक हिटलर के गैस चैम्बरों के कर्मचारियों की तरह ही है। तुम जो कर रहे हो उससे मौतें हो रही हैं। वो मौतें तुम्हें बस दिखती नहीं हैं। ठीक वैसे जैसे जब *पैकेज्ड* (डिब्बाबंद) मांस आता है तो उस मांस के पीछे की मौत दिखाई नहीं देती है। तुम बस जाते हो *सुपरमार्केट*(बाजार) में और *पैकेज्ड मीट* (माँस) खरीद लाते हो। उसके पीछे जो खून है और हत्या है और कष्ट है और पीड़ा है, वो दिखाई नहीं देता। नहीं दिखाई देता कि एक जीव के प्राण कैसे तड़पे होंगे जब उसकी जान ली गई होगी, वो *पैकेज्ड मीट* में कहीं दिखाई नहीं देता।

ठीक उसी तरह तुम काम कर रहे हो। तुम्हारे उत्पाद सब *पैकेज्ड मीट* हैं। तुम सब *गैस चैम्बर* के कर्मचारी हो। तुम्हें पता भी नहीं है कि तुम्हारे करे के कारण कितने लोग कितना कष्ट पा रहे हैं? ऐसे ही थोड़े ही है कि ये धरती आज मिटने की कगार पर आ गई है। अकारण नहीं हुआ है ये। ये तुम जैसे लोगों की सौगात है।

कहानी कहती है कि दमनकारियों की फौजें बढ़ी जा रही थी। गंगा-यमुना दोआबा रौंदे जा रही थी। और उत्तरभारत में तब भी जनसंख्या बड़ी और घनी थी। किसानों ने आमतौर पर कोई विद्रोह ही नहीं किया। उनसे पूछा गया, क्यों? बोले, "कौन रिप होय(ये शब्द स्पष्ट नहीं हुआ), हमें का हानि? हमें तो कर देना है, *टैक्स*, लगान। इसको दें, चाहे उसको दें। आज ये शोषण करता है हमारा, कल वो शोषण करेगा। आज इसके सिपाही आकर के फसलें लूटकर ले जाते हैं, कर उठा ले जाते है, लगान उगाह लेते हैं, कल उसके सिपाही आकर उगाह लेंगे। हमें क्या फर्क पड़ता है?"

वो हालत है तुम्हारी। तुम कहते हो कि हम तो पैदा ही हुए हैं पिटने के लिए, बलत्कृत होने के लिए, लुटने के लिए। कोई लूटे, हमें फर्क क्या पड़ता है? तुम हार मान चुके हो, तुम बड़ी हीनता से ग्रस्त हो। तुमने घुटने टेक दिए हैं। तुम्हारी जवानी झड़ गई है। तुम सब पच्चीस-पच्चीस साल के, तीस-तीस साल के बुड्ढे हो। तुम्हारे भीतर कोई शोला, कोई अंगारा नहीं है।

तुम इन धनपतियों को कुत्तों को रोटी डालते देखते हो, तो तुम्हारे भीतर जुगुप्सा नहीं उठती, तुम्हारे भीतर लालच उठता है। ये कितनी खौफनाक बात है। तुम इस पूरे खेल को देखते हो तो तुम्हारे भीतर घृणा नहीं उठती, तुम्हारे भीतर लालच उठता है। तुम कहते हो, "सब कुत्तों को रोटी मिल गई, हम ही क्यों रह गए?" तुम जाकर के उन कुत्तों में अलख नहीं जगाते, लौ नहीं लगाते, शंखनाद नहीं करते। तुम जाकर कुत्तों की कतार में पीछे खड़े हो जाते हो। "हमें भी तो मिले रोटी, हम ही क्यों वंचित रह जाएँ?"

कुछ बेवकूफ चतुर लोगों की चतुराई पूरी मानवता को भारी पड़ रही है। और मैं उनको दोष नहीं देता। उनकी तो तारीफ़ की जानी चाहिए कि

वो मुट्ठीभर हैं और उन्होंने आठ अरब लोगों की इस पृथ्वी को शिकंजे में कसा हुआ है। वो मुट्ठीभर लोग हैं, कुछ सौ लोग, अधिक-से-अधिक कुछ हज़ार लोग, जो इस पृथ्वी के भाग्यविधाता हैं। उनकी तो तारीफ़ होनी चाहिए।

लानतें तो मैं भेजता हूँ बाकी सब आठ अरब लोगों पर, जो कुत्ते बनकर घूम रहे हैं, भिखारी बनकर, कटोरा लिए। जिन्हें लाज नहीं आती बेवजह गुलामी करते हुए। भूख बड़ी बात है, पर बेवजह भूख? और कितनी बड़ी भूख? कितना बड़ा पेट है तुम्हारा जो भरता ही नहीं? तुमने उसमें फर्नीचर डाल दिया, मकान डाल दिया, गाड़ी डाल दी, बीवी डाल दी, ज्ञान डाल दिया, भरता ही नहीं।

दुनियाभर की खरीददारी कर लाते हो, शॉपिंग करके उसमें डाल दी। घरभर का सामान उसमें डाल दिया, एक मोटी सास उसमें डाल दी और पेट भरता ही नहीं। जो कुछ भोगा जा सकता था, तुमने सब भोग लिया, पेट भरता ही नहीं। और जो भोग रहे हो उससे अपच और हो रहा है, दस्त लगे हुए हैं, और ठूँसे जा रहे हो। जो खाया है वो तुम्हें फला है तुम्हें आज तक? पर और खाने की लिप्सा मिटती ही नहीं।

> ***“तुमको एक छोटी-सी बात समझ में नहीं आती कि सच्चाई के अलावा जीने का कोई आधार नहीं हो सकता और निर्भयता के अलावा जीने का कोई तरीका नहीं हो सकता। सारा अध्यात्म इस छोटी सी बात में है। सच मेरा आधार है और निर्भयता मेरा तरीका, बात खत्म।”***

15

क्या परमात्मा हमारे प्रयास से मिलेगा या उनकी कृपा से?

प्रश्नकर्ता: आचार्य जी, राजा भर्तृहरि का प्रेम में अपनी रानी को दिया गया फल उनके पास वापस आ गया। इस घटना से वो बैरागी हो गए। हमारे जीवन में अनेक घटनाएँ ऐसी घटती है परंतु हम फिर भी ऐसे जीते जाते हैं मानो कुछ हुआ ही नहीं। तो क्या यह वैराग्य ईश्वर की कृपा है या मनुष्य का सत्य के प्रति अनुशासन? जब मैं प्रयत्न से अवलोकन करती हूँ तो अधिकतर गुम ही जाती हूँ। कृपया मार्ग प्रदर्शित करें।

आचार्य प्रशांत: हम अपने जीवन में उन घटनाओं को घटने नहीं देते जो हमारी व्यवस्था को हिला दें, हमारे तंत्र को तोड़-मरोड़ दें। हम बड़े चतुर लोग हैं, बड़े सावधान हैं। हम जानते हैं कि कौनसी घटनाएं हैं जो हमें अकाट्य प्रमाण दे देंगी। जो हमें अवाक कर देंगी, लाजवाब कर देंगी। हम उन घटनाओं के सम्मुख ही नहीं आते। जैसे कि चमगादड़ ने अपने आप को समझा लिया हो कि सूरज होता ही नहीं। और इस कारण वह दिन भर गुफा से बाहर ही ना आता हो। गुफा से बाहर आया नहीं कि उसे एक अलंघ्य प्रमाण मिल जाएगा। पक्के से पक्का सबूत। उस सबूत की

वो अवहेलना नहीं कर पाएगा न। और वह जानता है कि गुफा के बाहर वह सबूत इंतज़ार कर रहा है। तो जीवन भर गुफा में ही रह जाएगा ताकि वह सबूत उसके सामने ना आए।

भर्तृहरि के साथ धोखा हो गया। बेचारे! वो भी नहीं चाहते होंगे कि उनकी मानसिक व्यवस्था टूटे। वो भी नहीं चाहते होंगे कि उनके सपनों का महल भरभरा कर गिर पड़े। पर बड़ा संयोग घट गया। वह संयोग कोई उनकी मर्ज़ी से थोड़ी घटा था। और यह संयोग ऐसा है जो लाखों-करोड़ों में किसी एक के साथ घटे, कि आप किसी को एक फल दें और वह घूमता, घूमता, घूमता, घूमता आप ही के पास वापस आ जाए, ऐसा होता नहीं। इस बात की संभावना एक बटा दस लाख नहीं एक करोड़ जाने कितनी होगी।

गणितज्ञों को बैठकर के इस संभावना का आकलन करना चाहिए। यह जो भर्तृहरि के साथ घटना घटी इसकी वास्तविक जीवन में क्या संभावना है? *प्रोबेबिलिटी* कितनी है? कुछ भी नहीं है पर हो गई। अब आप इंतज़ार करें कि आपके साथ भी हो जाए तो होगा नहीं। होगा तो इतने जन्म लेने पड़ेंगे।

और हमारे साथ तो और भी इसलिए नहीं होता हो सकता क्योंकि हम इस घटना के विरुद्ध खड़े हैं। चमगादड़ वाली बात। अब दोनों चीज़ें समझना। पहली बात तो ऐसा सुसंयोग हो सके इसकी संभावना ही नगण्य है। और दूसरी बात, ऐसा संयोग घटे तो हम घटने दें ना। यह तो जैसे ऊपर से लाठी गिरी हो और उनके सिर पर पड़ गई हो।

आपके साथ भी ऐसा होता है कि दिवाली, दशहरे पर आप किसी को तो तोहफ़े देते हैं, और आपने जो तोहफ़ा दिया कई बार वह सीधे का सीधा किसी और के घर पहुँच जाता है। आपने दिया शुक्ला जी को, शुक्ला जी ने पहुँचा दिया गुप्ता जी के यहाँ। गुप्ता जी के यहाँ से गया टंडन जी के यहाँ, टंडन जी से वर्मा जी के यहाँ गया, वहाँ से मेहरा जी के यहाँ गया। इस बात की क्या संभावन है कि घूम-फिर कर के आप ही के पास आ जाएगा। हुआ है कभी? बड़ा मुश्किल होता है। इन बेचारों के साथ हो गया। बड़ी अजूबी किस्मत लेकर आए थे।

बात है जीवन की निस्सारता के तथ्य के उद्घाटित होने की। जिन रिश्तों से आप बेपनाह उलझे हुए हैं, मोह रखते हैं, आसक्ति रखते हैं, उनके तथ्य के उजागर होने की। वह तथ्य उजागर हो सके इसके लिए इतना घुमावदार रास्ता देने की ज़रूरत ही नहीं है, कि तुम जाओ और फल बांटते फिरो समाज में और कहो कि, "देखते हैं, कहीं लौट कर आए तो पता चले कि कौन झूठा है।"

तुम यह कर सकते हो। दिवाली पर सैकड़ों हज़ारों लोगों को डब्बे दो। और उन डब्बे में एक ख़ुफ़िया निशान लगा दो कि पता लगेगा कि यह हमारा ही डब्बा है। फिर इंतज़ार करो कि कौन-सा लौटकर आता है। बहुत संभावना है कोई भी लौट कर ना आए। जबकि उनमें से ज़्यादातर डब्बे बेवफाई का शिकार होकर के पचासों अन्य लोगों के पास पहुँच चुके हों। पहुँच चुके हो पर तुम्हारे पास ना लौट के आए। तुम्हें कभी पता नहीं चलेगा। यह रास्ता अपनाने की ज़रूरत नहीं है।

रिश्तों की हक़ीक़त जाननी है तो उसके लिए तुम्हारा सच्चा जीवन काफ़ी है। तुम्हें प्रयोग करने की ज़रूरत नहीं, बल्कि यह कह रहा हूँ कि तुम्हें और कोई प्रयोग करने की जरूरत नहीं। यही प्रयोग काफ़ी है। रानी झूठी है, यह बात भर्तृहरि को बड़ी आसानी से बहुत पहले भी पता चल सकती थी। बताओ कैसे? जो सन्यास भर्तृहरि ने इतनी बाद में लिया वही वह पहले ले लेते तो जान जाते कि रानी कितनी उनकी है। रानी को कोई भर्तृहरि के यथार्थ से थोड़ी ही प्रेम था। उसे प्रेम था भर्तृहरि की देह से, कि भर्तृहरि के सिंहासन से, भर्तृहरि के धन से,पद से, यश से।

भर्तृहरि रानी को बहुत तरीके की सुविधाएं दे रहे हैं - मानसिक, शारीरिक। भर्तृहरि को बस यही करना था कि वो, वो ना रहते जो इतनी सुविधाएं देता है, रानी कितना प्रेम करती है यह बात पहले ही खुल गई होती। भर्तृहरि चल दें जंगल की ओर, रानी कोई साथ चलेगी? उसी दिन राज़ खुल गया होता। तब टूटना ना पड़ता, तब यकायक लाठी ना पड़ती, चोट ना लगती।

"सच जानना है यदि दुनिया का तो सीधा तरीका है – तुम सच्चे हो जाओ। तुम सच्चे हो जाओ, जो सच्चा है तुम्हारे

साथ चल देगा, जो झूठा है वह अपने आप ही बिदक जाएगा। चतुराई करने की, और प्रयोग करने की, और ख़ुफ़िया जासूसी करने की कोई ज़रूरत नहीं है।"

शादियाँ होनी होती है तो आजकल यह ख़ुफ़िया जासूसों का चलन हो गया है। *डिटेक्टिव एजेंसीज* हैं वो काम ही यही करती हैं। कहते हैं हम *बैकग्राउंड चेक* करके आएंगे। तुम्हें यह सब करने की ज़रूरत ही नहीं है। शादी से पहले जब उससे मिलने जाओ तो लगो कबीर गाने। वह पूछे हनीमून कहाँ मनाओगे? तुम लल्लेश्वरी सुना दो। वह पूछे कमाते कितना हो? तुम भर्तृहरि सुना दो। अपने-आप ही दिख जाएगा कि इसकी सच्चाई कितनी है।

किसी जासूस की ज़रूरत ही नहीं, कि तुमने जासूस छोड़ा हुआ है और वह कह रहा है कि दो से ढाई बजे के बीच में यह फलानी मॉल में घुसी थी। और फलानी आइसक्रीम चाट रही थी। और तुम उससे निष्कर्ष निकालना चाहते हो कि यह साथ चलेगी कि नहीं चलेगी? जासूस यही करते हैं। वह इसी तरीके पूरी तुम्हारे सामने पूरी रिपोर्ट रख देते हैं।

'कक्षा छह में थी जब इसका पहला बॉयफ्रेंड बना था। यह उसकी फेसबुक प्रोफाइल है।' तुम अब खोज रहे हो, अभी भी संपर्क में है कि नहीं। क्या करना है तुम्हें कक्षा छह में उसने क्या किया था उससे? वह अभी कैसा है, कि वह अभी कैसी है, यह जानने का बहुत सीधा तरीका है। तुम सच्चे हो जाओ, उसका सच्चा चेहरा सामने आ जाएगा। जब मैं कह रहा हूँ तुम सच्चे हो जाओ तो मेरा आशय है परमात्मा के हो जाओ। और जब मैं कह रहा हूँ उसका सच्चा चेहरा सामने आ जाएगा तो मेरा आशय है कि उसके जीवन का यथार्थ, उसके व्यक्तित्व का तथ्य सामने आ जाएगा। और कोई तरीका ही नहीं है जानने का।

सच के अलावा और कोई कसौटी होती नहीं। बाकी हर कसौटी इंसान की बनाई हुई है और इंसान की हर कसौटी को इंसान धोखा दे सकता है। तुम्हारी हर कसौटी तोड़ी जा सकती है तुम्हारी हर कसौटी से चूक हो सकती है। एक कसौटी है जिसमें कभी चूक नहीं होगी, तुम सच्चे हो जाओ। सच्चे का साथ फिर सच्चा देगा।

तो कह रही हैं, "हमारे जीवन में अनेक घटनाएं ऐसी घटती हैं।" जो परम घटना घटनी है वो तो घटी नहीं ना, शिल्पी (प्रश्नकर्ता)। तुम्हारे साथ वह परम घटना घट जाए, उसके बाद साफ़ दिख जाएगा तुम्हें कि कौन तुम्हारा है, कौन पराया है।

पूछ रही हैं क्या यह वैराग्य ईश्वर की कृपा है या मनुष्य का ही सत्य की तरफ़ दृढ़ अनुशासन। दोनों बातें एक ही तो हैं। ईश्वर की कृपा नहीं होती तो तुम ईश्वर की तरफ़ अनुशासित भी कैसे हो जाओगे? और अगर अनुशासित नहीं हुए तो ईश्वर की कृपा नहीं होगी। तो यह पूछो मत कि मुर्गी पहले आई की अंडा। परमात्मा पहले आया।

ना यह पूछो कि मेरा अनुशासन पहले है उससे मिलेगा परमात्मा, या परमात्मा की कृपा पहले है उससे मिलेगा अनुशासन। पूछो-पाछो नहीं, जो तुमसे हो सकता है करो। तुम्हारे करने से परमात्मा नहीं मिलेगा, पर तुम्हारे करने से उस तक पुकार पहुँचती है। तुम्हारी सच्चाई का प्रमाण पहुँचता है उस तक और तुम्हारी सच्चाई का प्रमाण काफ़ी है।

जैसे कोई छोटा बच्चा चिल्लाता हो और माँ आकर उसको दूध दे देती हो। अब चिल्लाने से दूध थोड़ी मिला है। जंगल में चिल्लाए तो दूध मिल जाएगा क्या? चिल्लाने से कोई दूध बरसता है। पर फ़िर भी चिल्लाने से कुछ होता है। उससे पता चलता है कि तुम आतुर हो, तुम प्यासे हो और तुम सच्चे हो। तुम प्रयत्न करो। जो हो सकता है तुमसे तुम वह करो।

कहावत है ना तुम एक कदम बढ़ाओगे उधर से सौ कदम बढ़ते हैं। तुम एक कदम बढ़ाओ इससे अधिक की तुम्हारी हैसियत भी नहीं। तुमसे कोई कह दे सौ कदम बढ़ाओ। सौ कदम लायक तो हम वैसे भी नहीं है। एक कदम चल लें बिना गिरे वही बहुत बड़ी बात है। पर तुम एक कदम भी नहीं चलते। तुम अपनी जगह बैठकर के, अकड़ के, कहते हो जो होना है वो हो जाए।

कहती हैं, "जब मैं प्रयत्न से अवलोकन करती हूँ तो अधिकतर गुम जाती हूँ।" तो गुम जाओ क्या समस्या है? गुम होना कोई बुरी बात है। गुम तो हम होते नहीं। बुल्ले शाह मौज में गाते हैं अब हम गुम हुए, गुम हुए, गुम हुए। तुम कहाँ गुम होते हो, बुल्ले शाह गुम होते हैं। तुम गुम होते भी हो तो वही हालत होती है तुम्हारी जो इस प्रश्न में हो रही है, कि

गुम होने को समस्या बना लेते हो। "जब मैं प्रयत्न से अवलोकन करती हूँ तो अक्सर गुम हो जाते हूँ।" बड़ी भारी समस्या है।

गुम ही तो होना है। गुम होने का मतलब है मिट जाना, निर्वाण। पर हम चाहते हैं कि जब हम प्रयत्न करें तो परमात्मा हमें प्रयत्न के फल स्वरुप मिले। इससे किसको मज़ा आ जाना है? अहंकार को। अब उसको एक तमगा और मिल गया कि, 'मैं इतना बड़ा प्रयत्नी हूं कि मैंने प्रयत्न कर-कर के परमात्मा हासिल कर लिया।' अरे, तुम प्रयत्न कर-कर के गुम हो जाओ, मिट जाओ यही बड़ी बात है। तुम प्रयत्न में ही मिट जाओ, और यही प्रयत्न होना चाहिए तुम्हारा की तुम मिट जाओ। परमात्मा को पाना न पाना वो पीछे की बात है। वह खुद देख लेगा।

वह कोई चीज़ थोड़ी है कि हाथ आएगी। गेंद है क्या कि प्रयत्न बहुत करी, अब गेंद मिल गई? हाथ में लेकर घूम रहे हैं अब परमात्मा मिल गया। परमात्मा पाने का मतलब है कि गेंद हाथ में आना तो दूर की बात, हाथ भी मिट गया। ना रही गेंद, ना बचा गेंदबाज। यह है परमात्मा की प्राप्ति, अब ले लो। किस से हो रही है प्राप्ति? प्राप्त करने वाला ही नहीं है।

"कृपया मार्ग प्रदर्शित करें।" वह मेरा काम नहीं है, मेरा काम है तुम्हारे सारे मार्गों को अवरुद्ध करना। नए मार्ग दिखाना मेरा धंधा है ही नहीं। मेरा काम है कि जिन रास्तों पर तुम बड़े विश्वास के साथ बढ़े जा रहे हो उन रास्तों की व्यर्थता दिखा देना, उन रास्तों को अवरुद्ध कर देना।

16

हल्का जीवन जीने और स्वयं पर हँसने की कला

प्रश्नकर्ता: आचार्य जी, ओशो ने अपने प्रवचनों में मुल्ला नसरुद्दीन की कहानियाँ बार-बार लगातार सुनाई हैं। जनश्रुति के अनुसार मुल्ला जी बुद्धिमान थे परंतु खुद पर हास्य करना उनका एक तरीका था। एक जगह ओशो कहते हैं मुर्ख दूसरों पर हंसते हैं और बुद्धिमान स्वयं पर। ओशो परम बुद्धिमान थे, उन्होंने भी अपना हास्य होने दिया। मुल्ला भी इसी कोटि के थे।

वो भर्तृहरि जो वैराग्य शतकम् के हैं, वो लगातार श्रृंगार शतकम् के भर्तृहरि पर हँस रहे हैं। पुराने भर्तृहरि की खिल्ली उड़ा रहे हैं। मेरे साथ ऐसा क्यों नहीं होता? मुझे जीवन में आपकी, ओशो की, भर्तृहरि की सब की करुणा-कृपा प्राप्त है, परंतु फिर भी खुद पर हँस पाने की कला मुझे नहीं आती। कृपया मेरी गंभीरता नष्ट करें। मुझे खुद पर हँसना सिखाएं।

आचार्य प्रशांत: इतना गंभीर प्रश्न किया है। प्रश्न पढ़ने पढ़ने भर में मैं गंभीर हो गया। कोई हँसता हुआ आदमी अगर यह प्रश्न पढ़ ले तो गंभीर हो जाएगा। और यह प्रश्न करके कह रहे हैं कि मेरी गंभीरता मिटा दो,

मुझे खुद पर हँसना सिखा दो। ऐसे मिटेगी?

इतना बड़ा ज्ञान। एक पांत में भी तो लिख सकते थे कि बोझिल हूँ, गंभीर हूँ, हँसना चाहता हूँ। पर उससे पहले ज्ञान बताया। मुल्ला नसरुद्दीन ऐसे थे, जनश्रुति यह बोलती है, और ओशो ने यह किया, और भर्तृहरि ने यह किया। और इसमें लिख सकते थे। वो तो इस बेचारे कागज की सीमा है कि इतने में ही रुक गया। नहीं तो पूरी पुस्तक दी जानी चाहिए थी। और आखिर में एक पांत की जगह दी जानी चाहिए थी जिसमें लिखते कि अब सवाल भी लिख दो। पुस्तक भर दी, अब जो एक पंक्ति दी गई है अब इसमें सवाल भी लिख दो। वह तो हो सकता है भूल भी जाओ, इसलिए कहा जाता।

सारी समस्या तो यही है कि तुम जानकारी से, ज्ञान से, होशियारी से बहुत भरे हुए हो। तुम्हें हँसी आती भी है तो दूसरों पर। दूसरों पर जब हँसी आए तो ज्ञान हंस रहा है। "मुझे पता है कि वह बेवकूफ़ है तो मैं उस पर हँस रहा हूँ।" और जब तुम्हें समझाया जाए कि तुम व्यर्थ हँसे जाते हो, हँसे जाते हो तो तुम्हें लगता है कि तुम्हें हँसने के लिए मना करा जा रहा है।

तुम्हें ज्ञान रूपा होकर हँसने से मना करा जा रहा है, तुम्हें ज्ञानी होकर हँसने से मना करा जा रहा है। तुम्हें नन्हा शिशु होकर हँसने से नहीं मना करा जा रहा है। पर तुम्हारी हँसी में शैशव की निर्मलता नहीं रहती, तुम्हारी हंसी में उपहास रहता है। तुम्हारी हँसी हिंसात्मक होती है। तुम हँस नहीं रहे होते, तुम प्रहार कर रहे होते हो। इसलिए मैंने बार-बार कहा है ज़रा कम हँसा करो क्योंकि तुम हँस नहीं रहे, तुम हिंसा कर रहे हो। तुम खिल्ली उड़ा रहे हो, तुम मज़ाक उड़ा उड़ाते हो।

जीसस का महीना है। उन्होंने कहा था जिसने कभी कोई पाप नहीं करा हो वह मारे पहला पत्थर। और कबीर ने कहा था, बुरा जो देखन मैं चला मुझसे बुरा ना कोय। स्वयं पर हँसना बात बिल्कुल दूसरी है। "मुझसे बुरा ना कोय।" अब हँसो। तब तो तोते उड़ जाएंगे। तब तो मुंह लटक जाता है जब दिखा दिया जाए कि "जो मन देखा आपना, मुझसे बुरा न कोय। अब हँसी कहाँ गई? जब तुम्हारी सारी बुराइयां सामने आ गईं। अब हंसी कहाँ गई? अब हँसो।

"अध्यात्म अपनी बुराइयों को देखकर उन पर हँसने की कला है।"

साक्षित्व और कुछ है ही नहीं। अद्वैत द्वैत पर मुस्कुरा रहा है, प्रज्ञा मूढ़ता पर मुस्कुरा रही है। जब द्वैत का एक सिरा दूसरे पर हँसे तो यह सांसारिक हँसी है, जैसे हम हंसते हैं दुनिया पर। वह बेवकूफ़ है, उसको कुछ नहीं आता, उसका मजाक उड़ा दिया, यह द्वैत का एक सिरा दूसरे सिरे पर हँस रहा है। और मुल्ला नसरुद्दीन की हँसी क्या है? जब साक्षी स्वयं को, दुनिया को, सब को एक साथ देखकर सब पर हँसता हो। जैसे बुद्ध की झीनी सी मुस्कुराहट।

हमारा खेल कैसा विचित्र है। दुनिया पर हँसते फिरेंगे कि दुनिया तो बड़ी नालायक है। और जब अपनी नालायकी सामने आती है तो मुँह ऐसा हो जाता है जैसे कटहल ज़्यादा पक गया हो। कटहल में देखा है ना सतह कैसी होती है उसकी? काँटे ही काँटे होते हैं उसमें हल्के-हल्के। खुरदरी, वह भी ज़्यादा पका हुआ। अब लटक रहा है, गिरने को तैयार है। अब हँसी कहाँ गई ?इतना तो हंसते थे, अब अपनी हालत पर भी तो हँसो। नहीं, अपनी हालत पर नहीं हँसेंगे। अपने-आप को तो बहुत गंभीरता से लेना है। हम कुछ हैं, हम कुछ हैं।

जो तुमने वचन उद्धृत किया है, "मूर्ख दूसरों पर हंसते हैं और और बुद्धिमान खुद पर," उसका मर्म समझना। दूसरों पर हँसने का अर्थ है 'मैं अपने ज्ञान के आधार पर दुनिया को मूढ़ ठहरा रहा हूँ। और स्वयं पर हँसने का मतलब है मुझे दिख गया मैं और दुनिया एक हैं।' हसूँगा मैं अभी भी पर अब अंश पर नहीं हसूँगा, द्वैत के एक छोर पर नहीं हँसूंगा। हँसूंगा तो दोनों छोरों पर हँसूंगा। हँसना ही है तो पूरे पर क्यों ना हँसे?'

इसका यह अर्थ नहीं है कि मुझे दुनिया मूढ़ नहीं लगती। इसका अर्थ यह है कि अब मुझे दुनिया और मैं दोनों ही मूढ़ लगते हैं। दुनिया तो पगली है ही, मैं भी पगला हूँ। खुद पर हँसने का यह मतलब नहीं है कि कह दिया है दुनिया बड़ी होशियार हैं और एक हम ही बेवकूफ़ निकले हैं। नहीं दुनिया भी पगली, और जैसी दुनिया पगली वैसे ही मैं पगला। मैं दुनिया एक ही तो हैं। मन और संसार, कहाँ कोई भेद है? ठीक? खुद पर

हँसना माने साक्षित्व।

"कृपया मेरी गंभीरता नष्ट करें।" विचार के केंद्र में सदा 'मैं' होता है इसी बात को गंभीरता कहते हैं। जब भी सोचोगे अपने केंद्र से सोचोगे, यही गंभीरता है कि केंद्र पर 'मैं विराजमान हूँ'।

विचारकों की गंभीरता नष्ट करना बड़ा मुश्किल काम है। ज्ञानियों की गंभीरता नष्ट करना बड़ा मुश्किल काम है, क्योंकि उनके ज्ञान के, उनके विचार के केंद्र पर वो स्वयं बैठे हुए हैं। उन्हें अपने-आप को महत्व तो देना ही है न, क्योंकि ज्ञान किसका है? उनका है। विचार किसका है? उनका है।

"मुझे खुद पर हँसाना सिखाएं।"अपने ज्ञान पर हँस लो, खुद पर हँस लोगे क्योंकि तुम्हारा तादात्म्य सीधे-सीधे ज्ञान से है। तुम कहते हो मैं ज्ञानी, मैं विचारक। ज्ञान की सीमा को देखो, अपने-आप मुस्कुरा उठोगे। विचार की सीमा को देखो, अपने-आप मुस्कुरा उठोगे। आसान है।

17

अध्यात्म में प्रवेश का उचित समय क्या है?

सम्मान के क्षीण होने पर, धन के नष्ट हो जाने पर, अतिथियों के विमुख चले जाने पर, बंधु वर्ग के नष्ट हो जाने पर, परिजनों के चले जाने पर और धीरे-धीरे युवावस्था के भी ढल जाने पर बुद्धिमान पुरुष का यही कर्तव्य है, कि वह भी जाह्नवी के जलकणों से पवित्र हिमालय पर्वत की किन्हीं गुफाओं में वास करे।

~ वैराग्य शतकम्, श्लोक ३०

प्रश्नकर्ता: तो जो प्रश्न है वह दो हैं। पहला यह कि क्या भर्तृहरि कह रहे हैं कि इन सब घटनाओं की प्रतीक्षा करो, समय बीतने दो बुढ़ापा आने दो?

प्र२: आप तो कहते हैं की यौवन ही उचित समय होता है सन्यस्थ हो जाने का, अध्यात्म में गहरे पैठ जाने का। फिर भर्तृहरि क्यों कह रहे हैं कि इन सब घटनाओं के हो जाने के उपरांत तुम जाह्नवी के जल कणों से पवित्र हिमालय की किन्हीं गुफाओं में जाओ? गुफाओं का कोई सूक्ष्म आशय

भी है क्या?

आचार्य प्रशांत: "सम्मान के क्षीण होने पर।" सम्मान तीव्र कब था? सम्मान सत्य कब था? सम्मान विराट कब था? "धन के नष्ट हो जाने पर।" धन में तत्व कब था? धन सार्थक कब था? धन सत कब था? धन तुम्हारा कब था?

"अतिथियों के विमुख चले जाने पर।" जो आया ही है पल दो पल को वह तुम्हारा कब था? किसने कह दिया तुमसे अतिथि से नाता जोड़ लो। मेल बैठा लो। मोह बांध लो। अतिथि तो सदा ही विमुख था। तुम्हें यह लगता रहा कि अतिथि से तुम्हारा कोई गहरा आत्यंतिक नाता है, तो तुम जानो।

"बंधु वर्ग के नाश हो जाने पर।" तुम्हारा ही नाश हो जाना है तुमसे। किसने कह दिया कि हम बंधु वर्ग विनष्ट नहीं होगा, अमर है जैसे? तुम ही नहीं बचने वाले, बंधु कहाँ बचेंगे? और तुम कैसी बात, कैसी उम्मीद करते हो बंधुओं के बने रहने की? बंधु कोई व्यक्ति तो नहीं बंधु वो जिससे बंधुत्व का नाता हो। जैसे तुम वैसे तुम्हारे नाते। तुम ही मरणधर्मा हो। तुम्हारे नाते भी मरणधर्मा ही होंगे न।

सामने जो व्यक्ति है जिसे कहते हो बंधु, वह भी मृत्यु की ओर जा रहा है। और उस व्यक्ति के साथ तुम्हारा जो रिश्ता है जिसे कहते हो बंधुत्व, उस रिश्ते में भी हज़ार खामियां, हजार छेद, हजार मलिनताएं हैं। तो बंधु वर्ग के नाश हो जाने पर अचंभा कैसा? और उसमें समय कहाँ लगना है?

"परिजनों के चले जाने पर।" वही बात है जो बंधु वर्ग के लिए कही।

"और धीरे-धीरे युवावस्था के भी ढल जाने पर।" युवावस्था कोई धीरे-धीरे ढलती है? रोज़ ही तो ढल रही है। युवावस्था शरीर की कोशिकाओं की स्थिति का नाम नहीं है, कि तुम कहो कि अभी चेहरे पर झुर्रियाँ नहीं पड़ी है, बाल सफ़ेद नहीं हुए हैं, और इतने वर्ष मेरी आयु है तो मैं युवा हूँ। यह झूठी परिभाषा है।

युवावस्था मन की वह स्थिति है जिसमें जगत आकर्षक लगता है। जिसमें खास तौर पर विपरीत लिंगी के प्रति आकर्षण होता है। और

जिसमें लगता है कि अभी समय बहुत है तो मैं रास रचा सकता हूँ, अटखेलियाँ कर सकता हूँ, समय व्यर्थ गंवा सकता हूँ। यह मानसिकता सच्ची कब थी?

जो होता है उसके चले जाने में समय लगता है जो है ही नहीं उसके चले जाने में तो समय शून्य लगेगा? तो जब कहते हैं भर्तृहरि कि सम्मान के क्षीण हो जाने पर कर्तव्य है तुम्हारा कि तुम हिमालय की गुफाओं में वास करो। तो वह यह नहीं कह रहे हैं कि समय के बीतने के बाद सम्मान क्षीण होगा। सम्मान तो क्षीण है ही अभी भी, तुम्हारी आँखें खुलने की देर है। तुम्हें अभी दिखाई ही नहीं पड़ रहा कि मान, अपमान, सम्मान यह सारी धारणाएं सिर्फ़ छल हैं।

बात को समझना। किसी ऐसी घटना की बात नहीं की जा रही है जो वस्तुपरक हो, जिसमें *ऑब्जेक्टिविटी* हो। तुमसे कहा जाए फल के पकने का इंतज़ार करो, तो तुम्हें दस दिन इंतज़ार करना पड़ेगा। तुमसे कहा जाए पौधे के वृक्ष बनने का इंतज़ार करो, तुम्हें दस वर्ष इंतज़ार करना पड़ेगा। पर जब तुमसे कहा जाए कि सम्मान के क्षीण होने की प्रतीक्षा करो, तो तुम्हें एक पल भी नहीं इंतज़ार करना है क्योंकि सम्मान की बुनियाद ही झूठी है। क्षीण है ही वह दम नहीं उसमें।

तो कोई पूछे यह सवाल न पूछे, "आचार्य जी, आप तो कहते हैं कि जवानी में ही सच्चाई की राह पकड़ो, वही सही समय है।" और भर्तृहरि कह रहे हैं कि नहीं, "जब सम्मान गिर जाए, धन नष्ट हो जाए, अतिथि चले जाएं, बुढ़ापा आ जाए तब जाना तुम गंगा तट पर हिमालय के पास। नहीं,वह यह नहीं कह रहे हैं। उनकी बातों से ऐसा लग सकता है क्योंकि बातों का एक सन्दर्भ है। एक पृष्भूमि से आ रही है बातें इसीलिए एक तरीके से कही गई हैं। भ्रमित मत हो जाइएगा।

फिर समझना। सम्मान का क्षीण होना कोई ससमय घटना नहीं है। काल नहीं लेकर आएगा सम्मान की क्षीणता। सम्मान की धारणा है क्षीण है। सम्मान की बात ही झूठी है। जो चीज़ ही झूठी है वह क्या पचास दिन बाद और झूठी हो जाएगी? जो आज ही नहीं है वह क्या पचास दिन के बाद और नहीं हो जाएगा? जो आज ही निरा-कोरा है, शून्य है वो क्या पाँच बरस बाद शून्यतर हो जाएगा? जो आज ही नकली है, जिसमें

असली का न अंश है न स्पर्श, वह क्या दस वर्ष बाद और नकली होगा? सम्मान आज ही नहीं है। तो अगर कह रहे हैं भर्तृहरि कि, "सम्मान क्षीण हो जाने पर तुम चले जाना गंगा और हिमालय के पास," तो वह तुम्हें कब जाने को कह रहे हैं? वह कह रहे हैं आज ही चले जाओ। धोखा मत खा जाना।

इसी तरीके से वो कह रहे हैं,"धन के नष्ट हो जाने पर।" अब आप तर्क कर सकते हो, "आचार्य जी, आपने कहा कि जैसे पौधे को वृक्ष होने में दस वर्ष लगता है, वैसे ही धन भी तो एक वस्तु है।" यदि किसी के पास करोड़ो रुपए हैं तो वो करोड़ों रुपए से खाली हो जाए इसमें दस वर्ष लग सकते हैं। तो यहाँ तो बात भौतिक है ना, वस्तुगत है न?

नहीं, यहाँ भी नहीं है। जब भर्तृहरि कह रहे हैं तुमसे कि धन के नष्ट हो जाने पर तुम जाना गंगा और हिमालय की ओर, तो वह तुमसे कह रहे हैं कि जब धन के प्रति तुम्हारी आसक्ति नष्ट हो जाए तब जाना।

क्योंकि धन जिनका नष्ट भी हो गया उनकी धन को लेकर के आशा तो नहीं नष्ट होती न?

देखो कभी जुआरियों को खेलते हुए। कभी उनके हाथ में लाख आ जाता है और कभी लाख का उन पर कर्ज़ आ जाता है। दोनों ही स्थितियों में उन्हें और चाहिए। धन से रिश्ता तो नहीं बदल गया न।

भर्तृहरि कागज के नोट की बात नहीं कर रहे, चांदी और सोने के सिक्कों की बात नहीं कर रहे। वो धन से तुम्हारे रिश्ते की बात कर रहे हैं। वो तुम्हारे मन की अवस्था की बात कर रहे हैं। तुम्हारे मन में धन से जो नाता जोड़ा है वो उसकी बात कर रहे हैं। वो कह रहे हैं जिस दिन वह नाता टूट जाए, जिस दिन समय तुम्हें सिखा दे कि सोना-चांदी और बैंक और नोट एक सीमा तक ही साथ चलने हैं, उस दिन चले जाना हिमालय के पास।

वो तुम आज सीख लो तो। वो सबक अगर तुम अगर आज ही सीख लो तो आज ही चले जाओ। जो सबक जितनी जल्दी सीखोगे उतना अच्छा। और अगर तुम कहो कि देर से सीखना है, तो मुझे समझा दो कितनी देर से? फिर तो देरी की भी कोई सीमा नहीं है फिर तो तुम यह भी कह सकते हो कि मृत्यु से एक दिन पूर्व सीखूंगा। फिर तुम यह भी

कह सकते हो कि मृत्यु से एक पल पहले सीखूंगा। फिर तो तुम यह भी कह सकते हो कि ठीक मृत्यु के पल में सीखूंगा। अब तुम यह भी बता दो मृत्यु के पल में सीख लिया तो तुम्हारे किस काम आई यह सीख?

अगर उस सीख के साथ जीवन जीना है, अगर उस सीख का कोई व्यवहारिक उपयोग होने देना है, तो आवश्यक है कि वह सीख तुम्हें जितनी जल्दी हो सके उतनी जल्दी मिले।

दोनों बातें जाननी है, कि धन मन को उपयोगी क्यों लगता है, धन की उपयोगिता कहाँ तक जाती है, वह जानना है। और यह भी जानना है कि वह उपयोगिता कहाँ जाकर रुक जाती है। और यह बात तुम जितनी जल्दी जानो, उतना अच्छा। जितनी देर करते जा रहे हो उतनी अपनी आफ़त बढ़ाते जा रहे हो।

धन के नष्ट होने की प्रतीक्षा मत करना। धन लोलुप मन के नष्ट होने की प्रार्थना करना। दोनों बातों में बहुत अंतर है। धन तो हो सकता है कि तुम्हें संयोगवश भी आ जाए और और मिलता ही रह जाए। एक से एक मूढ़ है जिनके पास खूब धन है। संयोग की बात है, बरस रहा है। किसी को विरासत में मिल गया है, कोई ऐसे व्यापार में बैठ गया है कि जहाँ अभी मुनासिब समय चल रहा है। हवाएँ अनुकूल हैं। दस साल, बीस साल अभी पैसा बरसेगा। फिर ना बरसे भले, फिर सूखा पड़े। तो उनका तो धन कभी नष्ट ही नहीं होगा क्योंकि वह ऐसी जगह पर हैं जहाँ पर अभी बारिश हो रही है। वो इंतज़ार भी करते रहे कि धन नष्ट हो तब हम जाएं देवभूमि, तो उनका इंतज़ार, इंतज़ार ही बना रहेगा।

और तुम यह मूर्खता भी मत कर लेना कि कहो भर्तृहरि सिखा गए हैं कि धन के नष्ट होने पर ही आना है हिमालय। तो हम क्यों ना खुद ही धन में आग लगा दें, क्योंकि धन जब तक नष्ट होगा नहीं तब तक भर्तृहरि की अनुमति मिली नहीं। उन्होंने क्या कहा है? धन नष्ट हो तो हिमालय जाना। तो एक दिन तुम गए और अपने सारे गोदाम में आग लगा आए

धन नहीं नष्ट करना है धन से आसक्त मन का उपचार होने देना है। आसक्ति नष्ट होनी है, धन नहीं। धन तो नष्ट हो भी नहीं सकता, पूछो क्यों? क्योंकि आसक्ति तुम्हें मात्र उसी धन से थोड़ी होती है जिस

पर तुम्हारा ठप्पा लगा, जो तुम्हारी व्यक्तिगत पकड़ में है। आसक्ति तो तुम्हें दूसरे के धन से भी हो सकती है। तुमने अपना सारा धन जला भी दिया, या तुम्हारा सारा धन संयोगवश नष्ट भी हो गया, तो कोई आश्वस्ती नहीं है कि आसक्ति चली जाएगी। तुम पड़ोसी के धन से आसक्ति कर लोगे। और अपने धन से जितनी आसक्ति नहीं होती उतना दूसरों के धन से आसक्ति होती है।

तो तुम अगर धन के नष्ट होने का इंतज़ार करोगे तो फिर तो तुम्हें संसार भर के धन के नष्ट होने का इंतज़ार करना पड़ेगा, क्योंकि दुनिया में अगर कहीं भी धन है तो तुम्हें आसक्ति होकर रहेगी, अगर मन ऐसा है कि आसक्त है। अभी भी बात बनेगी नहीं। मान लो तुमने दुनिया भर का सारा धन नष्ट कर दिया, जो हो नहीं सकता, पर मान लो कर ही दिया यह कह कर कि जब धन नष्ट होगा तभी हम जाएंगे हिमालय पर। तो अपना धन नष्ट किया, दुनिया का धन नष्ट किया, तो भी धन बना रहेगा। कहाँ बना रहेगा? कल्पना में बना रहेगा। दुनिया से ही तो गया है, कामना से थोड़ी गया है। कामना तो बनी रहेगी ना।

कितने ग्रह-उपग्रह हैं, कितने लोक हैं, क्या पता कहीं धन हो। पाताल में धन हो। यह सब जानवर घूम रहे हैं इनको मारो। यह भी तो धन हैं। सुना नहीं? पशुधन, स्त्रीधन तमाम तरह के धन होते हैं। तुम जानवर पकड़ने बैठो जाओगे, तुम औरतें जमा करोगे। तुम ज्ञान इकट्ठा करोगे। ज्ञान बहुत बड़ा धन है।

तो धन की लालसा अगर मन में बनी हुई है तो फ़र्क नहीं पड़ता कि तुम्हारे पास व्यक्तिगत रूप से धन है कि नहीं। तुम्हारी जेब भरी हुई है कि नहीं, मन लालायित ही रहेगा। धन के नष्ट होने का नहीं इंतज़ार करना है। धन के प्रति जो मूढ़ता बैठी है मन में जो कहती है कि, 'परमात्मा नहीं मिला तो कोई बात नहीं खनखनाते सिक्के तो हैं', उसको नष्ट करना है।

दो तरह के उपयोग होते हैं धन के। एक उपयोग होता है शरीर के लिए और दूसरा उपयोग होता है मन के लिए। एक तीसरा भी होता है, उसकी बाद में बात करूँगा। पहले दो जो प्रचलित उपयोग है उनकी बात कर लूँ।

शरीर के लिए जो उपयोग होता है वह ठीक है। उस अर्थ में जानवरों को भी धन चाहिए। गाय के लिए घास-भूसा धन है। पशुओं के लिए छांव, कि गुफा, कि खोह या गड्ढा धन हैं। उस अर्थ में धन तुम्हें भी चाहिए। जीव पैदा हुए हो, तुम्हारी कुछ आवश्यकताएं हैं, उन्हें तुम्हें पूरा करना है। पूरा करना और गरिमा के साथ पूरा करना है। तो धन चाहिए। यह धन का एक उपयोग है।

और धन का दूसरा उपयोग है मानसिक आवश्यकताओं की पूर्ति। शरीर की आवश्यकताएं सीमित होती हैं, सावधिक होती हैं। मन की आवश्यकताएं असीमित होती हैं, अनंत होती हैं, और हिंसक होती हैं। तुम्हें बहुत सारा पैसा चाहिए, चाहिए ही चाहिए, और अपने लिए नहीं चाहिए, दुनिया पर राज करने के लिए चाहिए। पैसा अपनी ज़रूरत मात्र नहीं है मन के लिए। पैसा समाज से संसार से टक्कर लेने का, दुनिया पर चढ़ बैठने का, पड़ोसी को नीचा दिखाने का माध्यम भी है।

शरीर की मांग एक सीमा पर आकर रुक जानी है, मन की मांग कहीं नहीं रुकनी है। उससे बचो। उसको नष्ट होने देना है। तुलना की जो मन की बीमारी है, हिंसा की जो भावना है, संचय की जो वृति है उसे नष्ट होने देना है।

जो तीसरा उपयोग है धन का वह उपयोग बड़ा विचित्र और बड़ा सूक्ष्म है। किसी महत प्रयोजन में लगे हो तुम जहाँ तुम्हें धन की पकड़ को काटना है, उसके लिए भी कुछ मात्रा में धन चाहिए। एक भर्तृहरि बैठे हैं हिमालय में, उन्हें भी कुछ धन चाहिए कि वह अपने काव्य का सृजन कर सकें। कागज पर लिखा होगा, नहीं तो किसी अन्य साधन पर लिखा होगा, पेड़ों के पत्रों पर लिखा होगा। यह सब धन ही है, यह सब एक प्रकार के धन हैं। तो दुनिया को वह धन के विरुद्ध सजग कर सकें इसके लिए भी उनको कुछ तो धन चाहिए। यह धन का उच्चतम उपयोग है।

जो तीन उपयोग हैं, उसमें से जो बुद्धिमान व्यक्ति होता है, जो सन्यस्थ व्यक्ति होता है उसे बस दूसरे उपयोग के लिए धन नहीं चाहिए। पहले के लिए भी चाहिए और तीसरे के लिए भी चाहिए। पहला उपयोग क्या है? शारीरिक आवश्यकताओं की पूर्ति। वह कहेगा बिल्कुल चाहिए। उतना तो बंदर को भी चाहिए। हम अपने आप को क्यों वंचित रखें?

परमात्मा ही दे रहा है पेड़ों की छांव। वह धन है न? हम लेने से क्यों इंकार करें? छत तुम्हें जैसे छांव देती है पेड़ भी तो छांव देते हैं। परमात्मा ही दे रहा है। वह तुम्हें चाहिए। चाहिए ही नहीं है, वह तुम्हारा अधिकार है।

यह जो हवा है, यह बहुत बड़ा धन है। यह तुम्हारा अधिकार है। तुम पैदा हुए हो, साथ में परमात्मा ने हवा भी दी है तुम्हें। तो जो पहले प्रकार का धन है वह सन्यासी रखता है। कहता है मूलभूतशारीरिक आवश्यकताओं की पूर्ति के लिए जो धन चाहिए वह हम ठसक के साथ रखेंगे। उसमें ना कोई ग्लानि की बात है, न कोई लोभ की। उसमें सिर नीचा करने की ज़रूरत नहीं है।

और यदा-कदा किसी महत प्रयोजन, किसी विराट कार्य की पूर्ति हेतु भी वो धन का प्रबंध करता है। उसके लिए कितना भी धन लग सकता है। कई बार उसमे कुछ धन नहीं लगता। कोई ऋषि बैठा है जंगल में और उपनिषदों का उद्घोष हो रहा है, न्यून धन चाहिए उसके लिए, कुछ नहीं ज़रा सा।

और किसी बड़े विश्वविद्यालय का निर्माण हो रहा है जिसमें उपनिषद् ही पढ़ाए जाएंगे। यह भी किसी ऋषि का ही काम है पर इसके लिए धन चाहिए। अब इस स्थिति में एक ऋषि भी धन इकट्ठा करता दिखाई देगा। पर यह वैसे ही बात है कि कोई उपनिषद् लिखने के लिए या उपनिषद् कहने के लिए उचित जगह ढूंढता हो, उचित छांव ढूंढता हो।

जब भर्तृहरि कह रहे हैं, "धन के नष्ट हो जाने पर," तो वह तुमसे कह रहे हैं कि धन का जो यह बीच वाला उपयोग है, द्वितीय श्रेणी का उपयोग है। कौनसा उपयोग? जहाँ तुम धन इकट्ठा करते हो परमात्मा से बचने के लिए, जहाँ तुम धन इकट्ठा करते हो यह कहकर कि प्यार नहीं है जीवन में तो, पैसा ही ही सही। जहाँ तुम धन इसलिए इकट्ठा करते हो क्योंकि तुम्हें पता है कि और कोई संपदा है नहीं तुम्हारे पास। देखना डरा हुआ आदमी कैसा लोभी हो जाता है। वह पैसे को दांत से पकड़ लेता है। उसको पता है कि विपत्ति कभी भी आ सकती है।

"जो अपने-आप को जितना आपदाग्रस्त मानेगा, वह पैसे को उतना बांधकर रखेगा। और जिसका अस्तित्व में और

सत्य में जितना विश्वास होगा, वह पैसे के प्रति उतना निश्चिंत रहेगा।"

इसका अर्थ यह नहीं कि वह पैसा उठाकर फेंक देगा। मैं कह रहा हूँ निश्चिंत रहेगा, पैसा उसके लिए एक चीज़ रहेगी। ना चिंता ना चाहत। चीज़ में और चिंता में और चाहत में अंतर समझते हो न? पैसा तुम्हारे लिए चीज़ भर है तो कोई बात नहीं। पैसा तुम्हारी चाहत बन गया, या पैसा तुम्हारी चिंता बन गया, तो खेल खत्म। भर्तृहरि उस चिंता और चाहत के नष्ट होने की बात कर रहे हैं। और वह चिंता और चाहत कब नष्ट हो सकती है? कब नष्ट हो सकती है? अभी। तो वहाँ कब जाया जा सकता है? अभी।

बंधु वर्ग का नाश हो जाना, परिजनों का चले जाना। एक छोटी सी घटना चाहिए और तुम्हें दिख जाएगा कि यह बंधु कितने तुम्हारे हैं। जब तक सब ठीक-ठाक चल रहा है, स्थितियाँ सामान्य में है और नियंत्रण में है, तब तक सब बढ़िया है। आज तुम्हारा दिवाला पिट जाए। आज तुम जेल पहुँच जाओ, आज समाज में तुम्हारा नाम खराब हो जाए, देखना कितने बंधु और कितने परिजन तुम्हारे साथ खड़े नजर आएंगे।

पत्र-पत्रिकाओं में छप जाए कि तुम बड़े व्यसनी, जलील और अपराधी आदमी हो फिर देखना के कितने बंधु बांधव खुलकर तुम्हारे पक्ष में सामने आते हैं। या कि यह दावा करते हैं और स्वीकार करते हैं कि तुम उनके भाई हो, कि दोस्त हो। और अपराधी घोषित हो जाने से भी बड़ा अपराध है सन्यास। तुम चल दो सत्य की राह पर फिर देखना कितने बंधु बांधव, सहोदर और परिजन और मित्र गण अब तुम्हें अपना कहते हैं।

यह तो फिर भी संभव है, कि तुम बदनाम हो जाओ और जेल पहुँच जाओ, तो भी दो-चार लोग तुम्हारे नाम लेवा रहें। पर तुम सच्चे अध्यात्म की राह चल दो फिर देखना कौन तुम्हारा साथ देता है। दुनिया की समझदारी की कोई सीमा नहीं। जो राम का हो गया, दुनिया तुरंत जान जाती है कि हमारे अब किसी काम का नहीं रहा। कौन बचेगा तुम्हारे लिए?

होने को यह भी हो सकता है कि बीसों, साल पचासों साल वैसी कोई स्थिति सामने आए ना, हकीकत से पर्दा उठे ना। और बीस साल पचास साल वैसी स्थिति अगर नहीं आ रही है तुम्हारे साथ तो तुम बड़े अभागे हो, क्योंकि,इसका अर्थ होगा कि तुमने बीस साल पचास साल और धोखे में, बेहोशी में, भ्रम में ही बिता दिए। रुख से नकाब उठा ही नहीं। तुम कुछ को कुछ समझते रहे।

और सौभाग्य होता है उनका जिनकी ज़िंदगी में ऐसी परिस्थितियाँ आ जाती हैं जिनमें उनके रिश्तों की परीक्षा हो जाती है। हमारे रिश्तों की तो परीक्षा ही नहीं होने पाती। बीसों साल कोई परीक्षा नहीं होती क्योंकि स्तिथियाँ करीब-करीब सामान्य बनी रहती हैं। ना कोई राज़ खुलते हैं। ना कोई अपरिचित, अप्रत्याशित, अनअनुमानित घटना घटती है। हमारा तो मध्यमवर्गीय जीवन है। जिसमें कोई बहुत ऊँच-नीच कभी होती ही नहीं। सब कुछ सधा-सधा चलता है। जब सब कुछ सधा-सधा चलता है तो लोगों के चेहरे भी सीधे-सीधे ही नज़र आते हैं।

बीसों साल पचासो साल एक सी दिनचर्या चलती रहती है। एक सा जीवन चलता रहता है। राधेलाल का बेटा माधवलाल। माधवलाल की शादी, उसका बेटा पैदा हुआ, उसका नाम साधो लाल। साधोलाल को फिर बेटा पैदा हुआ तो उसने दादा परदादा की याद में उसका नाम फिर रख दिया राधेलाल। चक्र दोबारा चल पड़ा। कुछ नया, कुछ अलग हुआ ही नहीं। सास के गहने बहू के पास आ गए। नया क्या हुआ? क्योंकि,सास भी कभी बहू थी। कुछ नया हुआ? बाप की संपत्ति बेटे को मिल गई। नया क्या हुआ? वही खेत अब बेटा जोत रहा है। वही पुरानी बंदूक थी, बाप मर गया, कौन चला रहा है अब?

दुकान पर कल तक बैठा करते थे लालाजी। और लाला जी गए मर। सोलह घंटे बैठते थे, हिले नहीं, डुले नहीं, बीमारी हो गई, और क्या हो गया? मर गए। उसी गद्दी पर उनके मरने के अगले दिन कौन बैठा हुआ है? बालाजी। नया क्या हुआ? जब कुछ नया होता नहीं तो कुछ नया दिखता नहीं। वही पुरानी कहानी बार-बार दोहराई जाती रहती है। कोई राज़ खुलता नहीं। कोई अनोखी नई घटनाएँ सामने आती ही नहीं। ना लालाजी कभी निकले अपने तयशुदा क्षेत्र से, वृत से बाहर, ना बालाजी

कभी निकलेगा।

लालाजी को कभी किसी ने नहीं कहा की चलो सड़क पर नाचो। कहा गया होता तो उनके व्यक्तिव के बारे के कुछ पता चलता। ना बालाजी से कोई कहेगा। लालाजी ने कभी कोई पहाड़ चढ़ा नही, ना बालाजी चढ़ेंगे। लालाजी ने कभी विदेशों की यात्राएं करी नहीं, ना बालाजी करेंगे। यह सब नई घटनाएं घटे जीवन में तो तुम्हें जीवन के बारे में कुछ पता चले, रिश्तों के बारे में कुछ पता चले। व्यक्तित्व के नए रुख सामने आए। नया कुछ घटता ही नहीं।

इसलिए जानने वालों ने कहा है कि यात्राएं खूब किया करो। नए लोगों से मिलो, अपने बारे में पता चलेगा। अपने आप को कुछ अनुभव तो होने दो। अनुभव तुम होने नहीं देते, तो तुम्हें कैसे पता चलेगा की तुम हो कौन? नए आदमी से बात करने में घबराओगे। नई जगह जाने में घबराओगे। दिनचर्या का बदलाव करने में घबराओगे। तुम वैसे ही वैसे चलोगे जैसे सदा से चलते आए हो। तो तुम्हें अपने वही-वही चेहरे बस दिखाई देंगे जो सदा से दिखाई देते रहे। वह चेहरे झूठे हैं। कुछ नया होने दो तो तुम्हें पता चले।

लालाजी की बीवी हैं। उनके मन में पति की एक छवि। वो छवि वैसे ही बनी रह जाएगी। किसी दिन लालजी घर आएं और पाएं कि पत्नी स्कर्ट पहनकर घूम रही है। तो पत्नी को पता चलेगा ना कि लालाजी वही लालाजी है ना जो उन्हें समझते थीं। ज़िंदगी भर साड़ी मैं इनके आगे आईं तो इनका एक चेहरा देखा। और आज पहली दफे मैंने स्कर्ट पहन ली तो दूसरा ही चेहरा। तुम कुछ नया कभी करती नहीं इसलिए तुम्हें अपने पति का दूसरा चेहरा कभी दिखता नहीं। और वह दूसरा चेहरा जानना ज़रूरी है क्योंकि वो दूसरा चेहरा भी उसके व्यक्तित्व का बड़ा हिस्सा है। झूठा हिस्सा होगा पर हिस्सा तो है।

ऐसे तो हर हिस्सा झूठा है। जो हिस्सा, जो व्यक्तित्व, जो चेहरा दुकान पर दिखाई देता है वो कोई सच्चा है? वह भी तो झूठा है। पर झूठ अगर लगातार दिखाई देता रहे तो सच लगने लग जाता है। इसलिए ज़रूरी है कि झूठ के अलग-अलग चेहरे दिखाई दें। जिसके अलग-अलग चेहरे हो वही तो झूठ है। पर तुम झूठ का भी एक ही चेहरा देखते हो। और

फिर क्या धारणा बना लेते हो? कि यह तो सच है।

पिताजी को तुमने देखा ही हमेशा घर में है और घर में वो रहते हैं गायनुमा। और घर में वह बातें करते हैं नीति की और आदर्श की। कभी पिताजी को उनके दफ्तर में देखो जहाँ भेड़िए हो जाते हैं। घूस लिए बिना गरीब से गरीब आदमी का एक काम नहीं करेंगे। यहाँ तुमने यह देखा है कि पिताजी दरिया दिल हैं।

तुम जाते हो, कहते हो, "पिताजी दस हज़ार?" कहते हैं,"यह ले बेटा।" जेब से गड्डी निकली और तुम्हें दे दी। तुम कहते हो ऐसा बाप सबका हो। कितना बड़ा दिल है उसका। तुमने एक ही चेहरा देखा और घर में देखा है। दफ़्तर में जाकर देखा होता। दस हज़ार की गड्डी पहले उनकी जेब में आई कैसे? तो तुम्हें पता चलता कि और भी चेहरे हैं। पर वह चेहरा तुम देखोगे नहीं। कई बार तो ऐसा भी होता है तुम जानते हो कि दूसरे चेहरे हैं और तुम जानते हो कि दूसरे चेहरे देखने पर उलझन हो जाएगी, तो तुम जानबूझकर दूसरे चेहरे देखना पसंद नहीं करते।

यह सिद्धांत अच्छे से समझ लेना। सत्य नित्य होता है। नित्य माने वो जो बदले ना। और झूठ भी अगर बहुत लंबे समय तक बदला नहीं तो सत्य जैसा लगने लगेगा। जो चेहरा तुमने बहुत, बहुत, बहुत बार देखा हो लगातार देखा हो वही चेहरा तुम्हें लगेगा जैसे सच्चा है। यह सारे झूठे चेहरे हैं, इनको ज़रा देखो बदल-बदल कर। फिर पता चलेगा कि रिश्तो में दम कितना है। वो घटना आज घट जाए तो बस वही रिश्ते बचें जिनमें वास्तव में दम है। जो सच की बुनियाद पर खड़े हैं। बाकी सब रिश्ते झड़ जाएं। परीक्षा की घटना आज घट जाए तो बस वह रिश्ता बचेगा जिसमें दम है। बाकी सब तो भाग लेंगे। फेयर-वेदर फ्रैंड (सुख के साथी)।

और युवावस्था के ढल जाने पर बुद्धिमान पुरुष का यही कर्तव्य है कि वह हिमालय की किन्हीं गुफाओं में वास करे। युवावस्था के ढलने का इंतज़ार मत करने लग जाना। चार दिन में नहीं ढलती वो। बीसों साल लगते हैं। बहुत देर हो जाएगी। युवावस्था की जो छवि बना रखी है, जवानी से जो आशाएँ पाल रखी हैं उनको ढलने दो। जवानी को मत ढलने दो। जवानी तो बड़े काम की चीज़ है। जवानी ऊर्जा देती है। थकते कम हो। बंधन तोड़ सकते हो। श्रम कर सकते हो आजादी के लिए। उठ

सकते हो, जाग सकते हो, पढ़ सकते हो, भाग सकते हो।

और जवानी अगर ढलानी ही है तो किस सीमा तक ढलानी है यह बता दो। फिर अंत में इतनी ढला दो गले से आवाज़ ना निकले, आंखें ना खुले। जवानी पूरी ढली तो तभी मानी जाएगी न, हाथ ना उठे, साँस ना ले पाओ। नाक में नली लगाकर तुम्हें साँस दी जा रही है। तब माना जाएगा कि जवानी ढली। और यह बात ठीक भी है क्योंकि अपने-आप को बूढ़ा कौन मानता है? मर्द और घोड़े ना होते बूढ़े। सुना है? कहावत है 'अभी तो मैं जवान हूँ'।

सत्तर के हो जाओ, अस्सी के हो जाओ, छह सौ साल के हो जाओ। तुम बूढ़े कभी हुए कहां? फिर तो बूढ़ा होने की अनिवार्य शर्त यही है कि बूढ़े तुम तभी हो जब मुँह बू भी ना निकले। बोलने चले थे मैं बूढ़ा नहीं हूं। बोले मैं बूऽऽऽ ठीक है! अब हो बूढ़े। क्योंकि अब दावा भी नहीं कर पा रहे कि बूढ़े नहीं है। तो अब बूढ़े माने जाओगे। जिस दिन तक अभी इतनी ताकत है कि मुंह से निकल रहा है मैं बुड्ढा नहीं हूं उस दिन तक तुम कह सकते हो मैं बूढ़ा नहीं हूं। उस दिन का इंतज़ार मत करो। जब बू-बू करोगे और बूढ़ा भी नहीं बोल पाओगे। अभी!

जवानी भी परमात्मा के प्रतिद्वंदी के ही रूप में खड़ी होती है। जवानी भी परमात्मा के विकल्प के रूप में खड़ी होती है। करना क्या है सच्चाई का जब जवानी है। मन के और कोई धंधा नहीं है। उसका एकमात्र धंधा यही है - टेढ़े रास्ते ढूंढ़ो। सारी ऊर्जा की व्यय इसी धंधे में होती है कि सीधे रास्ते से बचने के लिए टेढ़े कौन-कौन से रास्ते ढूंढे जा सकते हैं। और टेढ़े तो कितने भी ढूंढे जा सकते हैं। यहां से दरवाज़े तक जाना हो तो सीधा रास्ता एक है और टेढ़े अनंत हैं। और मन की सारी ऊर्जा लगती है बस टेढ़े रास्ते ढूंढने में। टेढ़ा रास्ता क्या है? परमात्मा का विकल्प। सीधा रास्ता परमात्मा तक जाने की सीधी बात। टेढ़ा रास्ता इधर से घूम कर जाएं। यह कर ले, वह कर ले। मन इसी में लगा रहता है। सीधी बात मन नहीं जानता।

शांति चाहिए तो भी यह नहीं कहेगा कि शांति चाहिए। शांति चाहिए तो यह कहेगा किसी का पीछा करें, किसी को पकड़ लें, वासना की पूर्ति करें तो शांति मिलेगी। इतनी टेढ़ी चाल। मन को परमात्मा चाहिए, वह

यह नहीं कहेगा तुम आ जाओ। सीधी बात, बच्चे जैसी, तुम आ जाओ। मान लो मन ऐसा हो भी गया है कि परमात्मा कि लौ लग गई। तो मन कहेगा, "तुम नहीं आए तो हम मर जाएंगे।" अब ये तुम धमकी दे रहे हो? तुम बाँह मरोड़ रहे हो? मर जाओ तुम।

पर मन के धंधा यही है। सीधी बात नहीं करेगा। सीधी बात करनी होती तो काहे इतना समय और इतनी उर्जा लगती। सबसे छोटा रास्ता तो सीधा रास्ता होता है। सबसे कम समय किस में लगता है? सीधी चाल चलने में। पर फिर समय बीतेगा कैसे, कोई तो उपद्रव चाहिए समय बिताने के लिए ना। तो टेढ़ी चाल चलो। इधर की बात करो उधर की बात करो सीधी बात मत करो बस!

परमात्मा से बोलो, "तुम तो हमें ले कर आए थे ना यहाँ, पैदा तुमने किया। तो हम कष्ट भोग रहे हैं अगर तो धिक्कार तुम पर है।" क्या तर्क दिया है? या यह तर्क दे दो कि, "धिक्कार तुम पर है। तुम तो जानते हो कि हम कितने बेवकूफ़ हैं।" सीधी बात मत करो। और सीधी बात यह है कि आ जाओ, समझा दो, बता दो, तुम्हारे हैं तुम्हारे पीछे चलेंगे। वह बात करने में मन की समाप्ति है। उस बात से मन कतराएगा। दुनिया जहान की कहानियाँ बताएगा, बवाल खड़ा करेगा, उपन्यास बताएगा।

> ***"परमात्मा का कोई विकल्प नहीं चलने वाला। परमात्मा माने सीधी बात। परमात्मा माने सहज सत्य। परमात्मा मने खरी, स्पष्ट, प्रत्यक्ष सच्चाई। उसके विकल्प मत तलाशो। उसके साथ तुम्हारी नहीं चलनी।"***

तुम्हें बुरा लग सकता है लेकिन ना तुम इतने बड़े हो, ना इतने ज्ञानी हो, ना इतने आकर्षक हो, ना इतने मूल्यवान हो कि तुम्हारे होने ना होने से अस्तित्व को कोई फ़र्क पड़ता है। तुम ज़िंदा हो तो परमात्मा की इस जेब में हो, मर गए तो उसकी इस जेब में आ जाओगे। उस से बाहर तो तुम वैसे भी कभी नहीं जा पाओगे। तो तुम्हारे होने ना होने से फ़र्क क्या पड़ा? तुम मचाओ शोर खूब। तुम्हारे शोर से अगर किसी को फ़र्क पड़ रहा है तो बस तुम्हें पड़ रहा है। तुम अपनी शांति खराब कर रहे हो। शोर मचाने से

सौ गुना अच्छा सीधी राह चलो।

न तन को साधन बनाओ, ना मन को साधन बनाओ, ना यौवन को साधन बनाओ, ना मौन को साधन बनाओ। किसी साधन की ज़रूरत नहीं है। साध्य सामने खड़ा है साधन का करोगे क्या? कोई चतुराई, चालाकी काम नहीं आनी। तुम उसे से हो वह तुमसे नहीं है। तुम्हारे चतुर शब्दों से वह धोखा नहीं खा जाएगा। हज़ार बार उसने कहा है, कभी संतों के माध्यम से, कभी ग्रंथों के कि, 'मैं तुम्हारी रग-रग से वाकिफ हूँ। मैं तुम्हारे खून में बहता हूँ।' वैकल्पिक परमात्मा नहीं होता। ना वैकल्पिक परमात्मा होता है, ना परमात्मा तक पहुंचने के वैकल्पिक साधन होते हैं।

> ***"एक है परमात्मा और एक है साधन। वह साधन है सहज समर्पण।"***

सहज समर्पण के अलावा तुम सारी युक्तियां लगाने को तैयार हो। जहाँ सहज समर्पण आ गया वहाँ गंगा प्यारी हो जाएगी, हिमालय प्यारा हो जाएगा। और यह जितनी बाकी बातें थीं जो परमात्मा के मुकाबले में तुमने खड़ी करी थी सम्मान, धन और अतिथि और रिश्ते-नाते, बंधु वर्ग, युवावस्था इन सारी बातों से तुम्हारा आकर्षण जाता रहेगा, क्योंकि इन सारी बातों से तुम्हारा मोह था ही इसलिए कि तुम्हें लगता था कि यह सब बातें तुम्हें वो दिलवा देंगी जो उच्चतम है।

सम्मान तुम्हें इसलिए थोड़ी चाहिए कि सम्मान बहुत प्यारी चीज़ है। सम्मान तुम्हें इसलिए चाहिए कि तुम्हें लगता है कि सम्मान भगवान के समतुल्य है। धन तुम्हें इसलिए थोड़ी चाहिए की धन को चाटोगे। धन तुम्हें इसलिए चाहिए क्योंकि तुम्हें लगता है कि धन धन्यता के समतुल्य है। परिजनों से तुम्हें जो सुरक्षा मिलती है तुम्हें लगता है व परमात्मा द्वारा प्रदत्त सुरक्षा का विकल्प बन सकती है। इसलिए तुम परिजनों के आसपास घूमते हो। दुनिया परमात्मा की बनाई दुनिया में तुम और असुरक्षित अनुभव करते हो इसलिए अपने चारों ओर सुरक्षा देने वाले रिश्ते-नातों का जाल बिछाते हो।

तुम्हें लगता है 'मानसिक तौर पर तो मैं दुर्बल हूँ लेकिन यह पूरा जाल बिछाकर, हर तरह के रिश्ते बनाकर मैं उस दुर्बलता से पार पा जाऊंगा।' ज़रा सुरक्षित अनुभव करते हो ना? तुम कहते हो कोई विपत्ति आएगी तो यह पांच भाई उधर खड़े हैं दस यार उधर खड़े हैं। यह संभाल लेंगे। यह देख रहे हो तुम क्या कर रहे हो? परमात्मा के मुकाबले में इन दोस्तों को भाइयों को खड़ा कर रहे हो। तुम यह नहीं कह रहे हो कि विपत्ति आएगी तो परमात्मा बचाएगा। तुम कह रहे हो भाई बहुत है, मेरा घरोबा बहुत है। इतना बड़ा कुटुंब है। पूरी जात मेरे पीछे खड़ी है। कोई आपदा आएगी तो यह मुझे बचाएंगे। और तुम जिससे प्रेम करते हो तुम्हें लाज भी नहीं आती तुम उससे बोलते हो, 'मुझे तो तुम्हारा ही सहारा है।'

तुम यह थोड़ी ना कहते हो तुम, भले आदमी तुम अच्छे हो लेकिन सहारा तो मुझे बस एक का है। तुझसे कहोगे वह गधे के सर से सिंह हो जाना है क्योंकि हम रिश्ते बनाते ही ऐसे हैं जो परमात्मा की प्रतिद्वंदिता में खड़े हो। तुमने अपने भाई को, कि पिता को, कि पति को यह कह दिया कि तुम भले आदमी हो लेकिन तुम्हारे सहारे नहीं जीते हम। जीते तो बस हम परमात्मा के सहारे हैं। तो यह बात ना तुम्हारे भाई को अच्छी लगनी है ना पति को ना पिता को।

वो सब चाहते हैं कि सत्य के विकल्पों के रूप में तुम्हारे जीवन में रहें, सत्य के प्रतिद्वंदी के रूप में तुम्हारे जीवन में रहे और इसका प्रमाण दिए देता हूँ। जब भी तुम्हारे जीवन में सत्य आएगा, तो वो सब लोग जो तुम्हारे जीवन में सत्य के प्रतिद्वंदी की तरह थे, तुम्हारे दुश्मन हो जाएंगे। वह तुम्हारे जीवन में थे ही कैसे? कि वो सत्य की जगह पर बैठे हुए थे। सच्चाई आ गई तो उन्हें उठना पड़ेगा, हटना पड़ेगा। अब वह तुम्हारे दुश्मन हो जाएंगे। और नात-रिश्तेदार तुम्हारे दुश्मन अगर बन जाते हैं, तो बड़ी संभावना है कि तुम्हारी ज़िंदगी में सच उतरा है।

आवश्यक नहीं है, उनके पीछे डंडा लेकर मत दौड़ना। 'इन सबसे दुश्मनी कर लूँ तो पक्का हो जाएगा कि जिंदगी में सच उतर आया।' यह नहीं कहा जा रहा है।

तुम्हारे जीवन में कौन-कौन नकली है यह पहचानना चाहते हो?

जो मिले उसी से सच की बात करो, राम की बात करो। जितने नकली होंगे वो भाग जाएंगे। वह आए, तुमने राम का नाम लिया नहीं कि छूमंतर। और जहाँ वो छूमंतर, तहाँ समझ जाना कि एक और नकली निकला। जो असली होगा उसका हृदय गदगद हो जाएगा जब तुम राम का नाम लोगे। और जो नकली होगा, वह तुम्हारे पास आया, बैठा और पूछ रहा है किंगफिशर कि बडवाइज़र? और तुम उससे कह रहे हो राम कि श्याम। तुम पलक झपको इससे पहले वो नदारद, और भला है कि नदारद।

यह प्रयोग है। यही कसौटी है। इसको आजमाते रहना हमेशा। जब भी किसी पुराने को परखना हो, या किसी नए को परखना हो, या अपने-आप को परखना हो, राम का नाम लो और देखो क्या होता है। कितनी ही बार होगा कि तुम ही बर्दाश्त नहीं करोगे कि तुम्हारे सामने राम का नाम लिया जा रहा है। तुम्हारा उत्तेजना का क्षण है, कि क्रोध का क्षण है, या तुम किसी मामले में उलझे हुए हो, मन किसी चीज़ में उलझा है, तभी तुम्हारे सामने कबीर गा दिए जाएं। और तुम कहोगे हट कबीर धूऽऽत, हटाओ सामने से। अभी कुछ और है जो ज़रूरी है।

यही वह मौका है जब तुम हर उस व्यक्ति को विचार को वस्तु को तुरंत दुत्कार दो जो राम का नाम अपने खिलाफ पाती है।

स्पष्ट है? आपने भी पूछा था।

प्र३: दुत्कारने का क्या आशय है? साथ में भी चलना है। वैसे लिट्रली तो नहीं लगता है। मतलब, इसका प्रैक्टिकली क्या मतलब है?

आचार्य: दूसरे से जो संबंध होता है पचासों तरीके का हो सकता है। मैं यहाँ बैठा हूँ, बड़ा स्थूल उदाहरण दे रहा हूं, बहुत स्थूल उदाहरण। संबंध को यदि माने कि एक रस्सी है, डोर है। तो आप हैं और इधर अंशु है, आपमें और अंशु में संबंध ऐसे भी हो सकता है कि अंशु का हाथ और आपका हाथ बंधा हुआ है। संबंध यह भी हो सकता है कि उसकी नाक और आपकी नाक बंधी हुई है। यह भी हो सकता है कि उसका कान और आपकी टांग बंधी हुई है। उसका पेट और आपका पेट बंधा है। उसके दांत से आपकी

उंगली बंधी है। या आपके दिमाग से उसकी जेब बंधी है। बात समझ रहे हो क्या बोल रहा हूँ?

आदमी और आदमी को जोड़ने वाली डोर बहुत तरह की हो सकती है। प्रश्न यह है कि आप सामने वाले के किस चेहरे से जुड़ना पसंद कर रहे हैं। सही चेहरे से जुड़िए। आत्मा इधर भी है आत्मा उधर भी है। हर तरफ़ है। एक भी है अनेक भी है। अखंड है वह पर हर खंड उसका है। क्यों ना आत्मा आत्मा से जुड़े। कहिए?

स्त्री और पुरुष का एक रिश्ता यह भी हो सकता है कि मेरा यौनांग तुम्हारे यौनांग से जुड़ा हुआ है। और नब्बे प्रतिशत रिश्ते ऐसे ही होते हैं। पुरुष नपुंसक निकल जाए, कि स्त्री की सेक्स में रुचि ना हो, तो रिश्ता बचता ही नहीं। आपकी अदालतें तक कहती हैं कि अगर कई महीनों तक सेक्स ना हुआ हो तो यह तलाक का वैध आधार है। पुरुष या स्त्री कोई भी अदालत जा सकता है और याचिका रख सकता है कि मेरी स्त्री, कि मेरा पति मुझे यौन सुख नहीं देता। अदालत कहेगी ठीक बात।

अंग्रेजी में एक मुहावरा है 'कंज्यूमेशन ऑफ मैरिज' उसका मतलब समझते हैं क्या है? आग के चारों और घूम लिए कि पादरी से दो बोल सुन लिए, इतने भर से विवाह नहीं माना गया पूरा, उसका कंज्यूमेशन नहीं हुआ, विवाह का शिखर नहीं आया। विवाह का शिखर तक है जब स्त्री और पुरुष संभोग करें। तो ऐसे नाते में वो डोर क्या है जो स्त्री को पुरुष से जोड़ रही है? कि तुम्हारे यौनांग से मेरा यौनांग एक रस्सी से जुड़ा हुआ है। ऐसे भी जुड़ सकते हो।

या बेटे का हाथ हैं और बाप की जेब है ऐसे भी जुड़े हो सकते हो। यह क्या रिश्ता है? कि बेटे का हाथ और बाप की जेब। या ऐसा भी रिश्ता हो सकता है कि मेरा मस्तिष्क और तुम्हारा मस्तिष्क। यह ज्ञान परायण रिश्ता है। कि मेरा तुमसे रिश्ता इसलिए है ताकि मैं तुमसे जानकारी इकट्ठी कर सकूं, ज्ञान इकट्ठा कर सकूं। यह भी एक डोर हो सकती है। वो खोपड़े से खोपड़े तक जा रही है।

तो हम क्या बात कर रहे हैं? हम कह रहे हैं कि बड़े सतर्क रहो कि किसी डोर से दूसरे से जुड़े हो। दूसरा बहुत कुछ है।, दूसरे के अनंत चेहरे हैं उन चेहरों में किस चेहरे से जुड़ना है यह देख लेना। मैं कह रहा हूँ दूसरे के

अनंत चेहरों में किसी चेहरे से मत जोड़ो, उसकी अनंतता से जुड़े। उसकी अनंतता का नाम है।

दोस्त कि भाई कि बाप कि बीवी, इनको त्यागना बड़ी साधारण बात है। और उनको त्याग के आपने कोई तूफ़ान नहीं खड़ा कर दिया। ना इससे आपमें कोई परिवर्तन आ गया, ना प्रगति हो गई। यह तो ऐसी सी बात है कि रोज़ घर लौट कर आते थे, आज घर लौट कर नहीं गए। उससे आपमें कोई बढ़ोतरी हो गई क्या? वह काम तो शराबी भी करते हैं।

बात तो तब है ना जब रिश्ते का आधार बदल दो। कैसे दूसरे से संपृत्त थे यह चीज़ बदल दो। पहले हम जुड़े थे तुम्हारे माथे से, तुम्हारी नाक से, तुम्हारी ठुड्डी से, तुम्हारे कंधे से, कि तुम्हारी भावनाओं से, कि तुम्हारी आवाज़ से, तुम्हारी अदाओं से। अब ऐसे नहीं जुड़े हैं। अब रिश्ते में कुछ और बात आ गई है, अब रिश्ते मैं ज़रा मजबूती आ गई है। अब दिल से दिल का नाता है। और यह फिल्मी दिल नहीं है, अभी हम आध्यात्मिक हृदय की बात कर रहे हैं। अब दिल से दिल का नाता है। एक रिश्ता यह भी हो सकता है।

तो देखिए कि कौन जुड़ा है और किससे जुड़ा है, और कुछ नहीं देखना है। सत्य से जुड़िए। सत्य उधर भी है सत्य इधर भी है। जिससे भी जुड़िए, सत्य से जुड़िए। बात थोड़ी सी महीन है लेकिन आप समझे होंगे।

18

मन इतना घूमता क्यों है? किसकी ख़ोज में है मन?

आचार्य प्रशांत: वैराग्य शतकम के श्लोक क्रमांक ८३ के विषय में जिज्ञासा करी है।

"हे प्रिय मित्र! यह विधाता चतुर कुम्हार की तरह विपत्तिरूपी दंड के मार्ग की परंपरा से अत्यंत चंचल, चिंतारूपी चक्र पर मिट्टी के पिंड की तरह मेरे मन को घुमाता रहता है। हम नहीं जानते कि वह इससे क्या बनाना चाहता है।"

—वैराग्य शतकम्, श्लोक ८३

विपत्तिरूपी दंड की मार, विपत्तिरूपी डंडा, चिन्तारूपी चक्र, और उस पर घूमता हुआ मिट्टी के पिंड-सा मन और उसकी दशा निरंतर बदल रही है, उसका रूप निरंतर बदल रहा है। भर्तृहरि कह रहे हैं, "पता नहीं कि वह इस पूरी प्रक्रिया से मन को गुज़ार करके कहाँ ले जाना चाहता है।" श्लोक को सरल भाषा में ज़रा समझेंगे।

श्लोक कह रहा है कि मन पर विपत्तियाँ आती हैं, मन चिंताओं से घिरा रहता है, प्रभावों से आक्रांत रहता है, और हर विपत्ति, हर चिंता, हर प्रभाव मन को बदल रहा है, मनोदशा उलट-पुलट हो रही है। तो व्यथित हो करके प्रश्न उठता है कि यह सब क्यों हो रहा है, इस सारे बदलाव के उपरांत कौन-सा आकार है जो मन को दिया जाना है? एक विपत्ति आई, मन की एक हालत हो गई, दूसरा प्रभाव आया, मन की दूसरी हालत हो गई; तो स्थितियाँ बदलती रहीं, मन बदलता रहा। भर्तृहरि पूछ रहे हैं कि "यह सब-कुछ जा करके थमेगा कहाँ? किस तरफ को जा रहा है?"

कभी मन ऐसा, कभी मन वैसा, कभी सुखी, कभी दुखी, कभी कोई दुश्मन लगा, कभी कोई दुश्मन लगा। मन मोटा, मन पातरा और मन के बहुतक रंग हैं। मंज़िल क्या है? क्यों इतने बदलाव हो रहे हैं? क्यों इतने कदम रखे जा रहे हैं? क्यों इतने मुक़ाम देखने पड़ रहे हैं? यह सब दिखा-दिखाकर दिखाने वाला क्या दिखाना चाहता है? ये है प्रश्न।

ये सब दिखाकर दिखाने वाला तुम्हारे 'देखने' पर ही सवाल खड़ा कर रहा है, वो तुम्हारी मैली नज़र को साफ़ कर रहा है। तुम समझना बात को, जब तुम्हें लगा कि कुछ अच्छा हुआ, सुख आया, तो तुम्हें सुख का अनुभव इसीलिए हो रहा है न क्योकि तुम्हें विश्वास है कि जो कुछ भी तुम्हें प्रतीत हुआ, वो सही है, उसमें सत्य है। तुम्हारे हाथ में कोई सिक्का दे, कोई रुपया दे,और तुमको पता हो कि सिक्का खोटा है, नोट नकली है, तो क्या तब भी तुम्हें ख़ुशी होगी? सुख आए, इसके लिए आवश्यक है न कि तुम अनुभव की सत्यता में विश्वास करो, तुम मानो कि तुम्हें जो अनुभव हो रहा है, वो सही है, तुम मानो कि तुम्हारे सामने जो चीज़ है, वो खरी है? तो सुख आता है, तुम मानते हो कि जो हो रहा है, वो खरा-खरा है, और थोड़ी देर में तुम्हें पता चलता है कि सुख चला गया है, ये सुख झूठा था। इससे क्या प्रमाणित होता है? कि तुम्हारा विश्वास झूठा था। सुख के पीछे विश्वास था सुख की सत्यता में—वो झूठा था। ठीक उसी तरीके से दुःख आया; सुख तो बदल गया है दुःख में, लेकिन अभी भी एक चीज़ है जो नहीं बदली, क्या? तुम्हारी हठ कि तुम अपने विश्वास पर चलोगे। दुःख जब आया है तो तुम विश्वास कर रहे हो कि कुछ बुरा हुआ है, तुम्हें पक्का पता है अपनी ओर से कि कुछ बुरा हो ही गया है। तुम्हें न पता

होता तो दुःख तुम्हें इतना क्यों सताता?

जो सुखी है, उसने मान ही लिया कि कुछ अच्छा हुआ, जो दुखी है, वो भी मान ही लेता है कि कुछ बुरा हुआ, दोनों ही अपने मानने पर बड़ा यक़ीन करते हैं, दोनों ही मानने वाले पर बड़ा यक़ीन करते हैं। तुम्हें भाँति-भाँति के रंग दिखाकर, तरह-तरह के नाच नचाकर, तुम्हारी उम्मीदें तोड़कर, तुम्हें इधर से उठाकर उधर पटककर परमात्मा बस तुम्हें यह बता रहा है कि तुम्हारे यक़ीन झूठे हैं। अनुभव तो सुख का तब हुआ है न जब पहले माना है कि कुछ अच्छा हुआ? परमात्मा तुम्हें बता रहा है कि तुम नहीं जानते तुम्हारे लिए क्या अच्छा है और तुम नहीं जानते कि तुम्हारे लिए क्या बुरा है, क्योंकि तुम यही नहीं जानते कि तुम हो कौन। मछली के लिए उड़ान अच्छी नहीं और ऊँट के लिए सागर व्यर्थ है। तुम्हें पता तो हो तुम हो कौन! तब तुम्हें पता चलेगा कि तुम्हारे लिए क्या अच्छा और क्या बुरा।

हम चूँकि अपना केन्द्रीय-तत्व नहीं जानते, अपनी मूल पहचान को नहीं जानते, इसीलिए हमें यह भी नहीं पता है कि हमारे लिए अच्छा क्या होगा। हमारी हालत वैसी है कि जैसे कोई खाल से इतना तादात्म्य कर ले कि वह सोचे कि जो खाल के लिए अच्छा है, वो खाने के लिए भी अच्छा है; क्योंकि उसका वक़्तव्य है कि मैं तो खाल हूँ, उसने खाल से तादात्म्य कर लिया है, तो वो बैठकर साबुन चबा रहा है। साबुन खाल के लिए अच्छा है और उसने कहना शुरू कर दिया है कि मैं तो खाल हूँ; खाल के लिए साबुन निःसंदेह अच्छा है, और साबुन तुम खा ही जाओ तो? हम नहीं जानते कि हम कौन हैं, हमने खाल से साझा कर लिया है; कभी खाल से, कभी मन से।

हो सकता है कोई चीज़ शरीर के लिए अच्छी हो, हो सकता है कि कोई चीज़ मन के लिए अच्छी हो, कुछ दाँत के लिए अच्छा हो, कुछ बुद्धि के लिए, कुछ विचार के लिए अच्छा हो, पर क्या वो1 तुम्हारे लिए अच्छा है? क्या वो तुम्हारे लिए अच्छा है? जो खाल के लिए अच्छा नहीं है, वो हो सकता आँत के लिए अच्छा हो। साबुन तुम्हारी आँतों को कोई फ़ायदा नहीं पहुँचाएगा, और तुम तो आँत भी नहीं हो। ऐसा नहीं कि तुम यदि खाल नहीं हो तो तुम शरीर के भीतर की कोई चीज़ हो, तुम वो भी नहीं

हो। कुछ इसके (हाथ) लिए बुरा, वो तुम्हारे लिए बुरा नहीं। कुछ पेट के लिए अच्छा, वो तुम्हारे लिए अच्छा नहीं। कुछ मन के लिए अच्छा, वो तुम्हारे लिए अच्छा नहीं। पर तुम इनसे साझा करके फँस जाते हो, फ़िर तुम कहना शुरू कर देते हो कि तुम जानते हो तुम्हारे लिए क्या अच्छा है। कालांतर में वो तुम्हारे लिए अच्छा सिद्ध होता नहीं, फ़िर तुम्हें झटका लगता है, फ़िर रोते हो, फ़िर कहते हो, "ये क्या हो गया?"

तुमने पचास अड्डे खोज रखे हैं, तुम भटके हुए हो। मन के तमाम रंग और कुछ नहीं हैं, उन तमाम रास्तों पर चलने की कोशिशें हैं जिनसे तुम्हारी उम्मीद बाकी है; एक रास्ते पर चलते हो, मन का एक रंग हो जाता है, दूसरे रास्ते पर चलते हो, मन का दूसरा रंग हो जाता है। विपत्ति और कुछ नहीं है, हर रास्ते का मिथ्यापन है। तुम्हारे लिए सारे रास्ते बंद करके परमात्मा तुम्हें बता रहा है कि तुम्हें किसी रास्ते की ज़रूरत नहीं, या यह कह लो कि तुम्हारे लिए एक ही रास्ता है, उस रास्ते को कहते हैं आकाश, और कोई रास्ते होते नहीं—पथहीन पथ, पथमुक्त पथ।

पूछ रहे हैं, “अंततः क्या होना है? क्या आकार मिलेगा मिट्टी के उस पिंड को?” यहाँ तो मामला कुछ ऐसा है कि जैसे कोई तलवार घिसी जा रही है। दूर से आप देख रहे हैं, आपको ऐसा लगता है कि जैसे तलवार घिसने का कोई प्रयोजन है, जैसे तलवार के माध्यम से किसी का ख़ात्मा किया जाएगा। और आपको सही ही लगता है; आपको तो जो लगता, सब सही होता है। आपको कभी कुछ भी गलत लगा कहाँ है? आपने देखा तलवार घिसी जा रही है और तलवार की धार पैनी ही होती जा रही है, आपको पूरा विश्वास है कि आज कोई ख़त्म होगा, किसी की गर्दन गई। और तलवार अब वाक़ई इस क़ाबिल हो गई है कि वो किसी को ख़त्म कर दे।

परमात्मा के खेल अजीब हैं, वो तलवार घिसता ही जाएगा, घिसता ही जाएगा। तलवार को भी यही लग रहा है कि मेरे माध्यम से कोई और ख़त्म होने वाला है, तलवार भी भर्तृहरि की तरह, आपकी तरह ही प्रश्न कर रही है कि “इस पूरी घिसाई का प्रयोजन क्या है?” और प्रयोजन से आशय यही है कि कौन जाएगा, किसकी लाश गिरनी है आज। परमात्मा के इरादे तुम नहीं जानते, वो घिसता जा रहा है, घिसता जा रहा है,

तलवार सोच रही है, "आज कौन ख़त्म होगा?" घिसती जा रही है, घिसती जा रही है। अंततः कोई और नहीं ख़त्म होता, क्योंकि और कोई है ही नहीं, तलवार ही ख़त्म हो जाती है घिस-घिसकर।

मन का भी ऐसा ही है, परमात्मा उसे घिस रहा है, उसे और तीक्ष्ण कर रहा है। तीक्ष्ण कर-करके, धारदार कर-करके वो मन को ही ख़त्म किए दे रहा है। कोई आकार अंततः नहीं बचेगा उस मिट्टी के पिण्ड का, इतना घुमाया जाएगा, इतना घुमाया जाएगा कि मिट्टी, रेत, पानी, सब गायब हो जाना है, कुछ बचेगा नहीं, सब हवा हो गया, पता नहीं कहाँ। पर तुम पूरी बात जानते नहीं, क्योंकि तुममें धैर्य नहीं और तुममें दृष्टि नहीं। तुम थोड़ी देर के लिए देखते हो, और उचटे-उचटे से देखते हो, और तुम्हें दिखाई देता है कि थोड़ी देर पहले एक आकार था मन का, अब दूसरा आकार हो गया है मन का, तो निश्चित रूप से कोई अंतिम आकार भी होगा। न-न-न, आकारों की दौड़ जाकर समाप्त होगी निराकार में। एक आकार से दूसरा, फ़िर तीसरा, फ़िर चौथा, और अंत में सारे आकार घुल जाने हैं निराकार में; तलवार किसी का ख़ात्मा नहीं करेगी, ख़ुद ही ख़त्म हो जाएगी।

आध्यात्मिक मन ऐसी ही तलवार होता है, तेज़, धारदार, ख़ुद पर चलने वाली तलवार; वो किसी और को नहीं काटती, ख़ुद को ही काट देती है। कहीं पहुँचना नहीं है मन की मंज़िल; पहुँचने से आज़ाद हो जाना है मंज़िल, मंज़िलों से मुक्ति है मंज़िल। हाँ ,उस आख़िरी मंज़िल तक पहुँचने के लिए आप बीच में बहुत सारी मंज़िलें देखेंगे, वो आपकी ज़िद है; परमात्मा की ओर से नहीं है वो शर्त, वो शर्त भी आपकी ओर से है। आप कहते हैं कि निराकार में प्रवेश से पहले जितने आकार हों, सब भोग लें, तो भोग लो। आपको देर लगानी है, लगाओ; जितने आकार, उतना समय लगाओ। एक उपद्रव से दूसरे उपद्रव में कूद रहे हो, पूछ रहे हो, "अंतिम उपद्रव कौन-सा होगा?" अंतिम कोई उपद्रव नहीं होता; शांति होती है।

19

मन - सबसे बड़ा शत्रु भी और हमारा सबसे बड़ा आका भी

प्रश्नकर्ता: जैसे मैं यहाँ पर हूँ, मैं अभी आया था, काफ़ी सवाल घूम रहे थे। अब दो घंटे सवाल नहीं रहेंगे, क्योंकि अब मैं पूरा मग्न हो गया इसमें। अब वापस जाऊँगा, तो मुझे ऐसा लगता है कि अगर मैंने उन सवालों का उत्तर नहीं पाया तो कुछ ज़रूरी गँवा रहा हूँ, मतलब मैं अपने-आपको किसी और चीज़ में व्यस्त करके कुछ खो रहा हूँ, तो फ़िर मन वापस वहीं जाता है सवालों पर। जब भी अकेले होता हूँ तो ऐसा होता है, फ़िर कहीं मग्न हो जाऊँगा।

आचार्य: तो तुम तो होशियार हो, बताओ, "क्या समाधान है?"

प्र: जितना मैंने देखा है, मुझे लगता है कि सारे सवाल व्यर्थ हैं, क्योंकि सवाल एक-न-एक रूप में सामने आते रहेंगे, भले ही उसका जवाब पहले दिया जा चुका हो। इस तरह एक ही सवाल जीवन भर घूम सकता है, कुछ अंत तो है नहीं। लेकिन फ़िर भी मन करता है कि सोचो इसके बारे में। तो इसको कैसे ख़त्म करें?

आचार्यः पड़ा रहने दो। कोई तरीका नहीं है। वो मात्र भावना नहीं है जो तुम्हें परेशान करती है, वो 'तुम्हारी भावना' है, वो मात्र भावना नहीं है। भावना भर होती तो उसकी क्या हैसियत कि वो तुम्हें परेशान कर पाती? वो परेशान कर पाती है क्योंकि वो 'तुम्हारी भावना' है। मैं कह रहा हूँ, "पड़ा रहने दो," पड़ा रहने दोगे तो वो मात्र भावना रह जाएगी; उसके साथ छेड़खानी करते हो, उसके साथ कुछ करने की कोशिश करते हो, उसका रूप बदलना चाहते हो, दमन करना चाहते हो, हटाना चाहते हो, मिटाना चाहते हो, उसके ऊपर प्रयोग करना चाहते हो तो उससे रिश्ता बना लेते हो।

अभी यहाँ बैठे हो, तुम्हारा पीछे के उन परदों से कोई रिश्ता है क्या? पर तुम उन्हें छेड़ने लगो, कि रँगने लगो, हटाने लगो, बाँधने लगो, खींचने लगो, कुछ भी करो, तो तुमने उनसे क्या कर लिया? रिश्ता बना लिया, अब वो 'तुम्हारे परदे' हो गए, किसी भी अर्थ में। इसी अर्थ में नहीं कि तुम उनके मालिक हो, पर अब चूँकि तुम उनसे संबंधित हो गए, इसीलिए वो 'तुम्हारे पर्दे' हो गए। जो तुमसे संबंधित होता है, उसी को कहते हो न, 'मेरा बच्चा', 'मेरा दोस्त'। संबंधी है वो तुम्हारा, संबंधित है तब तो हुआ तुम्हारा बच्चा, तुम्हारा दोस्त, तुम्हारा पिता, तुम्हारा घर। पड़ी रहने दो। किसी भावना में दम नहीं कि अपने हाथों से तुम्हारा गला पकड़ सके और अपने पैरों से तुम तक आ सके; उसके पास न हाथ हैं, न पैर हैं, उसके पास बस छल है, और छल करके वो तुम्हें क्या बताती है? "मैं तुम्हारी भावना हूँ।" और जैसे ही उसने कहा 'तुम्हारी भावना', और तुमने माना, वैसे ही तुम्हारे हाथ उसके हाथ हो गए और तुम्हारे पैर उसके पैर हो गए। अब वो तुम्हारे हाथों से तुम्हारा गला दबाएगी, अब वो तुम्हारे पैरों से चलकर तुम तक आएगी, अब वो तुम्हारी ऊर्जा का प्रयोग करके तुम पर हावी हो जाएगी।

भावना तो कुछ नहीं है, रसायन है, हर भावना रासायनिक है। तुम्हारे शरीर के भीतर कुछ रसों का उत्सर्जन होता है, कुछ विद्युतीय संवेग उठते हैं, यह सब जानते ही हो न? उसको तुम भावना का नाम दे देते हो। किसी ग्रंथि से जरा-सा कुछ रस चुआ, ये जो दिमाग में, पूरे शरीर में

नसों का ताना-बाना है, उनमें कोई संदेश प्रसारित हुआ, ये सब भौतिक बातें हैं। वो जो संदेश है, वो और थोड़े ही कुछ है, विद्युतीय प्रवाह है बस। ये भावना, इस भावना में क्या दम होगा, कुछ नहीं। रस की क्या हैसियत कि तुम पर छा जाए? रस माने क्या? रसायन, द्रव्य, इत्ता-सा, कभी मिलीग्राम में, कभी उससे भी कम, पर छा तो वो जाता है तुम पर। कामोत्तेजित होते हो तुम, उसके लिए जानते हो काम-ग्रंथियाँ कुल कितना रस उत्सर्जित करती हैं? जैसे पानी की एक बूँद के हज़ार हिस्से कर दो, उतना, और उतने-भर में तुम बौरा जाते हो। ज़ाहिर-सी बात है कि उतने से द्रव्य की क्या मजाल कि इस हट्टे-कट्टे आदमी पर हावी हो जाए? इसने कह दिया कि "ये तो मेरा संवेग है, मेरा रस है, मेरी भावना है।" इतना मत करो, बचे रहोगे।

जब ये सब उठे तो कहो कि "तू उठ, तेरा काम है उठना, पर तू मैं नहीं है। और प्रमाण इसका ये है कि मैं तुझे देख सकता हूँ, मैं तेरी हर गतिविधि पर नजर रख सकता हूँ, यही प्रमाणित करता है कि तुझमें और मुझमें भेद है। तू दृश्य है, मैं दृष्टा हूँ; हम दोनों एक नहीं हैं। मैं साक्षी हूँ तेरा, तू अपना काम कर, मैं बैठा-बैठा देखूँगा। मैं बैठा-बैठा देखूँगा तो मेरे पाँव, मेरे पाँव हैं और मेरा हाथ, मेरा हाथ है और मेरी ऊर्जा, मेरी ऊर्जा है। वो तुझे नहीं मिलेगी, मैं तुझसे कोई रिश्ता बनाऊँगा ही नहीं।" साक्षी तो अकेला सम्बन्ध है जिसमें वास्तव में जोड़ बनता ही नहीं, साक्षी तो अकेला सम्बन्ध है जिसमें आप संबंधित होकर भी अनछुए, अकेले, मौलिक रह जाते हो। बाकी सब सम्बन्ध ऐसे होते हैं कि छुआ नहीं कि गंदे हो गए, जिसको छुआ, वही हो गए।

जिस दिन माँ बच्चे को जन्म देती है, वो कुछ और हो जाती है, संबंध ने बदल दिया उसको। बच्चा ही नहीं पैदा हुआ, जैसे एक नई स्त्री पैदा हो गई है। जिस दिन तुम विवाह करते हो, तुम बदल जाते हो, तुम वही नहीं रहे; विवाह से पहले कुछ और थे, विवाह के बाद कुछ और हो जाते हो। जिससे संबंधित होते हो, वो ही बदल देता है तुमको। साक्षी तो अकेला सम्बन्ध है जिसमें संबंधित तो हो गए, बदले फ़िर भी नहीं; क्योंकि साक्षी होने का रिश्ता भर है, उलझे नहीं हो, निहार भर रहे हो; सहभागी नहीं हो, साक्षी हो। अब जो कुछ हो रहा होगा, वो तुम पर छाया नहीं डालेगा

अपनी। अब बिलकुल ऐसा हो सकता है कि रहे आओ कोयले की खान में, पर ज़रा भी कालिमा तुम्हें छुए न।

बाहर संगीत बज रहा है कहीं, उसका काम है बजना, और तुम्हारा काम है? सुनना। उसे बजने दो, तुम सुनते जाओ—संगीत को नहीं, मुझे। जब तक संगीत सिर्फ़ संगीत है, तो कोई असर नहीं डालेगा तुममें; रिश्ता मत बनाओ उससे, पड़ा रहने दो। उपद्रवी भावनाओं को प्रोत्साहन मत दो , उन्हें पड़ा रहने दो। और इतने पगले तुम नहीं हो कि नहीं जानते कि भावनाएँ उपद्रवी हैं। "हाँ, वो उपद्रवी हैं," तुम जानते हो। वो अपना सिर उठाती हैं, तुम उनके साथ मत लग लेना। एक आता है भावना का झोंका, तुम उसके साथ मत बह जाना। तुम्हें पता होना चाहिए कि सच्चाई कहाँ है, तुम उसके साथ रहो। संबंधित होने लायक एक ही है, उसको सत्य कहते हैं। निराकार देखो, तो सत्य है वो जो संबंधित होने लायक है, एक ही है। निराकार तो सत्य, और साकार तो संत, इनके अलावा और किसी से संबंधित होने की ज़रूरत ही नहीं है। अगर दम है इतना कि निराकार से सीधे संबंध बना सकते हो, तो बस उसी से जुड़ो, शून्य-समाधि। और निराकार में उतरने में मन ज़रा हिचकिचाता हो, साकार की माँग करता हो, तो संत से संबंध बना लो। भावना से,उपद्रव से, तमाम तरह के रसायनों और भावों से जोड़ बनाने की कोई आवश्यकता नहीं।

प्र२: आचार्य जी, फ़िर ऐसा लगता है कि जो झूठ में जी रहा है, उसके लिए तो सच भी उपद्रव ही होगा। तो हम पता कैसे करें कौन-सी भावना सच्ची है और कौन-सी छोड़ देनी चाहिए?

आचार्य: उपद्रव के आदी हो जाओ अगर, अभ्यस्त हो जाओ, तो जब वो छूटने लगता है तो मन विरोध करता है। जब ऐसा विरोध उठे तो अपने-आपसे पूछना, "किसके विरुद्ध है यह विद्रोह? किसके ख़िलाफ़ मन खड़ा हो रहा है?" और ये जानना हो कि किसके ख़िलाफ़ खड़ा हो रहा है, तो यह देख लो कि किसके साथ खड़ा रहता है। जिसके साथ खड़ा है, उसके विरोधी के ही ख़िलाफ़ खड़ा होगा।

अगर तुम पाओ कि मन ऐसा है जो तमाम तरह की उत्तेजनाओं में, व्यर्थताओं में, चिंताओं में रस पाता है, तो ऐसा मन अगर किसी चीज़ की ख़िलाफ़त कर रहा है तो जान लेना कि वो चीज़ बड़ी संभावना है कि तुम्हारे लिए शुभ है। मन तुम्हारा ऐसा है यदि कि अशांति का समर्थन करता है, तो वो किसका विरोध करेगा? तो मन जब भी विरोध करे तो कहना, "रुक। तू विरोध कर रहा है, इसी से साबित होता है कि चीज़ ठीक होगी।" और अगर तुमने अपने मन को शांति के समर्थन में पाया है, मन का जब भी अवलोकन किया है, मन के साक्षी हुए हो तो पाया है कि मन मेरा शांति को पूजता है, कीमत देता है, तो तुम्हारा मन फ़िर विरोध करेगा अशांति का; यदि मन में ऐसी गुणवत्ता है कि वो शांति का पुजारी है, मात्र तब ही। तो मन को देख करके निर्णय कर लेना कि मन की दिशा क्या होगी।

सच बोलता है तो बहुत सारे झूठे उत्तेजित हो जाते हैं, कम्पित हो जाते हैं, और झूठ जब बोलता है तो सच्चे वहाँ रुकना नहीं चाहते, इन दोनों स्थितियों को एक मत मान लेना। सब-कुछ इस पर निर्भर करता है कि सुन कौन रहा है, और जो सुन रहा है, तुम यदि उसके दृष्टा हो, तो तुम्हें पता होगा कि उसकी संरचना कैसी है। कोई झूठा आए तुम्हारी ओर और बड़ी भर्त्सना करे किसी की, जिसकी भर्त्सना करता हो, उसी की ओर भागना, ज़रूर कोई सच्चा आ गया है शहर में। और अगर झूठों का पूरा एक समूह, जो अन्यथा तो आपस में लड़ता रहता है, पर अब गुटबंदी करके तुम्हारी ओर आता हो और कहे कि "देखिए, साहब, एक बड़ा ख़तरनाक आदमी आ गया है शहर में," तो जान लेना कि कोई ज़रूर बड़ा सच्चा है कि उसकी सच्चाई ने झूठों में एकता डाल दी है, कोई इतना सच्चा है कि उसके सामने आकर सब झूठे एकजुट हो गए हैं। विरोध करने वाले की गुणवत्ता से जान लो कि किसका विरोध हो रहा है।

अपने मन पर चलते हो, देख लो कि मन तुम्हारा ऐसा है क्या कि उसकी सलाह पर चला जा सके, हो तो ज़रूर चलो। पाओ कि मन तुम्हारा ऐसा है जो बात-बात में धोखा देता रहा है; जाना चाहते हो बाएँ और पहुँचाता दाएँ रहा है; तुम उससे कहते हो, "रोटी खाओ," वो कहता है, "नहीं, पूड़ी खानी है," तुम उससे कहते हो, “पाँच बजे उठ जाओ,” वो

कहता है, "नहीं उठूँगा, आठ बजे उठना है।" मन तुम्हारा यदि ऐसा है, मनचला, उपद्रवी, उच्छृंखल, तो तुम ऐसे मन की बात पर भरोसा करते क्यों हो? जिसका इतिहास यही रहा है कि वो कभी तुम्हारे काम आया नहीं, उस पर तुम अभी भी भरोसा किए जा रहे हो, उसकी सलाह माने जा रहे हो? तुम कितने अंधे हो, तुम नहीं जानते कि किसकी बात सुननी है और किसकी नहीं सुननी? तुम मन की सुनना चाहते हो और सत्य को ठुकराना चाहते हो, ऐसा पागलपन! और ये साबित हो चुका है कि मन हर प्रयोग में असफल है तुम्हारा। तुमने ही जब-जब मन को कसौटी पर कसा है, उसे असफल ही पाया है।

कितनी बार तो ये प्रयोग करता हूँ, अभी अपने मन से बोलो कि ये नहीं सोचना है, मन वही-वही सोचेगा। ऐसा तो मन है तुम्हारा, ये हितैषी है? ये दोस्त है तुम्हारा? ये कैसा दोस्त है जिसको तुम कह रहे हो कि न कर, और वो वही कर रहा है? अपने मन से बोलो कि आम और अमरूद के विषय में बिलकुल नहीं सोचना, और फ़िर देखो क्या होता है। कोई तुम्हारा अगर दोस्त होता है तो हमेशा तुम्हारी ख़िलाफ़त करता है क्या? कोई तुम्हारा दोस्त होता है तो हमेशा तुमसे विपरीत चलता है? ऐसा तो नहीं होता। पर मन को ज़रा अपने साथ तुम चलाकर देखो, मन से बोलकर देखो कि आम और अमरूद नहीं सोचना है, फ़िर देखो।

ज़ाहिर-सी बात है कि ये मन तुम्हारा मित्र नहीं, और अगर तुम्हारा मित्र नहीं तो तुम क्यों हो मनचले? क्यों तुम बार-बार कहते हो, "मन नहीं कर रहा इसलिए नहीं सुनेंगे, मन नहीं कर रहा है इसलिए नहीं आएँगे, मन नहीं कर रहा है इसलिए नहीं खाएँगे"? क्यों इस तरह की बातें करते हो कि हम वही करेंगे जो हमारा मन कर रहा है? मन तो हमेशा तुम्हारी ख़िलाफ़त में लगा है, मन तो हमेशा तुम्हारा नुकसान करने के लिए उद्यत है, और तुम अपना नुकसान करवाना चाहते हो। ज़रा परखकर तो देख लो कि तुम्हारा मन तुम्हारा है भी। न वो तुम्हारा है, न वो तुम्हारा शुभचिंतक है, हालत तुम्हारी ऐसी है कि जैसे अपने ही दुश्मन के पीछे-पीछे चले जाते हो।

जैसे कोई ज़हर की पोटली रखकर घूमता हो जेब में, और उसको कुछ भी दिया जाए, कहेगा, "नहीं, जब तक ये न मिला लूँ, तब तक ग्रहण

नहीं करूँगा।" मेरी हर गतिविधि में मन शामिल होना चाहिए, मेरे हर भोजन में ज़हर शामिल होना चाहिए, एक ही बात है दोनों। कोई तुमसे पूछे, "पढ़ा क्यों नहीं?" और कोई जवाब होता है तुम्हारे पास? एक ही, क्या? "मन नहीं कर रहा था।" लाओ थोड़ा ज़हर और दूँ तुम्हें। ख़त्म ही क्यों नहीं हो जाते, मनचलों?

"आए क्यों नहीं?"

"मन नहीं कर रहा था।"

"जा क्यों रहे हो?"

"मन कर रहा है।"

"आ क्यों रहे हो?"

"मन कर रहा है।"

तुम जो कर रहे हो, मन के कहने पर कर रहे हो, ठीक? बड़े आज्ञाकारी हो, अब एकाध-दो बार तुम्हारा कहा भी ज़रा मन करके दिखा दे। तुमने तो वो सब कुछ करा जो मन ने कहा, अब यह भी तो प्रदर्शित करके दिखा दो कि मन भी कभी वो करता है जो तुम कहते हो। यह तो बड़ी विसंगत रिश्तेदारी है, जहाँ पर एक मालिक है, दूसरा गुलाम है; क्योंकि हमेशा चल एक की ही रही है, किसकी? मन की। दो लोगों का रिश्ता है जिसमें सिर्फ़ एक की चल रही है, इस रिश्ते को दोस्ती कहोगे या गुलामी कहोगे? ये तो गुलामी है।

तुम्हारे और मन के रिश्ते में सदा मन की ही चल रही है, तुम्हारे कहने पर मन कभी चल रहा है क्या? कभी ऐसा भी तो हो कि कोई चीज़ लुभाए मन को, और तुम मन को कहो, "अब इसके बारे में एक विचार भी नहीं आना चाहिए," और मन कहे, "जी, हुज़ूर," और ऐसा हो भी जाए। ऐसा हुआ है कभी? तो ये कैसा रिश्ता है तुम्हारे और मन के बीच में? बेमेल। आदमी हो कि गुलाम हो? और बड़े भोले गुलाम हो, इतने भोले हो कि भोंदू हो। दुनिया-भर से लड़ जाओगे, मन से नहीं लड़ोगे, उसको बोलोगे, "जी, हुज़ूर।" दुनिया भर से संघर्षरत हो, देखो न, लड़ाई चल रही है, लड़ाई चल रही है। किसी से भी तुम लड़ सकते हो, अपने पगले मन से नहीं लड़ोगे, जो बहका ही रहता है, उससे नहीं लड़ोगे, उसकी आज्ञा तो शिरोधार्य है। परमात्मा को नमन हो या न हो, मन प्रणम्य है।

20

सत्य केवल उनके लिए है जिनमें साहस और श्रद्धा हो

आचार्य प्रशांत: प्रश्नकर्ता ने लिखा है कि "जब तेज़ भूख महसूस होती है और खाना खा लेते हैं तो भूख का जो विचार पहले बहुत सता रहा होता है, अब सताना बंद कर देता है, कुछ समय फ़िर शांति अनुभव होती है।" तो कह रही हैं कि "क्या बात बस इतनी-सी है? क्या भूख और भोजन की प्रक्रिया मन की व्याकुलता और फ़िर शांति की प्राप्ति का प्रतीक है?"

है भी और नहीं भी है; इशारा-इशारा भर होता है, उससे ज़्यादा नहीं। भोजन करके तुम्हें जो शांति मिलती है, उस शांति में ही आने वाली व्याकुलता छुपी होती है। ये वो भोजन थोड़े ही है जो पेट में ठहरेगा, ये तो जाते ही नष्ट होना, पचना शुरू हो जाता है। और भोजन जैसे-जैसे नष्ट होता जा रहा है, भूख वैसे-वैसे उठती जा रही है। ये ऐसी शांति है जो अपने साथ अशांति ले करके आई है, ये ऐसा भोजन है जो अपने साथ भूख ले करके आया है। पूरी प्रक्रिया ही ऐसी है न, तुम भोजन इसलिए कर ही नहीं रहे हो कि भोजन आख़िरी हो, तुम भोजन इसलिए कर ही नहीं रहे हो कि भोजन पेट में रच-बस जाए, स्थायी हो जाए। तुम भोजन कर ही इसलिए रहे हो कि भोजन पच जाए, ख़त्म हो जाए। अब ये अजीब बात

है, भोजन शांति का प्रतीक है और तुम भोजन को पचा जाना चाहते हो, तो तुम किसको पचा जाना चाहते हो? तो इस प्रक्रिया में ही शांति का अंत निहित है अगर उसे आप शांति कहना चाहते हो तो।

भूख और भोजन का जो उदाहरण लिया है, वो उदाहरण दुनिया के हर भोग्य पदार्थ पर लागू होता है। आप भोगते इसलिए थोड़े ही हो कि भोगे जाने वाली वस्तु वैसी ही रह जाए जैसी वो भोगने से पहले थी। भोगने का तो अर्थ ही होता है कि जिसको भोगा, उसको नष्ट कर दिया, उसके चीथड़े कर दिए, उसको वैसा छोड़ा ही नहीं जैसा वो पहले था। तुमने जिस भी वस्तु को, व्यक्ति को भोगा है, क्या भोगकर कभी भी वैसा ही छोड़ दिया है जैसा वो भोगने से पहले था? आकर्षित तुम किसकी ओर हो रहे थे? उसकी ओर जो वो भोगने से पहले था, ठीक? आकर्षित तुम हो रहे थे उसकी ओर जैसा वो भोगने से पहले था, पर भोगकर तुमने उसे बदल दिया, तो अब शांति तो मिलेगी नहीं। सत्य अकेला ऐसा है जिसे बदला नहीं जा सकता, जिसे भोगा नहीं जा सकता, जिसमें तुम कोई बदलाव नहीं ला सकते। दुनिया की बाकी सारी वस्तुओं की, व्यक्तियों की और विचारों की मजबूरी समझना, उन बेचारों की मजबूरी ये है कि वो तुम्हारे पास आते हैं और पास आते ही तुम भी बदल जाते हो और वो भी बदल जाते हैं; रिश्ता बन जाता है न।

एक स्त्री है, एक पुरुष है, वो दूर-दूर हैं तो कुछ और हैं, और जैसे ही पास आते हैं, इस स्त्री के प्रभाव से पुरुष बदल गया और पुरुष के प्रभाव से स्त्री बदल गई। दो बच्चे खेल रहे हैं और दूर-दूर हैं, अपना खेल रहे हैं, लेकिन जैसे ही पास आए, दोनों बदल गए। हमारे रिश्ते ही ऐसे हैं कि वो एक-दूसरे को बदल देते हैं। तो हमारी हालत ऐसी है कि जैसे अब ये चाय है, ये चाय मुझे बड़ी आकर्षक लगे और मैं इस चाय को उठा करके पीना चाहूँ, और मैं हूँ बर्फ़ का पुतला। मैं हूँ बर्फ़ का पुतला और ये जो चाय है, ये उबल रही है, भाप दे रही है; ऐसे ही तो आकर्षण होता है, द्वैत में आकर्षण विपरीत के प्रति ही तो होता है, जो तुमसे विपरीत है उसी की तरफ़ खिंचते हो। अब मैं क्या हूँ? पुतला, और ये क्या है? खौलती चाय। अब ये आई मेरे करीब, आई मेरे करीब, अब ये यहाँ तक (चेहरे तक) आ गई है, बताओ क्या हुआ? मेरा पिघलना शुरू हो गया और इसका ठंडा

होना शुरू हो गया, और अब देखो कि भोगते ही क्या होगा, भोगा (चाय पिया), क्या हुआ? मैं वो नहीं रहा जो मैं था, और ये वो नहीं रही जो ये थी।

आकर्षित मुझे कौन कर रहा था? गरम चाय, और मिली मुझे क्या? बर्फीली चाय, मुझे तृप्ति मिलेगी कभी? मुझे किसने आकर्षित किया था? गरम चाय ने। और मुझे मिली क्या? बर्फीली चाय। मुझे तृप्ति मिलेगी कभी? वही बात चाय की भी है। चाय को किसने आकर्षित करा था? इस बर्फीले मर्द ने, "बर्फीला मर्द है, साहब, पक्का, पिघलता ही नहीं," और वो दूर से देख रही है तो पिघलेगा कैसे? और वो गई उसके पास तो पाया कि ये तो लिबलिबा है। चाय ने बर्फ़ को जहाँ-जहाँ स्पर्श करा, वहाँ बर्फ़ की मर्दानगी गई, गायब, गल गई। कह रही है, "दूर से ही तुम थे पक्के, पास से तो गुलगुले हो, हमें देखते नहीं हो कि बहना शुरू कर देते हो।" अब बर्फ़ की यही मजबूरी, कि वो चाय उसके पास आती नहीं है कि उसका बहना शुरू, और चाय कह रही है, "धत! अरे बिना बहे रह जाओ तो तुममें आकर्षण कुछ।"

संसार में तुम जिस भी चीज़ को शांति का, तृप्ति का साधन बनाओगे, वो चीज़ बेचारी असफल हो जाएगी। मैं बेचारी कह रहा हूँ क्योंकि उसकी मजबूरी है। तुम उसे छू करके उसे कुछ और कर देते हो। तुम उसे भोग करके कुछ और कर देते हो। तो फ़िर कौन है जो तुम्हें संतुष्टि दे सकता है? सिर्फ़ वो जो तुम्हारे इस स्पर्श से कहीं आगे का हो। तुम्हारा स्पर्श उस पर कोई दाग ही न लगा पाए। जो अस्पृश्य हो, ऐसे किसी को ही सत्य कहा गया है, परमात्मा कहा गया है।

वो तुम्हारे काम का है क्योंकि तुम उस पर हावी नहीं हो सकते, वो तुम्हारे काम का है क्योंकि तुम उसे बदल नहीं सकते। और इसी कसौटी पर कसना किसी को भी जो दावा करता हो कि तुम्हारा हितैषी है। तुम्हारे संसर्ग से जो परिवर्तित हो जाता हो, वो कभी तुम्हारे काम नहीं आएगा और जो तुम्हारे संसर्ग के बावजूद वही रहा आता हो जो वो है, मात्र वही तुम्हारे काम आ सकता है।

तुम्हारे सामने आते जिसमें बदलाव आ जाते हों, जान लेना कि ये तो ख़ुद ही कमज़ोर है, मजबूर है, मेरे क्या काम आएगा! जो कोई ऐसा हो

कि अड़ा रहता हो, डटा रहता हो, अडिग, अकम्प, अपरिवर्तनीय, वही है तुम्हारे काम का, क्योंकि तुम्हें चाहिए ही वही। भोग के लिए मात्र एक सम्यक वस्तु है, उस वस्तु का नाम – परमात्मा। भोगना ही है तो उसको भोगो।

तुम्हें चैन अगर आज तक अपने सभी भोगों में नहीं मिला तो इसलिए नहीं मिला क्योंकि तुमने भोगने वाली चीज़ भोगी ही नहीं। भोगने वाली एक ही चीज़ है, उसको सत्य कहते हैं, उसको भोगो। उसके साथ मज़ा ये है कि तुम उसे भोगने जाओगे, वो भोगने वाले को ही लपेट लेगा। अब अगर तुम हल्के आदमी होगे तो तुम इस बात के डर के सत्य की ओर जाओगे ही नहीं। और अगर तुम जिज्ञासु होगे, पिपासु होगे, मुमुक्षु होगे तो तुम इसी बात से आकर्षित होकर सत्य की ओर जाओगे कि कोई तो मिला ऐसा जो हमें अपने-आपमें पूरा समाविष्ट कर लेगा, कोई तो मिला ऐसा कि जिसका बाहुपाश इतना मज़बूत होगा कि हम भरभराकर मिट जाएँगे, टूट जाएँगे, रेत हो जाएँगे, ढेर हो जाएँगे। अब ये तो तुम्हारे बाँकेपन पर है।

तुम डरे हुए आदमी हो तो मज़बूती की दिशा से उलटा दौड़ेगे और तुममें ज़रा हिम्मत है, श्रद्धा है, तो जिस दिशा में दिखाई देगा कि मज़बूती है, तुम उसी दिशा जाओगे। तय कर लो, मजबूरी और मज़बूती, दोनों कोई तथ्य नहीं होते। सत्य के प्रति तुम्हारी असहमति का नाम है मजबूरी और सत्य के प्रति तुम्हारी सहमति का नाम है मज़बूती। अन्यथा कोई मजबूरी, कोई मज़बूती होती नहीं।

इसीलिए कह रहा हूँ तुम तय करो कि सहमति असहमति तुम्हारे हाथ में है। तुम तय करो कि तुम्हें क्या चाहिए।

21

प्रेम की प्रथम अनिवार्यता है - मन की समझ

प्रश्नकर्ता: हम ऐसा मानते हैं कि जिससे हम प्रेम करते हैं, उसके लिए लिए कुछ भी कर जाते हैं। तो क्या वो प्रेम का नाम है भी, या हमारे सिर्फ़ मन का वहम है कि हम उससे प्रेम करते हैं? जो ऐसे काम हम ख़ुद के लिए भी नहीं करते, वो उनके लिए कर जाते हैं।

आचार्य प्रशांत: अब ऐसे तो बहुत काम होते हैं जो अपने साथ नहीं करेंगे पर किसी और के साथ कर जाएँगे। प्रेम की कसौटी थोड़ी दूसरी है। प्रेम की कसौटी यह है कि दूसरे के लिए जो हम कर रहे हैं, वह वास्तव में उसके हित का है कि नहीं। और बड़ा मुश्किल होता है निरपेक्ष आँखों से देख पाना कि दूसरे का हित कहाँ पर है। हम तो अपने में ही उलझे रहते हैं न। हमारी तो गुत्थी अपनी ही नहीं सुलझी है, तो दूसरे पर ध्यान दे पाएँ, इसकी संभावना नगण्य हो जाती है।

जो अपनी ही मुसीबतों से परेशान हो, अपनी ही झंझटों से उबर न पाता हो, वो कैसे जानेगा कि किसी दूसरे की ज़िन्दगी में क्या चल रहा है और उसकी वास्तविक जरूरत क्या है। और इसके विपरीत जितना आप

अपने साथ सहज और संतुष्ट होते जाएँगे, उतना आप समझते जाएँगे कि दूसरा कौन है, कैसा है और इसीलिए उसके लिए क्या उचित है।

आग लगी हुई हो तो अधिकांश लोगों को तो यही ख़्याल आएगा न कि किसी तरह अपनी जान बचाओ। और हम सबकी आग लगी ही रहती है, तो हम तो अपनी ही जान बचाने में परेशान हैं। अब होगा कोई प्यारा, जब लपटें शरीर को खाने लगती हैं, तो प्यारे का हित फ़िर पीछे हो जाता है। और इंकार नहीं किया जा रहा कि आप इसको प्यारा कह रहे हैं, वो प्यार आपको है, निश्चित रूप से है। लेकिन लपटें अभी खा रहीं हैं आपको। आप विवश हो जाते हैं।

दूसरे के लिए ज़रूर करिए जो भी करना चाहते हैं, बड़ी मीठी बात है, लेकिन दूसरे को समझने के बाद, उसका वास्तविक हित देखने के बाद। हम अगर डरे हुए हैं, हमें अगर अभी ख़ुद सुरक्षा की जरूरत है, तो हमारे तो मन में ख़्याल एक ही आएगा कि उसका हित इसी में है कि वो मुझे सुरक्षा दिए जाए। हमें साफ़ दिखाई ही नहीं पड़ेगा कि उसे क्या चाहिए। और अक्सर दूसरे के लिए आपको जो करना होता है, वो कोई बहुत बड़े काम नहीं होते, आवश्यक नहीं है कि धरती आसमान एक कर दिए जाए।

छोटे-छोटे ही सही पर उचित कदम उठाने होते हैं। कभी ‘क’ की जगह ‘ख’ बोलना होता है, कभी इस बटन की जगह ये बटन दबाना होता है। तो दूसरे के लिए ये जरूरी नहीं है कि बड़े काम किए जाएँ, ज़रूरी ये है कि सही काम किए जाएँ।

एक आदमी बीमार पड़ा है और उसके पचास रिश्तेदार उसे घेरकर बैठ गए हैं और हफ़्ते भर से घेरकर बैठे हैं, डेरा ही डाल दिया उसके घर में। और वो उसके लिए बड़े-बड़े काम कर रहे हैं। कोई गया हिमालय से एक चट्टान उठा लाया उसके लिए—बड़े काम। और हफ़्तों से करे जा रहे हैं। कोई उस बीमार को उठा करके एक शहर से दूसरे शहर दौड़ गया है, कोई उसको गदा की तरह घुमा रहा है—बड़े काम। कोई उसके पास हफ़्ते भर से बैठ करके गीत गाए जा रहे हैं, चौबीसों घंटे हर समय वो गीत गाता है। प्यार करते हैं, भाई। कुछ तो करेंगे न, और ये बीमार है, इसके लिए जितना ज़्यादा करें, उतना अच्छा। और लोग करे ही जा रहे हैं उसके लिए।

एक को यही पता है कि सफ़ाई बड़ी बात, तो उसे हफ़्ते भर में पचास बार नहला चुका है। बड़ी मेहनत करी है नहलाने में, पचास बार नहलाना बच्चों का खेल नहीं। अब ये सब प्यार में बड़े-बड़े काम करने वाले लोग हैं। फ़िर आता है चिकित्सक, वो दस मिनट को आता है और दो गोलियाँ लिख जाता है। ये बैठे हैं हफ़्तों से, और बड़े-बड़े काम कर रहे हैं, और चिकित्सक आया है दस मिनट को और दो गोलियाँ लिख गया है, और काम हो गया।

बड़े कामों की ज़रूरत नहीं है, उचित काम की ज़रूरत है। जिससे प्यार करते हो, उसके प्रति उचित काम करें। बड़ा करना तो कई बार अहंकार की शरणस्थली बन जाता है। अहंकार कहता है कि मैंने तेरे लिए इतने बड़े-बड़े काम किए। वो जो चट्टान है, कौन लेकर आया था हिमालय से? मैं। और आप ऐसा न मानें उसका तो वही चट्टान उठाकर आपके सिर पर पटकेगा।

चिकित्सक कौन? जो बीमारी समझता हो। जो बीमारी समझे और जो बीमारी का उपचार जाने, सो चिकित्सक। आप वैसे हो जाइए। मन को समझिए। जो मन को आप समझेंगे तो किसी की भी बीमारी हल कर सकते हैं। भूलिएगा नहीं कि चिकित्सक मरीज़ की व्यक्तिगत बीमारी मिटाने नहीं आया था, वो बीमारी मिटाने आया था। वो बीमारी समझता है, उसको पता है कि *कॉलेरा* (हैज़ा) क्या चीज़ है। उसको पता है कि *कॉलेरा* क्या चीज़ है। अब कॉलेरा किसी को भी हो, उसे पता है कि क्या हुआ है।

आप मन समझिए। अब मन किसी का भी हो, आप उपचार कर पाएँगे, क्योंकि आप जान गए हैं मन क्या है, प्रकृति क्या है, वृत्ति क्या है, प्रभाव क्या है। आप जान चुके हैं इन बातों को। *कॉलेरा* को, आप *डायबिटीज* (मधुमेह) को, आप मलेरिया को, आप टीवी को समझ चुके हैं। अब फ़र्क़ नहीं पड़ता कि बीमार का नाम क्या है। आप जानते हो कि दवाई क्या देनी है, या बीमार का नाम बदलने से दवाई बदल जाती है मलेरिया की?

तो बात इसकी नहीं है कि प्रेम कितना गहरा है, सर्वप्रथम बात इसकी है कि कुछ समझते भी हो। बिना समझे तो प्रेम के नाम पर पता नहीं

क्या हो जाएगा। और समझते हो अगर तो बहुत श्रम नहीं करना पड़ेगा। चिकित्सक की तरह आओगे दस मिनट में दो गोलियाँ लिख करके अशांति को, बीमारी को भगा करके चले जाओगे। जैसे कबीर के वचन हों, जैसे उपनिषदों के उद्घोष हों,उन्होंने बस कह दिया और पता नहीं कि कब कह दिया, आपके आज भी काम आ रहे हैं। वो ऋषि नहीं आ रहे हैं आपके घर में बसने, या आ रहे हैं?

याज्ञवल्क्य यह नहीं कह रहे हैं कि तुम्हारी पीड़ा मैं दूर करूँगा चौबीस घंटे और पाँच साल तुम्हारे साथ रहकर। अष्टावक्र कह रहे हैं क्या कि तुम मेरे साथ-साथ चलो, मैं तुम्हारी पीड़ा दूर करूँगा? वो दो बातें बोल गए, वो दो बातें वो उस समझदारी के साथ बोल गए हैं, जमाने भर के काम आएँगी, अनंत समय तक काम आएँगी।

समझदारी ज़रूरी है। समझदारी से आपने जो कुछ किया, उससे पता नहीं कितनों का कल्याण हो जाएगा। ये महाप्रेम है। समझदारी से आपने जो कुछ किया, उससे पता नहीं कितनों का कल्याण हो जाएगा। सोचिए इसमें कितनी गहराई है प्रेम की।

एक चिकित्सक जब अपनी पढ़ाई कर रहा हो और बीमारी के बारे में जान रहा है, तो उस वक़्त आप उसे बहुत कुछ बोल सकते हैं, जिज्ञासु बोल सकते हैं, विद्यार्थी बोल सकते हैं, साधक बोल सकते हैं, स्वार्थी भी बोल सकते हैं, लेकिन प्रेमी तो नहीं बोलेंगे, या बोलेंगे? एक चिकित्सक बैठ करके अपनी पढ़ाई में रत है, उसने किताब खोल रखी है। आपसे कहा जाए कि इसको नाम दो एक। आप क्या नाम दोगे? आप कहोगे कि विद्यार्थी है, आप कहोगे कि ज्ञानी है। थोड़ा अध्यात्म में रुचि है तो कह दोगे कि साधक है।

और मैंने कहा कि यह भी कह सकते हो कि स्वार्थी है, देखो न ज्ञानार्जन के लिए पढ़ रहा है, ख़ुद का ही तो ज्ञान बढ़ेगा। लेकिन वो जो कर रहा है, वो महाप्रेम है। क्योंकि बीमारी को जानने के बाद अब वो किसी भी बीमारी हटा सकता है—पूरा जगत लाभान्वित होगा। तो तुम मन को जानो; प्रेम की अनिवार्यता है मन की समझ। मन को जानो, फ़िर दुनिया भर का कल्याण कर पाओगे।

और जो मन को नहीं जानता, वो किसी का प्रेमी नहीं हो सकता। जो मन के बहकावे में आ जाता है, जो मन के बहाव में बह जाता है, वो किसी का प्रेमी नहीं हो सकता, वो प्रेम के नाम पर बड़ा अत्याचार कर देगा।

प्र२: कई बार किसी के हित में उठाया गया कदम आपके लिए रुकावट बनाता है और आप उसमें बह भी जाते हो। उसको कैसे?

आचार्य: आप अगर दूसरे का हित जानते हैं तो अपना भी हित जानते हैं न। फ़िर आपको पता होगा कि दूसरे के हित में कुछ किया और उससे यदि मेरे ऊपर कोई प्रभाव आ रहा है तो मेरा कोई अहित नहीं होगा। जो हित जानता है, वह भलीभाँति जानता है कि हित बँटे हुए नहीं होते। जो शुभ है, सो शुभ है; जो सम्यक है, सो सम्यक है। ऐसा नहीं होता कि एक घटना किसी के लिए शुभ हो, किसी के लिए अशुभ हो।

जीज़स जमाने भर से बात करते हैं और वो कह रहे हैं कि उन्हें पता है कि उन्हें सलीब मिलेगी, उन्हें मृत्युदंड दिया जाएगा। ये वही बात है न जो आप कह रहे हैं कि दुनिया का भला करने निकले हैं और दुनिया पलटकर उन्हें क्या दे रही है? बुराई दे रही है, दंड दे रही है, मौत दे रही है। लेकिन जीज़स को पता है कि इसमें उनका कोई नुकसान नहीं हो जाने वाला। अगर कोई चीज़ है जो दुनिया के भले के लिए है, तो उसमें मेरी भी भलाई निहित है। तो वो जानते-बूझते मृत्यु का वरण कर लेते हैं। और फ़िर इसीलिए आपको समझाने के लिए आगे की कथा है कि वो मरकर भी मरते नहीं, तीसरे दिन उठ बैठते हैं। क्योंकि जिसने दूसरों को ज़िन्दगी दी है, उसे मौत कैसे आ सकती है? जो दूसरों को जिंदगी दे रहा, उसे मौत नहीं आ सकती। इसीलिए, जीज़स का पुनः उठ बैठना, पुनर्जीवित हो जाना बड़ा आवश्यक था।

आप वो करो जो सही है। जो सही है, उससे आप पर कुछ गलत नहीं हो सकता। और अगर सही करके आपको लग रहा कि आपके साथ गलत हो रहा है तो या तो आपने सही करा नहीं या आपके साथ गलत हो नहीं रहा है। भरोसा रखो।

22

पहले ग़लत छूटता है, फिर सही आता है

प्रश्नकर्ता: नौकरी को लेकर परेशान हूँ। जिस नौकरी में हूँ, वो पसंद नहीं है और जो पसंद है, वो मिल नहीं रही। तो क्या करूँ?

आचार्य प्रशांत: नौकरी के माध्यम से चैन ही तो तलाशते हो न? नौकरी के माध्यम से तृप्ति ही तो तलाशते हो? सौभाग्य होगा तुम्हारा की ऐसी तुम्हें नौकरी मिल जाए जो तुम्हें तृप्ति के करीब ले आए। और नहीं मिलती हो ऐसी नौकरी, तो क्या नौकरी की ख़ातिर तृप्ति को इंतज़ार ही करवाते रहोगे? नौकरी तो साधन है, नौकरी तो पुल है। पार करनी है नदी तुम्हें, और नहीं खड़ा है कोई पुल, तो क्या व्यापार ही नहीं करोगे?

शांति पानी है। वो नौकरी से नहीं मिलती तो बिना नौकरी के पाओ। और तुम्हें लगता है कि नौकरी के माध्यम से ही मिलनी है तो कब तक इंतज़ार करोगे? कब तक कहोगे कि कोई बनी बनाई मिल जाए? अपने लिए नौकरी ख़ुद तैयार कर लो। जो तुम्हें चाहिए, अगर तुम्हें वास्तव में उसकी ललक है, तो दूसरों द्वारा सृजित नौकरियों की प्रतीक्षा कब तक करते रहोगे? निकल पड़ो।

और अगर दूसरों द्वारा दी गई व्यर्थ नौकरी में फँसे ही हुए हो और जो असली काम है, उसको टालते ही जा रहे हो तो इसका अर्थ यह है कि

तुम्हें असली काम से कोई मोहब्बत ही नहीं है। तुम्हें जाना हो अपने प्रिय से मिलने और तुम एक वाहन में बैठे हो, वो वाहन नहीं ले जा रहा। तुम बैठे रहोगे उस वाहन में? तुम उतरोगे, तुम किसी दूसरी चीज़ का जुगाड़ करोगे।

तुमने जो दूसरा प्रबंध किया, वह भी तुम्हें दिखाई दिया कि व्यर्थ है। तुम किसी तीसरी चीज़ का प्रबंध करोगे। बात वाहन की नहीं है, बात प्रिय से मिलन की है। और ख़ुदा-न-ख़ास्ता ऐसी नौबत आ गई कि कोई वाहन, कोई साधन काम नहीं आ रहा तो अगर तुममें वास्तव में कशिश है, ललक है, वियोग की ज्वाला धधक रही है तो दौड़ पड़ोगे, यह नहीं कहोगे कि कोई वाहन आए।

बस भी असफल हो गई, ट्रेन भी असफल हो गई। अब किसी दिन यहाँ पर *एयरपोर्ट* बनेगा और फ़िर यहाँ जब पहला विमान उतरेगा तो मैं उसका पहला यात्री बनूँगा और फ़िर मैं उड़कर जाऊँगा। ये सब बातें छल की हैं, आन्तरिक धूर्तता की हैं।

तुम चल पड़ो न। कौन जाने, दो-चार किलोमीटर जाकर आगे कहीं तुम्हें बस मिल ही जाए। तुम जहाँ खड़े हो, वहाँ नहीं मिल रही न? अगले गाँव में मिल जाएगी। तुम चलो तो। कौन जाने कोई तुम्हारी तड़प देख करके ही तुम्हें सवारी दे दे। उसकी गाड़ी अंदर खड़ी थी, बंद खड़ी थी, और उसका कोई इरादा नहीं था सड़क पर उतारने का, पर उसने तुम्हारी ललक को देखा, उसने तुम्हारी प्यास को देखा। उसने कहा कि इस आदमी को मदद देना ज़रूरी है। और तुम्हारी ख़ातिर एक गाड़ी प्रकट हो गई जो थी ही नहीं। वो प्रकट इसलिए हुई क्योंकि तुम चल पड़े।

तुम चल पड़ो, साधन प्रकट हो जाएगा। तुम बढ़ो तो, तुम प्रमाण तो दिखाओ अपनी प्यास का। तुम कहते हो, "नहीं, साहब, हम तो इस्तीफ़ा उसी दिन डालेंगे जिस दिन दूसरी नौकरी पक्की हो जाएगी।" और पक्की भी नहीं, जाकर ठोक-बजाकर देख लेंगे, दो-चार दिन उस दफ्तर में बैठ आएँगे यहाँ से छुट्टी ले करके, और जब लगेगा कि सब ठीक है, उस दिन इस्तीफ़ा डालेंगे, उससे पहले इस्तीफ़ा ही नहीं डालेंगे।

तुम झूठे आदमी हो, तुम इस्तीफ़ा डालने से डर रहे। इस्तीफ़ा डालना पहली चीज़ होती है। यात्रा 'न' से शुरू होती है। जो उलझा हुआ है अपनी

नौकरी में, तुम कह रहे हो कि जिस नौकरी में हो, वो पसंद नहीं है, तो हो क्यों उस नौकरी में? जो उलझा हुआ है अपनी नौकरी में, उसका पहला कदम होना चाहिए इस्तीफ़ा डालना। उसके बाद फ़िर मदद उतरेगी, उसके बाद परमात्मा सहायता देगा।

तुम शर्त रखते हो। तुम कहते हो कि सहायता पहले आ जाए, फ़िर इस्तीफ़ा डालेंगे। ये तुम उलटी गंगा बहा रहे हो। इस्तीफ़ा डालो, कुछ दिन परेशान रहो, भटको। अपने-आप तुम्हारी सोई हुई शक्तियाँ उठेंगी, अपने-आप तुम राह बनाओगे। जो सोई हुई शक्तियाँ हैं, यही परमात्मा की मदद है। सोई हुई शक्तियाँ उठ बैठीं, माने परमात्मा ने मदद भेज दी। परमात्मा की मदद ऐसे ही थोड़े ही आती है कि तुम लेटे हुए थे, लड्डू गिरा तुम्हारे ऊपर। तुमने कहा कि ये देखो मदद आई है। तुम्हारा मन बदल गया, तुम्हारी प्रेरणा बदल गई, तुममें ऊर्जा उठने लग गई, यही परमात्मा का आशीर्वाद है।

जो विपदा देता है, तो तुम्हारा मन बदल देता है। और जब उसे आशीर्वाद भी देना होता है, तुम्हें विपदा से बाहर लाना होता है तो वो ऐसे ही तो वापस बाहर लाता है तुमको, तुम्हारे मन को बदलकर। तुम्हारी सृजनात्मकता उठ बैठेगी। तुम्हें ऐसे विचार आ जाएँगे जो पहले आते नहीं थे। पर वो विचार नहीं आएँगे जब तक पुराने दफ्तर में फँसे हुए हो। जबतक पुराने दफ्तर में फंसे हुए हो तब तक वही पुराना माहौल। कोई नया ख़्याल आएगा कहाँ से? पर तुम कहते हो, “नहीं, साहब, नया पूरी तरह आ जाए, तब पुराना छोड़ेंगे।” भक्क! झूठा। ऐसे होता है?

कुछ कामों में पहले अपनी पूर्ण रज़ामंदी दिखानी होती है, कहना होता है कि सत्य नहीं मिला तो झूठ से गुज़ारा नहीं कर लेंगे। परमात्मा यही जाँचता है कि कहीं तुम उनमें से तो नहीं जो झूठ से गुज़ारा कर रहे हैं। वो अपने-आपको छुपाता है। वो तुम्हारी परीक्षा लेता है। सत्य स्वयं को छुपाकर तुम्हें छूट दे देता है। अब अगर उसने अगर देखा कि तुम झूठ से ही सहमत हो गए, तुम झूठ से ही काम चलाने लग गए तो कहता है फ़िर कि तुम्हें सच की ज़रूरत क्या है।

उपनिषद कहते हैं कि सत्य का मुख छुपा हुआ है एक स्वर्णिम आवरण से। वो छुपाता है अपने-आपको, और तुम्हें क्या दे देता है? झूठ।

लो, खेलो। ये झूठे खिलौने हैं, इनसे खेलो। और वहाँ दूर बैठे-बैठे प्रतीक्षा करता है, नज़र रखता है। वो देखता है कि जो लोग खिलौनों के साथ अब मस्त हो लिए, उनसे कहता है कि तुम खिलौने ही रखो। असली चीज़ तुम्हें अब मिलेगी नहीं क्योंकि तुम तो खिलौनों में ख़ुश हो।

फ़िर कोई एक होता है, जो कह रहा होता है, खिलौना नहीं चाहिए। वो खिलौना अलग रख देता है, कहता है, "या तो पूरा दो या तो कुछ नहीं। असली चीज़ चाहिए, खिलौनों से काम नहीं चलेगा।" उनके पास परमात्मा स्वयं आता है। पहली चीज़ यह है कि तुम इंकार करो झूठ से, तुम इंकार करो, फ़िर सच उतरेगा। ऐसे ही चलता है। नहीं तो,यह तो दुनियाभर का बहाना है कि साहब, हम भी सच्चा जीवन जीना चाहते हैं, पर क्या करें पाबंदियाँ बहुत हैं, मजबूरियाँ बहुत हैं।

तुम्हारा मजबूरियों में काम चल रहा है, गुज़ारा चल रहा है, इसलिए मजबूरियाँ हैं। तो मजबूरियों से बाहर आओ, अपने-आप एक नई दुनिया खुलेगी। पर जहाँ तुम बैठे हो, वहाँ बैठे-बैठे तो कोई दुनिया नहीं खुलने वाली। तुम पहले बाहर आओ। पहल तुम्हें करनी पड़ेगी, परमात्मा की ओर से कोई पहल नहीं होगी। गरजमंद तुम हो, गरज तुम दिखाओ।

प्यासा जाएगा कुएँ के पास। वह वो ज़रा टेढ़ा प्रेमी है, वो कहता है, "उन्हीं के पास जाऊँगा जिनका मेरे अलावा किसी से गुज़ारा नहीं चलता। जिन्हें दूसरे प्रेमी मिल जाते हैं, उनके पास वो जाता ही नहीं।" वो कहता है, "तुम्हें मिल तो गया। अब मैं काहे को आऊँ?" जिसका कोई नहीं, उसका ही ख़ुदा है, यारों। तुम्हें कोई और मिल गया, वो तुम्हारे पास आएगा नहीं। मिली तो हुई है नौकरी, कर तो रहे हो। अब तुम्हें हमारी बंदगी क्यों चाहिए?

जब तुम संतुष्ट हो उसी से जिस हाल में तुम्हारा जीवन चल रहा है, तो फ़िर तुम्हें मैं क्यों उपलब्ध होऊँ? मैं तो आता हूँ संतुष्टि देने के लिए। मैं किसी के पास भी क्यों आता हूँ? संतुष्टि देने। और संतुष्टि अगर तुमको खेल-खिलौनों और झूठों में और छलावों में मिल गई है, तो मेरे आने की क्या ज़रूरत? संतुष्टि तो तुम्हें मिले ही हुई है। ऐश करो।

तुम पहले ज़ाहिर कर दो कि झूठ नहीं चलेगा, फ़िर सच आएगा, मजबूर होकर आएगा। भक्त खींच लाता है भगवान को, साधक खींच

चलाता है सत्य को। तुम्हारी यह ज़िद होनी चाहिए कि सच नहीं तो कुछ नहीं, फ़िर वो उतरेगा। तुम ज़िद करते ही नहीं, तुम तो समझौता करते हो, समायोजन करते हो। परमात्मा कहता है, "ठीक है। हो गया न समझौता? काम चल रहा था तुम्हारा? बस चलाओ काम। दिमाग मत चलाना।"

बैठे-बैठे सोचोगे अगर कि अगर इस्तीफ़ा दे दिया अगर, ये नौकरी छोड़ दी तो फ़िर क्या होगा। तो एक-से-एक उपद्रवी और पैशाचिक ख़्याल आएँगे दिमाग में। दिखाई देगा कि भूखे मर रहे हैं, परिवार भी भूखा मर रहा है, ठोकर खा रहे हैं और गालियाँ दे रहे हैं कि न जाने किस दिन इस्तीफ़ा दिया था, किसकी बात में आ गए, बहक गए। सोचोगे तो नहीं होगा, अगर वास्तव में तंग आ चुके हों तो छोड़ दो।

और मैं नहीं जानता कि किस नौकरी में हो। मैं तुम्हारी बात पर चल रहा हूँ कि वो नौकरी वास्तव में हीन कोटि की है। अगर नहीं है हीन कोटि की, तो मेरी बातों को भूल जाना। फ़िर करते रहो नौकरी। ये न हो कि अच्छी-ख़ासी जगह पर हो और उत्तेजना में आकर क्रांति कर बैठे। तो मुझे नहीं मालूम कि कहाँ पर हो। जाँच लेना अच्छे से कि वास्तव में यह जगह हीन है। हीन है तो तत्क्षण त्याग देना, हीन नहीं है तो क्यों मेरा समय खराब करते हो? अपना भी।

हीनता जाँचने का एक ही पैमाना है। क्या वो जगह तुम्हें बेचैन कर रही है? सत्य से दूर रख रही है? क्या उस जगह पर होने के कारण दिमाग में पचास तरह के ऊधम चलते रहते हैं, उपद्रव होते रहते हैं? क्या उस जगह पर होने की अनिवार्यता ये है कि तुम झूठ का साथ दो, हिंसक रहो? ये सब बातें अगर हैं तो सिद्‌ध होता है कि वो जगह क्षुद्र कोटि की है। फ़िर छोड़ना, अन्यथा नहीं।

23

कामिनी का अर्थ हमेशा स्त्री से क्यों जोड़ा जाता है?

स्त्रियाँ प्रेम में उन्मत्त होकर जिस काम को करने लग जाती हैं, ब्रह्मा भी उन्हें उस काम से नहीं हटा सकता।

—शृंगार शतकम्, श्लोक ५४

प्रश्नकर्ता: ओशो ने स्त्री पर कहा है कि जब कोई स्त्री अपने को तुम्हारे चरणों में रख देती है, तब अचानक तुम्हारे सिर पर ताज की तरह बैठ जाती है। यह स्त्री क्या है? समझाएँ।

आचार्य प्रशांत: कुछ विशेष नहीं। पुरुषों से बात कर रहे थे तो इसलिए कह दिया कि स्त्री तुम्हारे चरणों में बैठ जाती है तो तुम्हारे सिर का ताज हो जाती है। यही बात पुरुषों के संबंध में भी लागू होती है। जो कुछ भी तुम्हें लगता है कि तुम्हारी मालकियत में आ गया, वह तुम्हारा मालिक हो जाता है, क्योंकि तुम उसके साथ अपनी पहचान जोड़ लेते हो। तुम किसी स्त्री के मालिक हो गए, ये बात तुम्हारे जीवन में अब महत्वपूर्ण हो

गई, तुम्हारे मन में घूमने लगी, तुम्हारी अस्मिता का आधार बन गई।

मैं कौन हूँ? मैं फलानी का मालिक हूँ। अब मालिक बना रहना है तो कीमत अदा करोगे न। कीमत अब वो बढ़ सकती है। यही बात पुरुष पर भी लागू होती है। स्त्री ने अपनी पहचान पुरुष के साथ जोड़ ली तो अब वो कीमत ऐंठ सकती है। बात इतनी-सी ही है।

पूछ रहे हो, "स्त्री क्या है?" जिस अर्थ में पुरुष और प्रकृति का निरूपण किया गया है, उस अर्थ में स्त्री माया है। इसका अर्थ यह नहीं है कि जो दैहिक स्त्रियाँ हैं, उन्हें माया कहा जा रहा है, कि आप किसी औरत को आता जाता देखें, उसे कहें ये माया है।

संतों ने इतना समझाया कि कंचन-कामिनी से डरना। मुझे बहुत बार यह प्रश्न आया है कि "क्या सब संत स्त्री विरोधी रहे हैं?" काम का अर्थ होता है इच्छा। जो कुछ भी तुम्हें अपनी इच्छा के फलस्वरूप आकर्षक लगे, वो कामिनी है। स्त्री को यदि कुछ लुभा रहा है, मान लो कुछ भी, कोई घर, कि ज्ञान, कि सोना, कि पुरुष, गाड़ी कुछ भी है जो स्त्री को लुभा रहा है, तो स्त्री के लिए वो गाड़ी कामिनी है।

कोई गाड़ी है, कोई कार जो किसी स्त्री को आकर्षित कर रही है, तो स्त्री के लिए कार क्या हो गई? कामिनी हो गई। अब स्त्री और कार में स्त्री कौन है? कार। समझना बात को। अब स्त्री और कार में स्त्री कौन है? कार।

तो स्त्री का अर्थ समझो। जो कुछ भी तुम्हें कामना के कारण आकर्षक लगे, उसे स्त्री जानना। तो स्त्री को अगर पुरूष कामना के कारण आकर्षक लग रहा है तो पुरूष क्या है? स्त्री। इस अर्थ में संतों ने 'स्त्री' शब्द का इस्तेमाल किया है। तुम पूछ सकते हो, "तो जो कामना के कारण आकर्षक लग रहा, उसको पुरुष क्यों नहीं बोल दिया?" इसलिए नहीं बोल दिया क्योंकि ऐसी गोष्ठियों में, ऐसे सत्संग में अधिकांश जनता बैठती थी, वो पुरूषों की होती थी। और चूँकि ये जो दैहिक शोषण होता है, इसका एक मज़बूत तीव्र आकर्षण होता ही है स्त्री की ओर, तो स्त्री को, दैहिक स्त्री को प्रतीक बना लिया गया। ठीक ही किया गया।

पर उस प्रतीक को बहुत आगे तक मत खींचो। कामिनी माने स्त्री नहीं। जो कुछ भी, किसी को भी, आकर्षित करे, वो कामिनी। स्त्री को

पुरुष ने आकर्षित किया। उस पुरुष को क्या नाम देना चाहिए? कामिनी। वो पुरुष कामिनी है। पुरुष को पुरुष ने आकर्षित कर लिया। वो पुरुष कौन है? वो कामिनी है। तुम्हारे काम के कारण जो तुम्हें भला लगा, आकर्षक लगा प्यारा लगा, उसका नाम – कामिनी। पुरुष के लिए स्त्री कामिनी, स्त्री के लिए पुरुष कामिनी। और संतों ने कहा कि कंचन-कामिनी से बचना।

तो कहा कि "अगर आकर्षक लगने वाली चीज़ को नाम कामिनी ही देना है तो कंचन अलग से काहे को बोला?" उसका कारण यह है कि काम भी दो धाराओं में बाँटता है, एक धारा होती है जो कहती है कि शरीर से सुख मिल जाएगा, दूसरी धारा होती है जो कहती है कि मन से सुख मिल जाएगा। सोना इकठ्ठे करने वाला कहता है कि सोना मिल जाए बहुत सारा तो परमात्मा मिल गया और एक दूसरा होता जो कहता है कि स्त्री के साथ सोना ही परमात्मा है। तो इसलिए कंचन और कामिनी दोनों का नाम अलग-अलग लिया गया।

एक दैहिक सुख में परमात्मा खोज रहा है और एक मानसिक सुख में परमात्मा खोज रहा है। सोना कोई तुम्हें दैहिक सुख तो देता नहीं, सोना तो बस मानसिक सुरक्षा की भावना देता है—मानसिक सुरक्षा, मानसिक श्रेष्ठता। मैं सोना जमा किए हूँ; मैं श्रेष्ठ हूँ और मैं सुरक्षित हूँ।

24

जीवन खेल है, पर किसके लिए?

प्रश्नकर्ता: जितने भी प्रश्न आएँ हैं, उनमें एक बात जो सबमें साझा है, वो यह है कि जो हम सुनकर आएँ, जो हमने समझा, जो हमने पढ़ा, उसको जब हम ज़मीन पर प्रयोग करने उतरें तो न सिर्फ़ वो बात बदली, बल्कि पूरा जो खेल था, वही बदल गया।

और उसमें से एक प्रश्न है कि जो आपकी उक्ति है – *इफयूकैननॉटफाइटऑनदस्ट्रीट्स, स्पिरिचुअलिटीइज़नॉटफॉरयू* (अगर आप गलियों में लड़ नहीं सकते, तो आध्यात्मिकता आपके लिए नहीं है), इसके बारे में उन्होंने जिज्ञासा की है।

जो आज के पूरे सत्र का आयोजन भी है, वह पूरी तरीके से इस उक्ति से मेल खाता है कि कोई *आर्टिफिशियलसेटिंग*(कृत्रिम व्यवस्था) नहीं है, जैसे कि हम हैं खेल के मैदान में, उसी में हम सत्र कर रहे हैं।

तो प्रश्न यह है कि खेल का मैदान और ज्ञान, ये दोनों क्या दो बातें हैं। और अगर ये दोनों एक ही बातें हैं, तो जिस तरीके से गुरुओं ने आज तक ब्रह्मज्ञान को हमें समझाया है, जो भी परिभाषाएँ और *टर्मिनोलॉजीज़* (शब्दावलियाँ) इस्तेमाल करी हैं, वो खेल के मैदान से इतनी उठी हुई और *एब्स्ट्रैक्ट* (अमूर्त) क्यों मालूम होतीं?

आचार्य प्रशांत: ये बिजली के तार हैं इधर, इन्हीं से प्रकाश हम तक आ रहा है। अब कोई आम आदमी हो जिसे विज्ञान का कुछ पता नहीं, तो वो इन तारों को देखेगा और इस रोशनी को देखेगा और उसे इन दो के अलावा तीसरा कुछ पता नहीं चलेगा। उसके लिए खेल के मैदान का मतलब है ज़मीनी हक़ीक़त, और ज़मीनी हक़ीक़त मानें ये बल्ब और तार। वो कितना खेल सकता है? न वो ये जानता कि इस प्रकाश का स्रोत क्या है, न वो ये जानता कि विद्युतीय बहाव क्या है। न वो ये जानता कि रौशनी कम-ज़्यादा कैसे होती है, न ये जानता कि तार कितना गर्म होता है और कितनी बाधा, कितना प्रतिरोध देता है।

अब ऐसे आदमी को तुम किसी शिक्षक, किसी वैज्ञानिक, विज्ञान के किसी ज्ञाता के पास ले जाओ, और वो बात करने लगे *ऐम्पियर* की, *वोल्ट* की, *रेजिस्टेंस* की, वो बात करें इलेक्ट्रॉन के बहाव की, वो बात करें *रजिस्टर, कंडक्टर, सेमीकंडक्टर, सुपरकंडक्टर* की। तो ये जो आदमी है, जो खेल का मतलब बस तार और बल्ब जानता है, वो कहेगा, “नहीं, नहीं, नहीं, ये सब बेकार की बातें हमें मत बताओ। हमें *ऐम्पियर* से क्या लेना-देना? *इलेक्ट्रॉन* से क्या लेना-देना? हमें वोल्टेज से क्या लेना-देना? हमें तो प्रकाश के बारे बताओ।

और बताने वाला समझा रहा है कि देखो, तार कई प्रकार के होते हैं। ताँबे के तार के अलग गुण होते हैं, *एल्युमिनियम* के तार के अलग गुण होते हैं। और कहीं तुम सिरेमिक का कोई तार बना दो, तो बिलकुल ही अलग हो जाएगा। पर हमारे साहब, जो खेलने में उत्सुक हैं और ज्ञान में नहीं, वो विवाद करेंगे, वो विरोध करेंगे, वो कहेंगे, “देखो, तुम हवा-हवाई बातें कर रहे हो। तुम बिलकुल वैसी ही बातें कर रहे हो जैसे अध्यात्म में ब्रह्म की और निर्वाण की, और मन की और माया की होती है। न हम ब्रह्म जानना चाहते हैं, न निर्वाण जानना चाहते हैं, न हम मन जानना चाहते, न माया जानना चाहते हैं; हम तो बस आनंद चाहते हैं।“

हमारा भाई अडिग है। वो कह रहा है, “मुझे नहीं समझना है कि *पावरप्लांट* क्या होता है? हमें यह नहीं समझना कि *ट्रांसफॉर्मर* क्या होता है? एसी-डीसी से हमें कोई मतलब नहीं। *रेजिस्टेंस, ट्रांसमिशन, ट्रांसमिशनलॉस*, इनसे हमें कोई मतलब नहीं। हमें तो मतलब बस

प्रकाश से है।"

साम्य देखना। एक आदमी है जो कह रहा है, "जीवन में आनंद चाहिए," पर हम समझना नहीं चाहते कि मन क्या, माया क्या, समाधि क्या, वृत्तियाँ क्या, प्रेम क्या, सत्य क्या। हम यह सब कुछ नहीं समझना चाहते। बस जीवन हमें आनंद से परिपूर्ण चाहिए।

उसी तरीके से ये भाई हमारा, ये कह रहा है, "मैं कुछ नहीं समझना चाहता कि चुम्बकीय क्षेत्र क्या होता है, विद्युत का बहाव क्या होता है। मुझे तो बस प्रकाश से मतलब है। प्रकाश की बात को वो कहता है कि यह ज़मीनी बात है। प्रकाश की बात को कहता है कि ये ज़िंदगी की बात है, ये खेल के मैदान की बात है और इलेक्ट्रॉन उसको कल्पना की बात लगती है। इलेक्ट्रॉन को वो कहता है, "देखो, ज्ञान मत झाड़ो। हमें इलेक्ट्रॉन वग़ैरह मत बताओ।"

जैसे इस बल्ब के प्रकाश का तुम्हें कुछ पता नहीं, और फिर बल्ब के प्रकाश के सामने तुम वैसे ही हो जैसे बल्ब के सामने कोई खंभा हो, उस पर भी प्रकाश तो पड़ता ही है। उस खंभे पर प्रकाश पड़ रहा है, पर उसे प्रकाश का न कुछ पता है, न कोई स्वाद मिल रहा है। कहीं रौशनी जलती हो, रौशनी तमाम तरह के जड़ पदार्थों, पत्थरों, रेत, सब पर पड़ती है। उन्हें क्या मिल गया प्रकाश से? उन्हें प्रकाश से जो मिल भी गया, वो मिली हुई चीज़ भी जड़ ही है। हो सकता है, प्रकाश उन पर पड़े तो उनका तापमान बढ़ जाए। उसमें कोई चेतना नहीं, उसमें कोई बोध नहीं।

ठीक इसी तरीके से, प्रकाश से अगर हम बोध का संबंध नहीं रखेंगे तो प्रकाश हमारे लिए अनजाना रह जाएगा, अनुपयोगी रह जाएगा। जिन्हें आनंद चाहिए हो, वो मन की गहराइयों में उतरें। वो समझें कि आत्मा क्या, सत्य क्या, संसार क्या, मन क्या, चैन क्या, प्रेम क्या, वियोग क्या। जिन्होंने ये नहीं समझा, उनके लिए सत्य इत्यादि की कोई संभावना है नहीं। आनंद उनके जीवन से दूर-दूर ही रहेगा।

ठीक वैसे, जैसे बल्ब के सामने का खंभा प्रकाश पाते हुए भी प्रकाश से बहुत दूर है। ठीक वैसे ही जैसे जिस पात्र में जल भरा हो, उसको उस जल से कुछ मिल नहीं जाता। जल भर दो, शरबत भर दो, रस भर दो, पात्र को कोई स्वाद नहीं मिलता। रसोई में एक चमचा रखा होता है, उससे तुमने

न जाने क्या-क्या उठाकर खाया होता है, चमचे को क्या पता चले?

वैसे ही प्रकाश तुम पर पड़ता रहेगा, तुम्हें प्रकाश कुछ पता नहीं चलेगा। कहने को संपर्क है, पर उस संपर्क से तुम्हारे जीवन में कोई प्रदीप्ति नहीं, उस संपर्क से तुम्हारे जीवन में कोई उत्सव नहीं है। उस संपर्क से तुम खिलखिला नहीं उठे हो।

जानों! जाने बिना खेल नहीं पाओगे। तुम जीवन को ले सको खेल के मैदान की तरह, इसीलिए तो गुरुओं ने जीवन को समझाया है तुम्हें। सिर्फ़ एक ब्रह्मज्ञानी के लिए ही जीवन खेल का मैदान है, बाकियों के लिए तो जीवन यंत्रणा का मैदान है, त्रास का मैदान है। बाकियों के लिए जीवन मैदान भी कहाँ है? वहाँ उबड़-खाबड़ गड्ढे हैं, कठिनाइयाँ हैं, अगम चढ़ाइयाँ हैं, हिंसक पशु हैं, अतल खाइयाँ हैं।

खेल वही सकता है जो खेल के नियम समझ गया हो। खेल वही सकता है जिसे अब खेलने से भय न लगता हो। शतरंज का तुम्हें कुछ पता नहीं और तुम्हें बैठा दिया जाए काले-सफेद मोहरों के साथ। तुम करोगे क्या? खाओगे उन्हें? वजीर को उठाकर राजा पर देकर मारोगे? घोड़े को हाथी पर चढ़ा दोगे? क्या करोगे? तुम कुछ जानते ही नहीं कि ये खेल क्या, तुम कहोगे, “बड़ी अजीब बात है। चौकोर काले-सफेद खाने, और उस पर इतने सारे मोहरे दे दिए गए, इनका करना क्या है?”

किसी ऐसे को शतरंज की बाजी के सामने बैठाकर देखना जो शतरंज का कुछ न जानता हो, और फिर तुम्हें पता चल जाएगा कि हम खेलने से वंचित क्यों रह जाते है। और फिर देखना उनको जो जानते हैं शतरंज को, देखना कि वो कैसे डूबे हुए खेलते हैं। जानोगे तो डूबोगे, जानोगे तो खेलोगे।

मैं स्क्वाश खेलने जाता हूँ। वहाँ पर जो *कोच* (प्रशिक्षक) हैं, एक दिन वो आए और मुझसे शिकायत करने लगे, बोलने लगे कि विचित्र लोग आज-कल स्क्वाश खेलने आने लगे हैं। एक कोई है जो टेनिस का रैकेट लेकर घुस गया स्क्वाश खेलने, एक है जो स्क्वाश की गेंद लेकर बाहर कहीं दीवार पर बजा रहा था। अब दो बातें देखना – पहली बात, खेल हुआ नहीं और दूसरी बात, कटुता आई, विषाद आया, शिकायत आई।

अब तुम बैडमिंटन या टेनिस के रैकेट से स्क्वाश खेलो तो क्या ही खेलोगे? खेलने में कोई रस भी नहीं आया और दूसरों से संबंध भी खराब हुए, जिन्होंने देखा, उन्होंने अनाड़ी कहा। तैराकों से पूछो तैराकी का आनंद। कोई घंटों झील में घुसा है, कोई नदी में। और किसी अनाड़ी को डाल दो पानी में कि तू खेल, 'छपक-छपक', क्या होगा उसका? डूब मरेगा।

ज्ञानी के लिए, जिसके पास जीवन कौशल्य हो, उसके लिए पानी बहुत बड़ा खेल है। उस खेल से उसे आनंद भी मिलता है, स्वास्थ्य भी मिलता है, ताज़गी मिलती है, स्फूर्ति मिलती है। उसके लिए तैरना ध्यान बराबर भी हो सकता है और जो तैरना न जानता हो, उसके लिए वही खेल का मैदान, वही झील, वही पानी, वही नदी मौत है, महाकष्टप्रद मौत है। और मृत्यु आए-न-आए, भय से तो वो पल-पल मरता रहेगा। दिखेगा कि सामने समंदर है। लोग कह रहे हैं कि जा और खेल, और जीवन भी आमंत्रित करता है कि जाओ खेलो, और ये जानता है कि खेलने की इसमें पात्रता नहीं। निरंतर डरा हुआ रहेगा कि समंदर लील न ले।

तीन-चार तरह के लोग होते हैं, थोड़ा समझना। एक खेल का उदाहरण लेता हूँ, मान लो *बाइकरेसिंग* या *काररेसिंग, एफ़-वन* सरीखी। अब एक आदमी है जो गाड़ी को समझता ही नहीं, उसे कुछ नहीं पता अपनी गाड़ी का। *क्लच, गियर, इंजन*, वो कुछ नहीं जानता। खेलना तो छोड़ दो, ये तो छू भी नहीं पाएगा खेल की वस्तु को।

इससे ज़रा ऊपर के तल पर आता है मिस्त्री, *मैकेनिक*। *मेकैनिक* को कुछ नहीं पता कि कैसे *इंजन* काम करता है। उससे तुम पूछो कि इसका जो *इंजन* है, ये कौन से *साइकल* पर चलता है? डीज़ल साइकल है? पेट्रोल साइकल है? तमाम तरह की साइकिलों का उसके सामने नाम ले दो; रेन्काइन साइकिल बोल दो,कार्नो साइकिल बोल दो।

उससे पूछो, कि बताओ, कैसे इसमें ईंधन ऊर्जा बनता है? बताओ, तापमान में और दबाव में क्या संबंध है? मिस्त्री को ये सब कुछ नहीं पता। मिस्त्री से तुम कहोगे कि ये जो अभी हुआ परिवर्तन, ये *एडीएबेटिक* था कि *आइसोथर्मल* था? तो मैकेनिक कहेगा, "ये कैसी बात कर दी?" लेकिन ये जो मिस्त्री है, ये गाड़ी की मरम्मत फिर भी कर देता

है। बड़ी अजीब बात है, ये कुछ-कुछ जानता गाड़ी के बारे में, ये मरम्मत फिर भी कर देता है।

इससे तुम यही पूछ दो कि इसमें जो ईंधन डला है, उसकी *कैलोरीफ़िकवैल्यू* बता दो। बता दो कि ईंधन के एक अणु से कितनी ऊर्जा फूटती है और फिर इस इंजन की *इफिशियंसी*(कार्यक्षमता) बताओ, तो वो कुछ नहीं बता पाएगा, लेकिन फिर भी आपकी गाड़ी की मरम्मत तो कर ही देता है। कम-से-कम जो बाहर-बाहर की चीज़ें होती हैं, उनकी मरम्मत कर देता है। टायर की मरम्मत कर देगा, *साईलेंसर* की मरम्मत कर देगा, *रेडिएटर* की मरम्मत कर देगा। *मैकेनिक* ये सब जानता है, बिना गाड़ी को समझे हुए भी वो गाड़ी के साथ कुछ-कुछ कर लेता है। ये उस निचले तल के आदमी से तो बेहतर ही है जो गाड़ी के बारे में कुछ नहीं जानता।

उसके बाद आता है इंजीनियर। इंजीनियर सब समझता है तकनीक के बारे में। वो जानता है कि कोई कौन सी चीज़ कहाँ क्यों लगाई गई है और किस तरह से काम करती है। जो काम मैकेनिक नहीं कर पाएगा, वो इंजीनियर कर देगा। गाड़ी में छोटी-मोटी दिक्कत होती है, मिस्त्री काफ़ी होता है। बड़ी दिक्कत होती है तो मामला इंजीनियर तक जाता है फिर। गाड़ी की पूरी व्यवस्था को उलट-पुलट कर सकता है इंजीनियर। गाड़ी के एक-एक पुर्जे के बारे में सब कुछ जानता है इंजीनियर। लेकिन इंजीनियर भी आखिरी नहीं है।

गाड़ी बन गई, तब तो इंजीनियर उसका मालिक हो गया, पूरी तरह से खेल लेगा उसके साथ। पर गाड़ी के बनने के पीछे जो विज्ञान है, जो शोध है, उससे इंजीनियर पूरी तरह से वाकिफ़ नहीं होता। वो काम फिर वैज्ञानिक का होता है। शोधकर्ता का, रिसर्चर का होता है। यह चौथे तल का हुआ। ये अब पूरे तरीके से खेल सकता है।

जो जितना जानेगा, वो उतना ज़्यादा खेल पाएगा। खेल पाने से आशय समझो। जो शोध के ही स्तर पर पहुँच गया जो, ज्ञान की पराकाष्ठा पर पहुँच गया, वो तो नए-नए खेलों का निर्माण भी कर सकता है। *बाइकरेसिंग* के लिए हो सकता है कि वो एक नई बाइक ही बना दें कि "लो, इससे खेलो, अब आएगा और आनंद।"

काररेसिंग में आज जो कारें प्रयुक्त होती हैं, वो आज से पचास साल पहले नहीं इस्तेमाल होती थीं। वो किन्होंने बनाई? उन्होंने बनाई जो कार का विज्ञान समझते हैं, जो जानते हैं कि अणु को जला करके ऊर्जा कैसे प्राप्त करनी है और फिर उस ऊर्जा को नियंत्रित करके उससे एक वाहन को कैसे गतिमान करना है।

खेलने के लिए समझदारी चाहिए, खेलने के लिए बोध की गहराइयाँ चाहिए। पर हम बोध को और खेल को दो अलग-अलग आयाम बना देते हैं। अगर ऐसा कर रहे हैं तो निश्चित रूप से हम या तो अनाड़ी के तल पर हैं जो गाड़ी को जानते ही नहीं या फिर मिस्त्री के तल पर हैं। अब मिस्त्री हो करके गाड़ी से आप क्या ही संबंध रखोगे। ठोक-पीटकर रखोगे। आप गाड़ी की एक नई अभियोजना तो बना नहीं दोगे न।

आपसे कहा जाए, एक नया डिज़ाइन ही लेकर आओ, एक पूर्णतया नई अभिकल्पना। आप मिस्त्री हो, आप क्या लेकर आओगे? आपसे कहा जाए, एक नया इंजन बनाना है, जिसमें टॉर्क ज़रा कम हो और पावर ज़रा ज़्यादा हो। आप मिस्त्री हो, आप ये नहीं कर पाओगे। आप इंजन के साथ बीस साल से लगे हों, फिर भी आप नहीं जानते कि टॉर्क क्या चीज़ होती है? हाँ, आप ये जानते हो कि इंजन में किस जगह पर एक लाल तार लगता है? कहाँ काला तार लगता है? कौन-सा नट कहाँ है, कौन-सा बोल्ट कहाँ है, और कौन-सा हिस्सा खुल कैसे जाएगा, उसकी सफाई कैसे हो जाएगी, और फिर वो हिस्सा वापस स्थापित कैसे कर दिया जाएगा, इतना आप जानते हो। आप क्या हो? आप मिस्त्री हो।

और मिस्त्री को आप समझाने जाओ इंजन का विज्ञान, तो बहुत संभव है कि वो कहे कि "बाबा हटो, हमें हमारा धंधा-पानी करने दो। वही हमारा खेल है।" वो गाड़ियों का मिस्त्री है और तीस साल से यही कर रहा है, गाड़ियों की मिस्त्रीगिरी। और तुम उसको समझाने गए कि पदार्थ और ऊर्जा का संबंध क्या है, तुम उसे समझाने गए कि *पेट्रोलियम* को, *क्रूड* को जब *रिफाइन* (परिशोधित) किया जाता है तो उसमें से कितने तापमान पर और कितने दबाव पर क्या-क्या पदार्थ निकलते है, तुम उसे समझाने गए कि *गियर* में और *ट्रांसमिशन* में क्या संबंध है, और वो कह रहा है, "अरे! हटो न, ये सब बेकार की बातें हैं। हमें हमारा धंधा चलाने दो।"

उसको यह समझ में भी नहीं आ रहा है कि वो जो धंधा चला रहा है, उस धंधे को चलाने के लिए ही ये ज्ञान आवश्यक है और अगर वो ये ज्ञान नहीं लेगा तो आजन्म मिस्त्री ही बना रह जाएगा। हममें से ज़्यादातर लोग या तो मूढ़ता की ज़िंदगी जीते हैं या मिस्त्री की। वैज्ञानिक तो नहीं ही हैं हम, इंजीनियर भी नहीं हैं। हम जो कुछ कर रहे हैं, हमें उसी का पता नहीं और चाहते हम ये हैं कि उसमें हमारी दक्षता इतनी हो जाए कि हम खेल सकें।

खेलना कोई बच्चों का काम है? जो बहुत बड़ा हो जाता है, सिर्फ़ वही खेल सकता है। बच्चों को खेलना नहीं आता। चुहलबाजी को खेल नहीं कहते, अनाड़ीपन और मूर्खता को खेल नहीं कहते, चलने और गिर पड़ने को खेल नहीं कहते। खेल है कुशलता की पराकाष्ठा, खेल है साधना, खेल है योग। कि जब तुम्हारा अपने ऊपर इतना संयम आ जाए, इतना नियंत्रण आ जाए कि तुम अपने से बाहर की वस्तुओं के साथ एक मधुर नियंत्रण स्थापित कर सको,

कि जैसे कोई फुटबॉल खिलाड़ी है और वो विपक्षी दल को चीरता हुआ निकल रहा है गेंद के साथ, जैसे फुटबॉल उसके इशारों पर नाच रही हो। फुटबॉल तुम्हारे इशारों पर नाचे, फुटबॉल पर तुम्हारा नियंत्रण आ जाए, उसके लिए पहले स्वयं पर नियंत्रण चाहिए न।

खेलना, फिर कहता हूँ, कोई बच्चों की बात है? कोई हॉकी खिलाड़ियों को *ड्रिबलिंग* करता आगे बढ़ रहा है, लग रहा है कि गेंद उसकी हॉकी से चिपक गई है। ये है खेल। इतना कौशल, इतना नियंत्रण, इतनी मौजूदगी कि पदार्थ अब आपकी आज्ञा मान रहा है। आप कह रहे हो, “तू कहीं जाएगी नहीं,” और गेंद जा भी नहीं रही है। आपने साध लिया है अपने-आपको, क्योंकि गेंद को तो कोई क्या ही साधेगा, अपने-आपको ही साधा जाता है। आपने अपने स्पर्श को इतना साध लिया है कि गेंद अब आपसे चिपक गई है। आप जहाँ चाहते हो, वहीं जा रही है गेंद। और जितनी गति से चाहते हो और जिस समय चाहते हो, वहीं जा रही है गेंद।

ये मूढ़ों की बात नहीं, ये आलसियों की बात नहीं, ये अज्ञानियों की बात नहीं है। इसके लिए बड़ा जागरूक, बड़ा संवेदनशील प्राणी चाहिए। फुटबॉल के अच्छे खिलाड़ी को अगर आप ज़रा ज़्यादा भरी हुई गेंद दे दें,

वो तुरंत बता देगा, वो कहेगा, “हवा का दबाव ज़्यादा है, कम करो।”

हमें क्या पता चलता है कि जीवन में क्या ज़्यादा है और क्या कम है? हम खेलेंगे कैसे? हमारी तो हालत ये है कि फुटबॉल के नाम पर हमें पत्थर रख दिया तो उसी पर ठोकर मार देंगे, “खेलने का सामान आ गया है, मारो इस पर लात।” अब भाई घूम रहे हैं टाँग तुड़वाकर छह महीने।

एक वैज्ञानिक खेलता है पदार्थ के साथ। ये कैमरा, ये फोन, ये बल्ब, ये पंखा, ये कंप्यूटर, ये और क्या है? वैज्ञानिक ने खेल खेला है पदार्थ के साथ। वो समझ गया है पदार्थ हो और वो पदार्थ को मनचाहा रूप दे रहा है। हम भी समझ जाए जीवन को तो जीवन को वो रूप दे सकते हैं जो मेरे मन की चाहत है, पर हम समझते नहीं। और कोई वैज्ञानिक हो, पदार्थ को समझता न हो, और वो चाहे कि वो आविष्कार कर ले, कोई नव निर्मित कर ले, तो मूर्ख है, यह हो नहीं पाएगा। मिस्त्रीगिरी वो कर सकता है, नवनिर्माण नहीं।

प्रः यहीं से दो सवाल। जो फॉर्मूला वन ड्राइवर रेसर है, वह वैज्ञानिक तो नहीं है, लेकिन वह गाड़ी अच्छी चला देता है। तो दूसरी तरफ़ क्या हम ऐसा कह सकते हैं कि जो वैज्ञानिक होगा, वह जब गाड़ी चलाएगा, उससे बढ़िया गाड़ी कोई और नहीं चला सकता?

आचार्यः दोनों कलाओं के आयाम में अंतर है। गाड़ी चला पाना और गाड़ी को जन्म दे देना, दोनों के आयाम में बहुत अंतर है। एक कोई था जिसने गाड़ी को जन्म दे दिया तो करोड़ों हैं जो गाड़ियाँ चला रहे है। वे तो गाड़ी का सिर्फ़ उपयोग कर रहे हैं।

किसको याद करते हो तुम, रेडियो के आविष्कारक को या उन अरबों लोगों को जो रेडियो सुनते हैं? तो किसको याद करोगे, उस वैज्ञानिक को जिसने तुम्हें गाड़ी का इंजन दिया या उन करोड़ों लोगों को जो गाड़ियाँ चला रहे है? किसकी स्मृति संजोओगे, किसकी मूर्ति चौराहों पर खड़ी करोगे, इतिहास में किसको दर्ज करोगे। हर उस आदमी को जो चौराहों के इर्द-गिर्द गाड़ी चला रहा या उस एक को जिसके ज्ञान से जिसकी पैठ से गाड़ी का जन्म ही हो गया हो। तो दोनों चीज़ों में फ़र्क़ है।

जब मैंने कहा कि खेल, तो खेल से मेरा आशय यह नहीं है कि तुमने गाड़ी चला ही ली। खेल से मेरा आशय यह है कि वह खेल जो गाड़ी को जन्म दे देता है। गाड़ी में बैठने वाले तो बहुत हैं। गाड़ी में तो तुम्हें लठ को भी लाद सकते, एक लठ को लो और उसको गाड़ी की पिछली सीट पर लाद दो। वह लठ और ज़्यादा जड़ और मूढ़ हो जाएगा गाड़ी की संगति में, कि जैसे कभी कोई आधुनिकतम विमान हो और उससे उतरता हो कोई गँवार।

वैसा ख़ूब होता है, दिखा है कि नहीं? जड़, अज्ञानी, अहंकारी, स्थूल चित्त वाला, और चढ़ा किस पर हुआ था? विज्ञान की सूक्ष्मतम आविष्कृति पर। और यह बड़ी विसंगति की बात है, जैसे कि एक पागल आदमी एक आधुनिकतम बंदूक इस्तेमाल कर रहा हो। उस बंदूक में समझ की, शोध की जो बारीकियाँ निहित हैं, उसको देखो और इस मूढ़ व्यक्ति का भोथरा चित्त देखो। लेकिन अजीब बात है कि चूँकि इसके पास संसाधन हैं, धन है, तो इसीलिए ये बंदूक खरीद सकता है।

उसी तरीके से एक-से-एक स्थूल चित्त वाले लोग घूम रहे, उनके हाथ में होते है *आईफोन*। उस हाथ को देखो और उस *आईफोन* को देखो, कोई मेल है, कोई जोड़ी है? और भी फोन आते हैं लाखों-लाखों के, उस फोन को देखो और फिर उस फोन पर की जा रही बातों को देखो, कोई जोड़ी है? फ़ोन है जैसे विज्ञान की उच्चतम ईजाद और उस पर बातें की जा रही हैं निम्नतम तल की। होना तो यह चाहिए कि निम्नतम हाथों को कभी किसी उच्च चीज़ को छूने ही न दिया जाए, पर संसार हमारा कुछ ऐसा है कि पात्रता कई बार पीछे छूट जाती है। नहीं, फ़र्क़ पड़ता ही नहीं कि आप कौन हो, आपको बहुत कुछ ऐसा उपलब्ध हो जाता है जो आपको कभी मिलना ही नहीं चाहिए था।

किसी गँवार आदमी को फोन पर *गेम* खेलना आता हो तो क्या तुम यह कहोगे कि वह फोन के साथ खेल रहा है? मैं उस अर्थ में खेलने की बात नहीं कर रहा। एक मूर्ख आदमी फोन पर *गेम* खेलता हो, तो क्या तुम यह कहोगे कि वह फोन के साथ खेल रहा है। हालत यह है कि अभी फोन के सॉफ्टवेयर में ज़रा-सी गड़बड़ हो जाए, इस आदमी के होश उड़ जाएँगे। ख़ुद कुछ नहीं कर सकता, *सर्विससेंटर* (सेवा केंद्र) में ले जाएगा

या किसी जानकार के पास ले जाएगा। पर खेल तो रहा है ये फोन के साथ। क्या कर रहा है? *गेम* खेल।

इसे नहीं कहते खेलना। यह उपभोग है, यह उपयोग है। जिस खेल में बोध न शामिल हो, जान लेना कि वह खेल नहीं है, वह सिर्फ़ इस्तेमाल हो रहा है। तुमको क़रीब-क़रीब गुलाम की तरह प्रयोग किया जा रहा है। तुम जानते हो कि तुम क्या कर रहे हो, फिर भी तुम कर रहे हो। जानकर किया तो खेल और बिना जाने किया तो बात अझेल। ख़ैर, हम चमत्कारी लोग हैं, हम सब झेल जाते हैं।

प्रः विज्ञान और तकनीक में जो भेद है, उस पर आप पहले भी बोल चुके हैं। जो अभी का विज्ञान है, जो आधुनिक विज्ञान है, वह पूँजीवाद के हाथ लगता है तो वह तकनीक बन जाती है। वैज्ञानिकों की जितनी भी कहानियाँ होती हैं, वो बिक जाती हैं। वही *आईफोन* फिर ऐसे व्यक्ति के हाथ लग जाता है जो उसके हक़दार नहीं है। उस पर आप कुछ प्रकाश डालें।

आचार्यः विज्ञान तथ्य है पदार्थ का और तकनीक तुम्हारा चित्त है। तथ्य के साथ तुम क्या करते हो, यह तो तुम्हारे चित्त पर निर्भर करता है न। सामने एक सुन्दर स्त्री खड़ी है। यह तथ्य है कि वह सुन्दर है, वह युवा है। पर तुम उसके विषय में क्या सोचते हो और तुम उस तथ्य के साथ क्या कर जाते हो, यह तुम्हारा चित्त है।

विज्ञान बता देगा कि अगर तुम अणु को तोड़ सको तो बड़ी ऊर्जा फूटती है। विज्ञान इतना बताकर चुप हो जाएगा – अणु का विखंडन करो और उससे तुम्हें अकूत ऊर्जा मिलेगी। अब तुम ऊर्जा का क्या करते हो, वह तुम्हारे चित्त पर निर्भर करता है। जैसा तुम्हारा चित्त होगा, उसी तरह की तुम तकनीक निकाल लोगे। तो तकनीक का जितना संबंध विज्ञान से है, उससे ज़्यादा संबंध तुम्हारी मनोदशा से है।

अणु को तोड़कर तो एक पूरे नगर को प्रकाशित भी कर सकते हो और एक पूरे नगर का विध्वंस भी कर सकते। और उससे तो ऊर्जा मिलनी है, चाहो तो उसे पूरे नगर को जगमगा दो और चाहो तो उसी ऊर्जा से

उस पूरे नगर को बर्बाद कर दो, यह तो तुम्हारे चित्त की बात है। इसका पूँजीवाद इत्यादि से उतना कोई लेना-देना नहीं। चित्त में अगर हिंसा है तो *कम्युनिस्ट*(साम्यवादी) हो, कि *कैपिटलिस्ट* (पूँजीवादी) हो, वह बारूद का इस्तेमाल बंदूक के लिए ही करेगा; ऐसा तो नहीं है कि कम्युनिस्टों ने बंदूक नहीं चलाई है।

25

काम को राम तक कैसे ले जाएँ?

प्रश्नकर्ता: आचार्य जी, भर्तृहरि के द्वारा रचित निर्वाण शतकम्, वैराग्य शतकम् और श्रृंगार शतकम् को पढ़ा और जो चीज़ सबसे ज़्यादा आकर्षित करी, वह यह थी कि किस तरीके से एक कामवासना से लिप्त व्यक्ति उससे मुक्त होकर कुछ ऊँची बातें कह रहा है। मैं भी सत्र में इसी उम्मीद से उतरा था कि मेरे अंदर का जो काम है, वह शांत हो जाएगा और मैं उसको एक नई धारा दे पाऊँगा, पर मैं असफल रहा।

आचार्य प्रशांत: तो क्या करना चाहते हैं आप? नपुंसक होने का इरादा है या क्या है? जो यह सवाल पूछ रहे हैं,अगर वे अस्सी-नब्बे वर्ष के हों तो कोई बात नहीं, लेकिन युवा हैं और कह रहे कि काम वासना हटानी है। तो क्या चाहते हैं, क्या समस्या है, क्यों हटानी है?

श्रोता: इनका उद्देश्य हटाना नहीं है, पर उसको किसी बेहतर जगह या ऊँची जगह को *चैनलाइज* (दिशोंमुख) करना है। उन्होंने भर्तृहरि के जीवन में देखा कि बदलाव हुआ, पर वे अपने में अनुभव कर नहीं पा रहे हैं।

आचार्य: सवाल में यह क्यों नहीं कह रहे कि जो ऊँचा है, मैं उसकी तरफ़ नहीं जा रहा? काम की बात क्यों कर रहे हैं? अगर इन्होंने कुछ भी समझा है पूरे महीने भर में तो काम की बात क्यों कर रहे हैं? काम तो मौजूद रहेगा जीवन में। आपके काम का रंग क्या है, आपके काम की दिशा क्या है—काम माने चाहत, काम माने इच्छा—आपकी इच्छा की दिशा क्या है, आपकी इच्छा का विषय क्या है, वह तो इस पर निर्भर करेगा कि आपने अपने-आपको अनुमति दी है या नहीं किसी उँचाई की ओर जाने की। जब आपने अपने-आपको अनुमति ही नहीं दी है कि हिमालय की चोटी की ओर जाऊँ, उस ओर की इच्छा तो आपने बलात् रोक रखा हैं, बंधक बना रखा है, तो इच्छा बेचारी अब जाएगी किधर को? इच्छा जाएगी गड्ढों की ओर, घाटियों की ओर। और फिर आप कहें कि देखिए, अभी भी हमारा गड्ढों और घाटियों में बड़ा रस है, तो भाई, वह तो रहेगा न।

जब तक जीवन है तुम्हारा, जब तक जीव हो, तब तक काम रहेगा। काम ऊर्ध्वगामी हो सके, इसके लिए तुम्हें जीवन को ही ऊर्ध्वगामी होने की अनुमति देनी पड़ेगी। तुम क्या चाह रहे हो, बता देता हूँ। तुम यह चाह रहे हो कि ज़िंदगी जैसी चल रही, चलती रहे, बस उसमें से कामवासना हट जाए। और कामवासना भी हट इसलिए जाए कि पिटते बहुत हो तुम। यही तुम्हारा काम अगर सफल होना शुरू हो जाए तो तुम कभी नहीं कहोगे कि "महाराज, काम वासना से मुक्ति दिलाइए।"

अभी भी तुम्हें बुरा काम नहीं लगता, बुरा अहंकार पर चोट का पड़ना लगता है कि तुम जाते हो लड़की के पीछे, "दे दो, दे दो," वो देती है दुलत्ती। क्या माँगने गए थे? क्या ले आए? चाहते थे मुँह पर चुंबन का निशान, पर अब उसकी लातें छप गई हैं। तो फिर लौटते हो, "गुरुजी, कामवासना से मुक्ति दिलाइए।" वही लड़की मिल गई होती तो तुम आते गुरूजी के पास? आलिंगन के, सहवास के क्षण में गुरुजी ध्यान आते क्या? और तब बोलते कि गुरुजी, बस छूटा जा रहा मन मेरा, काम से मुक्ति दिलाइए? तब तो गुरुजी द्वार पर दस्तक भी देते तो कहते, "भक्क! गुरु हैं तो इतनी मर्यादा होनी चाहिए कि कब दखल देना है, कब नहीं।" तब तो तुम गुरु को ही पाठ पढ़ा देते। काम के नाम पर धिक्कारे जाते हो, दुत्कारे जाते हो, इसलिए काम से परेशान हो।

तो सीधा सवाल पूछा लो या तो, कि जो चाहते हो, मिले कैसे। तुम यह थोड़े ही चाहते हो कि जो चाहते हो, उसकी चाहत से ही छुटकारा हो जाए। तुम तो पूछना ही यह चाहते हो कि “वह उपलब्ध कैसे होगा?” उसका भी जवाब है मेरे पास। पर तुमने सवाल नहीं पूछा तो मैं बताऊँगा नहीं। सही अगर सवाल पूछा होता तो आज तुम्हारी मंशा पूरी कर देता, अब नहीं होगी। सवाल ही तुम झूठ-मूठ का पूछते हो, मुझे ही उल्लू बनाते हो।

जैसा जीवन जी रहे हो, उसमें दुलत्ती और दुत्कार के अलावा कुछ नहीं पाओगे। जिस दफ़्तर जाते हो, जिस थिएटर जाते हो, जैसा टीवी देखते हो, जैसे साहित्य पढ़ते हो, जैसी संगत करते हो, तुम जब तक वह सब कुछ कर रहे हो, तब तक तुम्हारी वासना का रंग भी वैसा ही मटमैला रहेगा जैसा अभी है।

विशुद्ध वासना भी हो सकती है, उसको ‘राम रोग’ कहते हैं, वो राम के प्रति प्रेम होता है, वो विशुद्ध वासना है। काम में बुराई नहीं, तुम्हारा काम गलत दिशा बह रहा है, तुम्हारा काम अधोगामी है, बुराई इसमें है ।

फिर कह रहा हूँ, कामना माने इच्छा। तुम देह की इच्छा करते हो, तुम ऐसे की इच्छा करते हो जो तुम्हें कुछ दे नहीं पाएगा, इसलिए तुम्हारी इच्छा मूर्खता भरी है। इसलिए फिर ज्ञानियों ने और बड़े लोगों ने समझाया कि इच्छा से बचो, काम से बचो, क्योंकि तुम्हारा काम बेढंगा है। तुम्हारा काम तुम्हें कुछ दे नहीं पाएगा और जहाँ से तुम्हें कुछ मिल सकता है, उस तरफ़ तुम जा नहीं रहे। मेरे पास तो बुद्धुओं जैसे सवाल लेकर आ रहे हो, “और कुछ नहीं छोड़ना है, बस वासना हट जाए।” कैसे हट जाएगी?

जिस कमरे में रह रहे हो, उस कमरे में तुमने ५० नंगी युवतियों की नंगी पोस्टर चिपका रखे हो। न तुम उस कमरे को छोड़ना चाहते हो, न तो उन पोस्टरों को छोड़ना चाहते हो। तुम क्या चाहते हो? वासना हट जाए। तुम्हें वासना अगर हटानी होती तो तुमने अपने जीवन में क्या वह सब छोड़ न दिया होता जो पकड़ रखा है। कल बाइबल पर सत्र था। उसमें से उक्तियाँ आतीं थीं , एक उक्ति थी कि झगड़ालू बीवी के साथ रहना ऐसा ही है जैसे आप ऐसे घर में रहते हो जिसमें दीवार टप-टप, टप-टप निरंतर चूती हो। आप चैन से नहीं रह पाओगे। तुम्हें चैन प्यारा होता तो

तुम घर में रह पाते? तुम्हे चैन प्यारा होता तो तुमने ऊपर का टपकना बंद नहीं कर दिया होता। पर तुम चाहते हो कि तुम उसी घर में रहो, तुम चाहते हो कि टपकना लगा रहे और चैन भी मिल जाए। तुम झूठे आदमी हो । तुम्हे चैन प्यारा होता तो तुमने टपकना ठीक करवा दिया होता,या तुमने घर ही छोड़ दिया होता। पर तुम दोनों चाहते हो, तुम चाहते हो कि घर न छूटे, टपकना न छूटे, झगड़ालू बीवी न छूटे, और राम की प्राप्ति भी हो जाए। घर से पिटते हो तो सत्संग में आकर बैठ जाते हो। और यही न पिटे होते तो तुम्हें लाख बुलाया जाता सत्संग के लिए, तो तुम हाजिर नहीं होते।

एक आए थे सज्जन, कि घर में बहुत पिटता हूँ। कुछ करिए, बचाइए। मैंने उनका घर में पिटना रुकवा दिया, उन्होंने मेरे पास आना छोड़ दिया, क्योंकि वो आते ही इसीलिए थे क्योंकि पिटते थे। उनका पिटना रोका तो आना भी रुक गया।

जीवन को पूरा बदलना पड़ेगा। जब लगातार तुम राम की बात कर रहे होगे, तब तुम्हारा काम भी राम की ओर ही उन्मुख होगा, अन्यथा नहीं। अन्यथा तुम्हारा काम तमाम दमित दिशाओं की ओर भागेगा। आ गई बात समझ में? कि किस व्यक्ति का जीवन कैसा बीत रहा है, किस व्यक्ति की वास्तविक वृत्तियाँ कैसी हैं, ये जानना हो तो बस यह देख लो कि उस व्यक्ति के काम का विषय क्या है—और काम से मेरा आशय, इशारा हर इच्छा की ओर है ।

कोई आदमी कैसा है, यह जानना हो तो यह देख लो कि वह चाहता क्या है, कैसी औरत की ओर आकर्षित होता है। यह जान लो, तुम्हें पता चल जाएगा कि वह आदमी कौन है। कैसे पदार्थ के प्रति आकर्षित होता है कोई आदमी, यह अच्छे से देख लो तो जान जाओगे कि आदमी कौन है ।

मैंने स्त्री का नाम पहले लिया, पदार्थ का नाम बाद में लिया क्योंकि जितनी शिद्दत से तुम देह को चाहते हो, उतनी शिद्दत से तुम अन्य किसी पदार्थ को नहीं चाहते। क्यों? क्योंकि जितनी शिद्दत से तुम्हारा देह से तादात्म्य है, उतना और किसी चीज़ से है ही नहीं। किसी स्त्री को जानना हो तो देख लो कि उसके साथ पुरुष कौन-सा चल रहा है और

किसी पुरूष को जानना हो तो देख लो कि उसके साथ स्त्री कैसी चल रही है। तुमने किसको चुना है संगत के लिए, तुमने किसको चुना है पत्नी बनाने के लिए, उससे पता चल जाता है कि तुम किस तरह के हो।

और जैसी तुम ज़िंदगी जी रहे होगे, वैसे ही तुम साथी चुन लोगे, वैसा ही संगत कर लोगे। बड़ा मुश्किल होगा तुम्हारे लिए कि तुम एक साधारण, नियमित *कॉर्पोरेट*नौकरी करते हो और नौकरी करने के बाद तुम वह सब कुछ न करते हो जो कि तुम्हारे *ऑफिस* (दफ़्तर) के दूसरे लोग करते हैं। तुम सिर्फ़ नौकरी नहीं कर रहे, वह जीवन जीने का एक ढंग है। वह दफ़्तर, वह *ऑफिस*एक कार्यालय भर नहीं है, एक लाइफस्टाइल (जीवन पद्धति) है। बहुत समानता होगी लोगों की तनख़्वाहों में वहाँ पर, अगर एक ही स्तर के लोग हैं, और बहुत समानता होगी उन ढर्रों में जिन ढर्रों से वे अपनी तनख्वाहों को व्यय करते हैं। कितना कमा रहे हैं, वो भी एक-सा होगा और कमाकर कहाँ को खर्च कर रहे हैं, वो भी एक-सा होगा।

नए साल पर सब जाते होंगे पैसा फूँकने, यह अजीब बात है! एक सा व्यय हुआ कि नहीं? एक-सी फ़िल्में सब देखते होंगे, एक ही *थियेटर* में सब पाए जाते होंगे, एक ही प्रकार के रेस्त्रां सबको पसंद होंगे, एक ही तरह का जीवन सब जी रहे होंगे। तो फिर एक-सी ही सबकी दमित कामवासना भी होगी, जब उनका सब कुछ एक-सा है। भाषा सबकी एक-सी होगी। किसी एम.एन.सी में काम करते व्यक्ति से तुम यह उम्मीद करो कि वह शुद्ध संस्कृतनिष्ठ हिंदी बोलेगा, तो तुम्हारी उम्मीद व्यर्थ जानी है। उन सबकी भाषा एक जैसी होती है, और उस भाषा को कुछ नहीं कहते, न वो हिंदी होती है, न वो अंग्रेजी होती है। वास्तव में उन लोगों को न हिंदी आती है, न अंग्रेजी आती है। हिन्दी तो उन्हें आती ही नहीं, तो उनसे कहो कि साफ़ अंग्रेजी में एक *पैराग्राफ* लिख दो, वे वह भी नहीं लिख सकते। वे उस वाली अंग्रेजी बस जानते हैं जिसमें *ब्रदर* को *ब्रो* कहा जाता है और *यस* को *येअ* कहा जाता है। सब कुछ उनका एक जैसा है, भाषा, यहाँ तक कि रूप-रंग भी, दाढ़ियाँ भी। आज-कल सब दाढ़ियाँ रखने लगे हैं। रणबीर कपूर, विराट कोहली, सबके एक आदर्श हैं, सबकी दाढ़ियाँ भी एक-सी हैं। तनख़्वाहें एक से, खर्चे एक से, गाड़ियाँ

एक सी, दाढ़ियाँ एक सी तो बीवियां भी तो एक जैसी ही होंगी। सब एक जैसी ही खोज रहे हैं। अगर तुम उन्हीं की भीड़ में से एक हो तो ऐसा कैसे हो पाएगा कि वो सब कामना के कीचड़ में लिप्त रहें और तुम निर्लिप्त-निर्मल हो रहे आओ। यह हो नहीं पाएगा। पर तुम चाहते यही हो कि तुम्हें दोनों ओर से लड्डू मिलें। तुम चाहते हो कि तुम वहाँ से ख़ूब कमाते भी रहो, उन लोगों की संगत भी करते रहो, उन्हीं के जैसा जीवन भी जियो, पर काम के मारे लताड़े भी न जाओ, यह नहीं हो पाएगा।

दोजहूलिवबाइदस्वॉर्ड, शैलडाईबाइदस्वॉर्ड। जब हर मामले में तुम भीड़ का साथ दे रहे हो तो भीड़ की जब दुर्गति होगी तो तुम्हारी भी दुर्गति होगी। यह नहीं होगा कि मज़े तो तुमने भीड़ के साथ लूट लिए और दुर्गति के क्षण में तुमने कहा, “ओम नमः शिवाय, मैं तो अलग हूँ।” यह नहीं हो पाएगा।

कुछ अनूठा लाओ अपने जीवन में अगर इतनी अनूठी माँग रखना चाहते हो। माँग तुम्हारी बहुत अनूठी है, तुम कह रहे हो कि कैसे अपनी वासना को मैं ईश्वरनिष्ठ बना दूँ, कैसे मैं चाहूँ तो सिर्फ़ सत्य को। यह माँग रहे हो। इससे ज़्यादा अनूठी माँग नहीं हो सकती, और जो यह अनूठी माँग करे, उन्हें पहले अनूठा जीवन जीना होगा। साधारण, घिसा-पिटा, डरा हुआ, भ्रम अनुगामी जीवन जी करके तुम माँग करो नवनीत की। तुम्हारी मांग कोई नहीं सुनने वाला।

बहुत सारे जानवर जब एक पिंजरे में रहते हैं न, तो जानते हो क्या होता है? यह जो क़त्ल के लिए मुर्गे पैदा किए जाते हैं, ये सब एक साथ रखे जाते हैं छोटे-छोटे पिंजरों में। फिर पता है, क्या होता है? एक मुर्गे को अगर कोई *वायरस* (विषाणु) लगता है, कोई बीमारी, तो हज़ारों-लाखों मुर्गों को एक साथ लग जाता है। पिंजड़े में हैं और एक साथ हैं, तो वहाँ बीमारियाँ भी सबको एक जैसी होंगी। यह नहीं हो पाएगा कि हज़ारों बीमार मुर्गों के बीच में एक मुर्गा स्वस्थ पाया गया। अरे, तू बंधक है, पिंजरे में रहता है और तेरा जन्म ही हुआ है कटने के लिए। जिनके साथ रहता है, उनकी बीमारियाँ तुझे लगेंगी-ही-लगेंगी। और एक मुर्गा कह रहा है, “नहीं, मुझे वासना से मुक्ति दिलाओ। बाकी जितने मुर्गे हैं, ये अंडों की पैदाइश हैं, मुझे अंडों से आज़ादी चाहिए।” तुझे कोई आज़ादी

नहीं मिलने की। एक ही सूरत है तेरी आज़ादी की, कुछ कर, जान दे दे, पर भाग जा। पिंजरा तोड़, वरना जिनके साथ है तू, उनकी क़िस्मत तेरी क़िस्मत बन जाएगी।

खबरें आती हैं, कभी चीन से आती है, कभी वियतनाम से आती है कि लाखों मुर्गों को एक साथ मार दिया गया क्योंकि सब बीमार हो गए थे, *कलेक्टिवकिलिंग*। मरे तो सारे एक साथ मरे। अब उसमें से आए और बोले कि "नहीं, मुझे नहीं मरना है।" तू उन्हीं के जैसा है। उन्हीं के बीच पैदा हुआ, उन्हीं के समान तूने दासता को स्वीकारा, उन्हीं के समान बीमारियाँ तुझे लगीं, अब तू मरेगा भी उन्ही के साथ; अपने लिए कोई अनूठी माँग मत कर। बड़े-बड़े दैत्याकार गड्ढे खोदे जाते हैं और उसमें करोड़ों मुर्गें, दूसरे जानवर भी, *किलिंग* बहुतों की होती है, वो डाल दिए जाते हैं। यह क़िस्मत होती है उनकी जो हमेशा भीड़ में रहे हैं और जो हमेशा पिंजड़े में रहे हैं। तुम्हें तो मरकर भी आज़ादी नहीं मिली, तुम मरे भी तो भीड़ जैसे ही मरे।

भीड़ जैसी गाड़ी, भीड़ जैसी साड़ी, भीड़ जैसी दाढ़ी, और फिर भीड़ जैसी ही मौत। तुम मौत में भी अलग नहीं हो पाओगे उनसे, मौत भी तुम्हारी बिलकुल वैसे ही होगी। वे सब-के-सब कैंसर के वार्डों में मरते हैं, तुम भी कहीं ऑन्कोलॉजी डिपार्टमेंट में मरे नज़र आओगे। मौत में भी तुम्हारे कोई अनूठापन, कोई नई ख़ुशबू नहीं होगी, कुछ ताज़गी नहीं होगी। सबकी मौत एक जैसी। कितनी ख़ौफ़नाक बात है न! तुम मरोगे भी उन्हीं की तरह। और तुम्हारे मरने पर ठीक वही वही होगा जो उनके मरने पर हुआ। अगर पहले ही न पता होता कि तुम्हारे मरने पर क्या होगा, तो कबीर कैसे गा जाते कि तेरह दिन तक तिरिया रोएगी और छह माह तक बहन रोएगी, और लंबे समय तक माँ रोएगी। यह सदा से होता आया है। तुम्हारी मौत भी तयशुदा होनी है। जो बीवी तुम पकड़कर लाए थे, वह तय था कि तुम लाओगे पकड़कर क्योंकि तुम ऐसे हो, और तुम्हारे मरने के बाद उस बीवी का जो व्यवहार होगा, वो भी पहले से तय है, सब कुछ तय है। तो उसके प्रति जो तुम्हारी वासना है, वो अलग कैसे हो जाएगी?

अभी एक नामी-गिरामी खिलाड़ी की शादी हुई एक अभिनेत्री के साथ। तो उन्होंने अभी दिल्ली में एक *रिसेप्शन* दिया। उस रिसेप्शन के चित्र देख रहा था, तो उसमें टीम के सभी खिलाड़ी अपनी-अपनी बीवियाँ ले करके आ रहे हैं, और खेलों के खिलाड़ी भी आ रहे हैं, वो भी अपनी बीवियाँ लेकर। जो खिलाड़ी नहीं है, वो भी आ रहे। और तभी एक बड़ी ख़ौफ़नाक बात हुई। ये जितने जोड़े थे, इनमें अंतर करना मुश्किल हो गया, एक के नीचे एक इनकी तस्वीरें आती जा रही थी। ये जोड़ा, ये जोड़ा ,ये जोड़ा, ये जोड़ा, और तीन-चार जोड़ों को देखने के बाद प्रतीत हुआ कि ये सारे जोड़े एक दूसरे की प्रतिकृति हैं, प्रतिलिपि हैं, *फोटोकॉपी* हैं। अंतर ही नहीं था, न पुरुषों के चेहरे में, न स्त्रियों के चेहरे थे और न उनके मेल में। वो सब एक ही तरह मिले भी हुए थे, हाथ में हाथ ऐसे फ़ाँसकर, कहीं गाल से गाल फ़ाँस रखा था। एक ही तरीके से एक दूसरे को देख रहे थे, एक ही तार से एक दूसरे से जुड़े हुए थे। पुरुषों के कपड़ों में तो फिर भी कुछ विविधताएँ थीं, स्त्रियों के कपड़े भी तो एक जैसे थे।

तुमने चुन लिया है उनके साथ होना, तो फिर तुम्हें उनकी बीमारियाँ भी चुननी ही पड़ेंगी। अगर यही निर्णय है तुम्हारा कि तुम्हें भीड़ जैसा ही रहना है, तो मत माँगो मुक्ति, मत माँगो सत्य, मत माँगो सरलता। फिर ये माँग करना बंद करो, ये सब भीड़ के लिए नहीं होते। भीड़ का बाज़ार होता है, वहाँ चीज़ें बिकती हैं। वहाँ मुक्ति नहीं मिलती। बाज़ार ने सब तय कर रखा है। कह रहे हो वासना से मुक्ति चाहिए, और बाज़ार से मुक्ति चाहिए, ऐसा तुम कभी कहते नहीं, हैं न? ऐसा कोई सवाल पूछा मुझसे कि बाज़ार से मुक्ति चाहिए।

बाज़ार में यह तक तय कर रखा है कि तुम काम के लिए किन जगहों को चुनोगे, यह भी बाज़ार निर्धारित करता है। और तुम हर तरीके से बाज़ार के अनुगामी हो। बाज़ार छोड़ने की बात तुम कभी नहीं करते, काम को छोड़ने की बात करते हो। और बाज़ार तुम्हारे लिए तय किए बैठा है कि शादी के बाद तुम हनीमून कहाँ मनाओगे, प्रथम संभोग कहाँ करोगे, वह भी बाज़ार ने तुम्हारे लिए पहले ही तय कर दिया।

कभी सुना है कि कोई हनीमून के लिए अपने पुश्तैनी गाँव गया? है कोई बिहार के किसी पिछड़े गाँव से और बैंगलोर में कर रहा है नौकरी

और वहीं कर ली शादी, उसके बाद वह हनीमून के लिए अपनी कमसिन कामिनी को ले करके गया है गाँव। गाँव का नाम खपरहा। वहाँ अभी बिजली नहीं है। बाज़ार ने तय कर रखा है कि तुम खपरहा नहीं जाओगे, बाज़ार ने पहले ही *पैकेज* बना रखे हैं, *हनीमूनपैकेज*। कुल गिनी-चुनी पचास, नहीं तो पाँच सौ जगहें हैं दुनिया भर में जहाँ हनीमून के लिए जाया जाता है, दुनिया के लिए पाँच सौ, हिंदुस्तानियों के लिए पचास। पचास से ज़्यादा जगह तुम गिन नहीं पाओगे जहाँ हनीमून के लिए जाना हो। और हनीमून माने क्या? हनीमून माने राम की उपासना, देवी वंदना? बाज़ार के नक्शे कदम पर चल रहे हो, बाज़ार बिलकुल चाहता है कि तुम काम में लिप्त रहो। काम को छोड़ना है तो तुम्हें बाज़ार को छोड़ना पड़ेगा। इतनी-सी बात तुम्हें समझ में नहीं आती।

कभी किसी रेस्त्रां में लिखा देखा है, 'ओन्ली फॉर सिंगल्स'। रेस्त्रां में लिखा होगा क्या – '*फैमिलीरेस्त्रां*'। बाज़ार चाहता है कि तुम *फैमिली* बढ़ाओ, बाज़ार चाहता है कि तुम्हारे परिवार का आकार बढ़े। फिल्में *रिलीज* होंगी, *इट्सअफैमिलीइंटरटेनर*। क्यों है वो *फैमिलीएंटरटेनर*? ताकि छह लोग टिकट लेकर देखें, नहीं तो एक ही टिकट बिकेगा। अगर एक आदमी जा रहा है जो कहे कि मैं *इंडिविज़ुअल* हूँ और ख़ुद देखने आया हूँ तो एक टिकट बिकेगा। *फैमिली* जाती है तो छह, और ज्वाइंट फैमिली जाती है तो पंद्रह और कुनबा ही चला जाए तो पचास टिकट बिक जाते हैं।

बाज़ार चाहता है कि तुममें वासना बनी रहे, और घटिया तरह की वासना, छिछिली, निचली वासना। बाज़ार को छोड़ने को तुम तैयार नहीं हो। हाँ, सत्र करोगे, सत्संग करोगे तो कहोगे कि इससे काम छूट जाएगा। तुम्हे बाज़ार में बने रहना है और जिस तरह का काम तुम छोड़ना चाहते हो, वो भी छोड़ना है तो फिर एक ही तरीका है – नसबंदी। करा लो जाकर। क्योंकि अगर काम का तुम्हारे लिए आशय यही है कि मैं विपरीत लिंगी की ओर आकर्षित न होऊँ तो उसका तो बहुत साधारण तरीका है, जाकर अपने अंडकोषों का दान दे आओ कहीं पर। न उठेंगे रस, न उठेगी उत्तेजना, न रहेगा आकर्षण।

देखा है बाज़ार कितना प्रसन्न होता है जिस दिन तुम घोषणा करते हो कि अब तुम घोषित तौर से काम में प्रवेश करने जा रहे हो। *वेडिंग* एक पूरा उद्योग है, बाज़ार बहुत ख़ुश होता है जिस दिन तुम घोषणा करते हो कि अब मैं विवाह करने जा रहा हूँ, और बाज़ार बहुत ख़ुश होता जिस दिन तुम घोषणा करते हो कि अब मैं माँ या बाप बनने जा रहा हूँ। तुम्हारे ही जैसे मूर्खों के कारण तो बाज़ार चल रहा है।

सस्ता और बढ़िया मकान मिल सकता है तुम्हें *वनबीएचके*, पर तुम *वनबीएचके* खोजकर दिखा दो। सौ मकानों में से दो बनते होंगे *वनबीएचके*। क्यों? क्योंकि जहाँ काम है, वहाँ *टूबीएचके, थ्रीबीएचके, फाइवबीएचके*। तुम्हारे लिए तो *हॉस्टल* का एक *रूम* (कमरा) भी काफ़ी होगा। याद है कितने तुम मजे में रहते थे छोटे से अपने *हॉस्टल* के कमरे में? और अब तुम्हे *फोरबीएचके* भी पूरा नहीं पड़ता है। हाँ, बाज़ार को ख़ुश कर दिया तुमने। *हॉस्टल* के कमरे का तुम कितना महीने का किराया देते थे? हज़ार रुपया। *फोरबीएचके* तुमने खरीदा है करोड़ में। और अभी लाजवंती दुःख यह है कि तुमने उसे कोठी नहीं दिलाई। अभी वह भी खरीदना, बड़ा कोठा पाँच करोड़ का। बाज़ार ख़ुश हो जाएगा। तुम जाकर बिक जाओ, बाज़ार इससे ज़्यादा कभी प्रसन्नता का अनुभव नहीं करता। बाज़ार में बिकते हैं पदार्थ, बाज़ार के साथ रहोगे तो पदार्थ की ओर ही जाओगे।

> ***"तुम्हें राम की ओर जाना हो तो बाज़ार को छोड़ो। बाज़ारू मन के लिए राम नहीं हैं। सामाजिक मन के लिए राम नहीं हैं।"***

समाज की परिभाषा क्या है? मेरे देखे समाज की परिभाषा है वह इकाई जो व्यक्ति के मन में कामना का संचार करे। तुम्हारी इच्छाएँ तुम्हारी होती नहीं है, समाज की होती है। तो इसीलिए मैंने समाज की परिभाषा ही यह कर दी – वो जो तुममें इच्छाओं का संचार करे, वो जो तुम्हारी इच्छाओं का मालिक हो, उसे कहते हैं समाज। और समाज से तुम्हें बड़ा लगाव है। चचा, ज़ोर गरम। सब चचे-ही-चचे हैं तुम्हारे चारों तरफ़। तो

फिर जो रिश्ता इन चचों का चचियों के साथ है, वही तुम्हारे तुम्हारी पत्नी के साथ हो जाएगा। और मैं तुमसे बताए देता हूँ, चचा का चची से कोई मुस्कुराता हुआ रिश्ता नहीं है।

बुद्धों का समाज होता और फिर तुम सामाजिक हो जाते तो तुम्हारे बुद्धत्व में भी सहायता मिलती। समझो, समाज बुद्धों का होता और फिर तुम समाज के अनुगामी हो जाते तो तुम्हारे लिए भला भी होता। पर समाज किनका है? जाहिलों का, मूर्खों का, हिंसक, बर्बर नशेड़ियों का। तुम इनके मुरीद हो, तुम कायल हो इनको, तुमने यहाँ आदर्श खोज लिए। तुम इनके किस्से-कहानियाँ पढ़ते रहते हो, फलाने राजनेता ने क्या कहा, फलाने खिलाड़ी ने क्या कहा, फलाने उद्योगपति ने क्या करा, फलाने अभिनेता ने क्या करा। इन्हीं की तो खबरें पढ़ते रहते हैं न। ये बुद्ध नहीं है। इनके साथ रहकर, इनके प्रशंसक रहकर तुम्हें बुद्धत्व नहीं मिलने वाला। इनके साथ रहकर तुम्हें वही मिलेगा जो इनको मिला है, और क्या मिला है इनको? संत्रास, यंत्रणा, छटपटाहट, झूठ, दुश्वारियाँ, सजाएँ। वही तुम्हें भी मिल जाएगा।

राम अगर माँगते हो तो उनको छोड़ो सबसे पहले जिनका राम से कोई लेना-देना नहीं। और अगर निम्नतर प्रकार के काम में ही लिप्त रहना चाहते हो तो लिप्त रहो इन्ही के साथ, फिर मुझसे सवाल मत पूछो।

26

इच्छा नहीं, इच्छा का केंद्र महत्वपूर्ण है

प्रश्नकर्ता: आचार्य जी, क्या बड़ी इच्छाओं को त्याग देना चाहिए, और छोटी छोटी इच्छाओं को पूरा करते रहना चाहिए?

आचार्य प्रशांत: बात छोटी इच्छा और बड़ी इच्छा की नहीं है, बात इच्छा करने वाले की है। बड़ी से बड़ी इच्छा तो राम की इच्छा है। कैसे त्याग दे, भाई? आदमी गलत है तो उसकी छोटी-से-छोटी इच्छा भी क्या होगी? गलत। मैं गलत आदमी हूँ, मेरी छोटी इच्छा यह है कि मैं तुम्हें घूंसा मारूँ और मेरी बड़ी इच्छा यह है कि तुम्हें तोप से उड़ा दूँ। और छोटी पूरी कर लूँ और बड़ी को त्याग दूँ, माने घूंसा ठीक है, घूंसे तक चलेगा। नहीं, यह सब बेकार।

न छोटे की बात है, न बड़े की बात है; सही जगह स्थित और केन्द्रित होने की बात है। बुद्ध साँस भी लेता है तो उससे जगत का कल्याण होता है, और जब वो प्रवचन देता है तो भी जगत का कल्याण होता है, और जब वो संघ की स्थापना करता है तो उससे भी जगत का कल्याण होता है, और जब बुद्ध की मृत्यु होती है, उससे जगत का कल्याण होता है। नहीं फ़र्क़ पड़ता कि क्या कर्म किया, किस इच्छा के चलते किया, किस दिशा किया, किस आयु में किया। तुम बुद्ध हो, यह काफ़ी है। बुद्ध जो

भी करेगा, छोटा-बड़ा, दायाँ-बायाँ, जीना-मरना, बनाना-बिगाड़ना, देना-लेना, वो सब कुछ जगत का कल्याण करेगा।

और अगर तुम बुद्ध नहीं हो, तो फ़र्क़ नहीं पड़ता कि तुमने छोटा काम किया, कि बड़ा काम किया, छोटी इच्छा की तरफ़ भागे, कि बड़ी इच्छा की तरफ़ भागे, क्या पकड़ा, क्या छोड़ा, क्या पूरा रहा, क्या अधूरा रहा। तुम जो करोगे, वही गड़बड़ होगा। और चूँकि तुम गलत आदमी हो, इसीलिए तुम्हारा यह आकलन भी गलत होगा कि क्या छोटा और क्या बड़ा। तुम्हें कैसे पता कि कौन-सी इच्छा छोटी है, कौन-सी बड़ी है? क्या आधार है तुम्हारा, किस मानक पर मापा? तुम अगर नशे में हो, बेहोशी में हो तो तुम्हें कैसे पता कि क्या छोटा है, क्या बड़ा है?

तुमने ख़ूब चढ़ा रखी है और मैं तुमसे पूछूँ कि यह बड़ा है या यह बड़ा है, तुम बता पाओगे? तो तुम्हे कैसे पता कि कौन सी इच्छा छोटी है, कौन सी बड़ी है। इच्छा तो जानते हो न कि कैसी होती है, पानी में तैरते बर्फ के बड़े खंड की तरह। इसका कितना हिस्सा दिखाई देता है? एक बटा नौ। बर्फ के विशाल टुकड़े, आर्कटिक, अंटार्कटिका आदि से निकलकर ग्लेशियर से समुद्रों में आ जाते हैं। टाइटैनिक देखा है न? उनका कुछ पता नहीं चलता कि कितने बड़े हैं। क्यों? क्योंकि उपर-उपर ज़रा-सा दिखाई पड़ते हैं, दस प्रतिशत, ग्यारह प्रतिशत। इच्छा ऐसी ही होती है, उसका तुम्हें बहुत थोड़ा-सा पता चलता है।

बगल में, पड़ोस में जवान लड़की रहने आई है और उसके यहाँ से तुम्हें पकौड़ों की गंध आती है। और तुम्हारे मन में छोटी सी इच्छा जाग्रत होती है कि पकौड़े खाने है, तुम्हें पता भी है कि पूरी इच्छा क्या है? तुम घुसोगे अपनी छोटी इच्छा पूरी करने, छोटी इच्छा क्या थी? पकौड़े खाने की। और बड़ी इच्छा नीचे छिपी हुई है। छोटी इच्छा के बहाने घुस जाएँगे, फिर? क्या पता बड़ी इच्छा भी पूरी हो जाएँ। पकौड़ों के साथ साथ पकौड़े वाली को भी खा लें चटनी लगाकर। और ऐसा नहीं है कि इस बड़ी इच्छा का तुम्हे पता होगा, तुम्हे वास्तव में यही लगेगा कि तुम्हें पकौड़ों की ही भूख है, और जाकर यही कहोगे, "पकौड़े, पकौड़े," और थोड़ी देर में पकौ...ड़े। तो इच्छा का तुम्हें पता क्या है कि कौन सी इच्छा के सूत्र किससे बंधे हुए है।

छोटी इच्छा और बड़ी इच्छा माने क्या होता है? कुछ नहीं। और ये जो बोल रहा हूँ, यह बिलकुल ठीक है। कामुक आदमी की भूख बढ़ जाती है। पत्नी रसोई में होती है न। तो उसको तो यही लगेगा कि छोटी सी इच्छा है, मैं लौकी लेने जा रहा हूँ, रसोई में जा करके लौकी लूँगा और वहाँ टमाटर है, आलू है। तुम क्यों मुस्कुरा रहे हो? *(एक श्रोता को सम्बोधित करते हुए)*

कोई इच्छा छोटी नहीं होती। तुम्हारे पैमानों पर छोटी होती है। जितना तुम्हें दिख रही होती है, उतनी छोटी होती है। लोग मिले है न तुमसे जो कहते हैं कि बस एक छोटी-सी बात आपसे कहनी थी, समझ लेना कि अभी कोई विस्फोट ही करने जा रहा। जैसे ही कोई बोले कि बस आपसे एक छोटी-सी बात बोलनी थी। भागो रे। जब कोई तुमसे बोले कि बस एक बात और या एक मिनट और, ठहरना नहीं वहाँ। कभी देखा है, जिसको तुम बहुत-बहुत चाहते हैं, उसे कहते हो कि एक बार दरस दे दे, जिसको इतना चाहते हो कि कह रहे हो कि एक बार दरस दे दे, उसको एक बार में छोड़गे तुम? जिसको बहुत चाहते हो, उसके सामने लोटकर कहते हो, “एक बार दर्शन दे दो।” ज़ाहिर-सी बात है कि अगर वह इतना प्यारा है कि कह रहे हो कि एक बार दर्शन दे दो, तो एक बार में छोड़ भी नहीं दोगे। तुम्हे लगेगा कि मैं तो छोटी-सी माँग कर रहा हूँ, क्या है मेरी छोटी-सी माँग? एक बार दर्शन दे। यह जो छोटी से माँग है, यह बहुत बड़ी है। हो सकता है कि तुम्हे चैतन्य रूप से पता भी न हो।

मैं कॉलेज में था तो एक गाना आया था। सारी दुनिया पर मैं छाऊँ, चाँद-तारे तोड़ लाऊँ, और आगे बड़ी मासूमियत से कहता है, बस इतना-सा ख़्वाब है। छोटी सी इच्छा है। सुनो न, मैं तुमसे बस एक चीज़ चाहता हूँ। क्या? मैं तुम्हारी जिंदगी का सम्राट, अधिपति बन जाऊँ, एकछत्र राज्य करूँ; कोई और न रहे तुम्हारे जीवन में, बस इतना चाहता हूँ ।

जो छोटी दिखती है इच्छाएँ, इनसे बचकर रहना। न ये वो हैं जो तुम इन्हें समझ रहे हो, न ये छोटी हैं। अगर हम अपने अंतर्जगत के प्रति ज़रा सचेत हो सकते हैं तो हमें पता चलता है कि ये जो हम दिन भर छोटे-बड़े काम करते हैं, ये यूँ ही नहीं हैं, इन सबके पीछे मंशा एक ही छुपी है – परमात्मा से बच निकलने की। हम ये सब कुछ यूँ ही नहीं करते, ये सब

कुछ हम उसकी संतुष्टि के लिए करते हैं जो हमें सत्य के ख़िलाफ़ खड़ा किए हुए है।

तुम्हें घर से दफ़्तर जाना है, यह तुम बस में भी कर सकते हो, टैक्सी में भी कर सकते हो, यह तुम बाइक पर भी कर सकते हो, यह तुम एक छोटी गाड़ी में भी कर सकते हो, यह तुम एक छोटी गाड़ी से ज़रा बड़ी गाड़ी में भी कर सकते हो, पर तुम खरीदते हो एक बहुत बड़ी गाड़ी। और तुम्हें घर से दफ़्तर जाना है, वही उस गाड़ी का ९५ प्रतिशत उपयोग है, घर से दफ़्तर जाना, और पाँच प्रतिशत इधर-उधर। तुम अपने-आपको यह बताओगे कि मैंने तो, साहब, गाड़ी खरीदी है घर से दफ़्तर जाने के लिए। तुम जानते भी नहीं हो कि तुमने गाड़ी क्यों खरीदी है। दफ़्तर जाना तो है बहाना, तुम्हें कुछ और है पाना। दफ़्तर जाने के लिए तो एक साधारण गाड़ी भी काफ़ी होती, तुम कुछ और कर रहे हो। यह तुम अपनी सहूलियत के लिए नहीं कर रहे, यह तो अहंकार चमकाने के लिए कर रहे। तुम परमात्मा के प्रतिद्वंदी के तौर पर किसी को खड़ी कर रहे हो। किसको तुमने खड़ा किया है परमात्मा के प्रतिद्वंद्वी की तरह? गाड़ी को।

अभी शशि कपूर की मृत्यु हुई, उनका एक *डायलॉग* है जो अमर हो गया है, कौन-सा है? “मेरे पास माँ है।” तो अमिताभ बच्चन क्या बोलता है? “मेरे पास गाड़ी है, बँगला है, पैसा है, तुम्हारे पास क्या है?” फिर शशि कपूर का वो वाक्य आता है जो इंसान की याददाश्त तक मिटेगा नहीं। क्या? “मेरे पास माँ है।” और उस वाक्य की ऐसी चोट पड़ती है अमिताभ के किरदार पर कि बिलकुल बिलख उठता है। तो बँगला, गाड़ी, हैसियत, रुतबा, जो कुछ भी अमिताभ का किरदार बता रहा था, वो सब क्या था? वो माँ का विकल्प था। पर विकल्प तो विकल्प होता है न। जब असली चीज़ सामने आती है तो सारे विकल्पों पर धूल पड़ जाती है। वैसे तुम बोलते हो, कोई आता है तुम्हारे पास और कहता है, “मेरे पास मुक्ति है, सत्य है, आनंद है, प्रेम है, मोक्ष है। तुम्हारे पास क्या है?” “मेरे पास *बॉडी* (शरीर) है।” जैसे शशि कपूर अमर है, क्योंकि बात में दम था, वैसे तुम अमर हो क्योंकि तुम्हारी बात में महा मूढ़ता है।

तुम्हारे पास कुछ नहीं जीवन में, तो उसकी क्षतिपूर्ति तुम करते हो बड़ी गाड़ी खरीदकर। और झूठ तुम यह बोलते हो कि ये गाड़ी मुझे चाहिए दफ़्तर जाने के लिए। तुम्हारे पास ऐसा घर नहीं जिसमें प्रेम हो, तो तुम उसकी भरपाई करते हो बड़ा घर खरीदकर और घर का कमरा एक नहीं ऐसा जिसमें प्रेम हो, पर घर बहुत बड़ा है।

मैं यह नहीं कह रहा कि जिनके घर छोटे हैं, उनके पास प्रेम है। मैं बस समझा रहा हूँ कि इच्छाओं के पीछे क्या हैं, ज़रा सिर्फ़ ग़ौर से देखा करो। हाँ, पर कोई इस बात को सीधे-सीधे स्वीकार भी नहीं करता कि मेरी ज़िंदगी में मुक्ति नहीं है, प्रेम नहीं है , आनंद नहीं, इसलिए मैं ऑडी लाया हूँ। कोई करता है क्या स्वीकार? मैं यह नहीं कह रहा हूँ कि जिसके जीवन में सत्य आ जाएगा, वह ऑडी लाएगा ही नहीं। गलत मत समझना। मैं कह रहा हूँ, अधिकांशतः तुम ऑडी इसलिए नहीं लाते कि तुम्हें ऑडी की ज़रूरत थी, अधिकांशतः तुम ऑडी इसलिए लाते हो क्योंकि जीवन में कोई और गहरी कमी है जिसको तुम भरना चाहते हो ऑडी के माध्यम से, और ऑडी भर नहीं पाएगी, इसीलिए फिर ऑडियों की कतार लगती रहती है और तुम खोखले और गरीब ही रह आते हो।

जितना कुछ अर्जित कर सकते हो, कर लेते हो, उसके बाद भी निर्धनता कम नहीं होती। तुम्हारे भीतर कोई गहरी आन्तरिक अपूर्णता न हो, फिर तुम्हारे पास अगर धन हो और तुम ऑडी खरीदो या कुछ खरीदो, हवाई जहाज खरीद लो, कुछ बुरा नहीं हो गया। हवाई जहाज अगर हवाई जहाज हो तो कोई बुराई नहीं है। बुराई तब है जब हवाई जहाज बन जाता है परमात्मा का प्रतिस्पर्धी।

बात समझिए, पकौड़े अगर पकौड़ा है तो ख़ूब खाओ। पकौड़ा परमात्मा का प्रतिद्वंदी नहीं बनना चाहिए। परमात्मा की बात चल रही है और साथ में पकोड़े हों तो ठीक है, कुछ गलत नहीं हो गया क्योंकि पकौड़ों से परमात्मा की राह में बाधा नहीं आ रही है, बल्कि सुगमता हो रही है। पकौड़ों से ऊर्जा मिल रही है उस ऊर्जा से आप परमात्मा की बात और कर रहे हो, तो अब पकौड़ा परमात्मा का सेवक हो गया, लेकिन यही परमात्मा की बात करते-करते आप सत्र छोड़ करकर भीतर भग जाओ और पकोड़ा खाना शुरू कर दो, तो पकौड़ा क्या बन गया? प्रतिस्पर्धी बन

गया। अब पकौड़ा परमात्मा का विकल्प हो गया, कि तो यह कर लो या वो कर लो। अगर दोनों साथ-साथ हो सकते, और साथ-साथ में भी प्रमुख कौन रहे? परमात्मा। तो पकौड़ा बढ़िया है, कोई दिक्कत नहीं, पकोड़ों पर ऊँगली मत उठाना।

प्र: आचार्य जी, अगर यह चीज़ दिखे ही न तो? अगर समझ ही न आए तो?

आचार्य: जब न दिखे तो एक ही समाधान है, क्या? देखो।

ऐसा नहीं होता कि दिखता नहीं है, हम देखते नहीं। सवाल गलत है। शब्द जाल से बाहर निकलकर समझो कि क्या कह रहा हूँ। स्वभाव है समझना, तुम्हें मेहनत करनी पड़ेगी न समझने के लिए। दिखने से यही अर्थ है न? समझ में नहीं आता, पता नहीं चलता। वह सहज है, वह स्वभाव है, वह अपने-आप हो जाता है। अगर वो अपने-आप नहीं हो रहा तो माने कोई बड़ी कारस्तानी की गई है। पानी जैसे ऊपर से नीचे को ख़ुद-ब-ख़ुद नीचे बहेगा, और कभी तुम देखो कि पानी की धार ऊपर से नीचे आ ही नहीं रही, तो किसी न कोई बड़ा करतब किया होगा, बड़ा जुगाड़ करा होगा, जैसे जादू ही करा हो। कि अव्वल दर्जे की कारस्तानी है, कि जो होना ही चाहिए, वो नहीं रहा है। तो तुम कहो कि दिख नहीं रहा, तो सबसे पहले तो तुम्हारी वंदना होनी चाहिए कि तुमने वो कर लिया जो हो ही नहीं सकता, जो बड़ा मुश्किल है। समझना स्वभाव है, जानना तुम्हारी हक़ीक़त है। और तुम कहो कि हम तो जान ही नहीं पाते, तुम तो फिर, 'जय माता दी'।

कैसे किया यह, करके कैसे दिखाया? कान सुनते हैं तो समझ आता है, आँखें खुलती है तो दिख जाता है। ऐसा कैसे हुआ कि नहीं दिखता? ऐसा कैसे हुआ कि समझ नहीं आता? ज़रूर स्वार्थ है, ज़रूर डर है, ज़रूर अश्रद्धा है। और यह सब कुछ हमारा चुनाव है, यह अपने-आप नहीं हो जाता। अश्रद्धा दस्तक देती है, दरवाजा तुम खोलो या न खोलो, विकल्प तुम्हारे पास होता है। यह तुमने चुना है कि हम ज़रा दबे-दबे, डरे-डरे झूठ में जिएँगे। यह मत करो, सब दिखेगा।

27

क्या ध्यानस्थ अवस्था संभव है?

प्रश्नकर्ता: जो हमारी इन्द्रियों की आवश्यकताएँ हैं, क्या उनसे रिक्त होना ज़रूरी है?

आचार्य प्रशांत: आपकी खाल की क्या आवश्यकता है? वह इन्द्रिय है।

प्र: महसूस करना।

आचार्य: यह उसकी आवश्यकता नहीं, यह तो उसका काम है। उससे आप मुक्त हो भी नहीं सकते। बुद्ध की खाल भी ठंड और गर्मी महसूस करती थी, तो उससे तो मुक्त हुआ जा नहीं सकता। इन्द्रिय की कोई आवश्यकता नहीं होती। आँख की क्या आवश्यकता है? आपकी आँख जाकर बार-बार कभी जलेबी पर रुके, कभी किसी स्त्री पर रुके, कभी गाड़ी पर रुके, कभी किसी घर पर रुके, यह आँख को चाहिए? आँख को गाड़ी चाहिए? आँख को जलेबी चाहिए? और आँख आपकी बार-बार कहाँ पर जाकर रुक रही है? जलेबी पर। जलेबी उठाकर आँख में डालते हो क्या? तो इंद्रियों की क्या इच्छा होती है? इंद्रियों की कोई आवश्यकता नहीं होती, इंद्रियाँ तो मन की गुलाम होती हैं। मन जहाँ कहता है, इंद्रियाँ

उसी दिशा में चली जाती है। मन ठीक कर लो, इन्द्रियाँ अपने-आप सही जगह चली जाएँगी। मन अगर ठीक है तो आँख इधर-उधर भटकेगी नहीं, और मन अगर भटका हुआ है तो आँख का भटकना होगा-ही-होगा।

मन ठीक है तो हर इंद्रिय ठीक रहती है। शून्य नहीं हो जाती, ठीक रहती है। हाथ गति करते हैं, आँख भी गति करती हैं, वाणी भी गति करती है, जननेन्द्रियाँ भी गति करती हैं, जिस इंद्रिय को लेकर हमें बड़ा आध्यात्मिक उहापोह रहता है, वो इन्द्रिय भी गति करती है, लेकिन अब सारी गतियाँ सम्यक होती हैं। हर गति से आपका भी कल्याण होता है और जगत का भी शुभ होता है। अगर इन्द्रियों का त्याग ही करना होता तो फिर महापुरुषों ने कभी कुछ बोला ही कैसे होता? जिह्वा इंद्रिय नहीं है क्या? तो जो जान जाते हैं, उनकी जबान रुक जाती है? नहीं, रुक नहीं जाती, अब वो जो कुछ बोलती है, वो कल्याणकारक होता है। तो मन ठीक करिए, इंद्रियाँ तो नौकर-चाकर हैं।

प्रः आचार्य जी, कई बार काम के दौरान बाधा आ जाती है, जैसे अभी पकोड़े सामने दिख गए तो खाने का मन किया, तो ऐसे समय में काम में ध्यान कैसे लगाएँ?

आचार्यः आप कुछ भी कर सकते हैं। हक़ीक़त पर आकर देखिए कि है बाधा, कि नहीं है। आकर देखिए उसमें ग़ौर से कि है कि नहीं। और अगर वह जाँचना चाहते हैं तो तरीका बता देता हूँ। एक मानसिक प्रयोग करके पूछ लीजिए कि अगर न होता वो, जिसको मैं ढो रहा हूँ, तो क्या मैं राम के काम में और तल्लीन न हो जाता। बस यह पूछ लीजिए अपने-आपसे, सारे राज खुल जाएँगे, परदे उठ जाएँगे। पूछिए अपने आप से, "वह न होता अगर जिससे मैं काम के धागों से बंधा हुआ हूँ तो क्या मैं राम के साथ और ज़्यादा न तल्लीन हो पाता?"

जब भूख लगती है तो कबीर कहते हैं कि ये कुकरी है। इसे रोटी डाल दो, नहीं तो भौंकेगी और ध्यान में विघ्न करेगी। बात समझ रहे हो? वो भी इच्छा पूर्ति की बात कर रहे हैं, पर वे किसलिए इच्छा पूर्ति कर रहे हैं? ताकि ध्यान में विघ्न न पड़े। वो कह रहे हैं कि ये कुतिया है। भूख

क्या है? कुतिया। इसको रोटी नहीं डालोगे तो ये भौंकेगी, और भौंकेगी तो ध्यान में विघ्न डालेगी, तो इसको रोटी डाल दो। और एक दूसरी स्थिति होती है जहाँ ध्यान छोड़ करके कुतिया के साथ ही लग गए घूमने। ध्यान तो गया। ये दोनों स्थितियाँ अलग-अलग हैं। पकोड़ों पर सवाल मत उठाइएगा। ये प्रतिद्वंदी नहीं, यह प्रसाद है।

प्र: तो यह ध्यानस्थ अवस्था संभव है?

आचार्य: नहीं, बिलकुल नहीं। कुछ लोग पागल हो गए थे , फ़ितूर था, तो उन्होंने यूँ ही कपोल-कल्पना फ़ेंक दी, ध्यान, और यह और वह। कैसा प्रश्न कर रहे हैं?

प्र: अभी तक महसूस नहीं हुआ तो।

आचार्य: आपको न महसूस हो तो? आप तो जो भौतिक पदार्थगत चीज़ें हो, वो भी नहीं महसूस कर पाए होंगे। माउंट एवरेस्ट पर कैसा महसूस होता है? बताइए। जो इस जगत का है, वो तक तो अभी महसूस हुआ नहीं। जो जगत के पार का है, उसकी पहचान आप इससे करेंगे कि वो महसूस हो रहा है या नहीं? माउंट एवरेस्ट की ऊँचाई को आपने महसूस नहीं करा तो क्या आप कभी पूछते हैं कि माउंट एवरेस्ट है कि नहीं? तब मान लेते हैं। माउंट एवरेस्ट को महसूस नही करा, पर मान लेते हैं कि वह तो है।

ध्यान महसूस नहीं करा तो क्या कहतें है कि ध्यान मैंने महसूस नहीं करा तो ध्यान होता भी या नहीं। देख रहे है कि कितना अहंकार है इस सवाल में? मैंने नहीं अनुभव करा तो होगा ही नहीं, मुझे नहीं पता जो चीज़, वह होती ही नहीं। मैं ही मालिक हूँ, मैं निर्धारित करूँगा। और निर्धारित क्या करूँगा? सिर्फ़ उन चीज़ों को जो पारलौकिक है, लोक का जो कुछ है, उसमें समाज की बात मान लूँगा। ब्राजील गए हैं? हाँ, रोनाल्डो होता ही नहीं। पेले बेचे केले। रोनाल्डो होता ही नहीं क्योंकि हम ब्राजील कभी गए नहीं। नहीं, वहाँ आप मान लेंगे कि इस लोक में जो कुछ

आपको ज्ञान बता दे और समाज बता दे, उसको आप सहज मान लेंगे और परलोक की बात अगर आपको कबीर और कृष्ण बता दें तो उसमें आप मुझसे पूछिए, "ध्यान संभव भी होता है?"

ध्यान है और उसका प्रमाण यह है कि अभी आपको मेरी बात समझ में आ रही है। इसी को ध्यान कहते हैं। ध्यान यदि बिलकुल शून्य हो जाए तो आपको कुछ पल्ले नहीं पड़ेगा। मेरे और आपके मध्य जो सेतु है, उसी को ध्यान कहते है और सेतु अभी है। हम पर आप संपृक्त हैं। मैं जो कह रहा हूँ, वह आप तक पहुँच रहा है, भले बीच-बीच में पहुँचता हो, भले बाधित होकर पहुँचता हो, पर पहुँच रहा है। ज़रा-सा भी पहुँच रहा है तो वह इस बात का प्रमाण है कि ध्यान है, तो संभव ही नहीं है, साक्षात है।

प्रशांतअद्वैत संस्था

प्रशांतअद्वैत संस्था आचार्य प्रशांत द्वारा स्थापित और नेतृत्वप्राप्त एक गैर-लाभकारी संस्था है। संस्था की स्थापना असत्य – जोकि प्रत्येक मनुष्य के भीतर बसा हुआ है तथा समाज में भी व्याप्त और प्रचलित है – को नष्ट करने के लक्ष्य से किया गया है। साथ ही, संस्था लोगों को स्वयं के प्रति तथा अपने जीवन के प्रति वैज्ञानिक एवं आध्यात्मिक दृष्टिकोण अपनाने को प्रेरित करती है।

संस्था का संचालन किस प्रकार होता है?

संस्था आचार्य प्रशांत की शिक्षाओं का विभिन्न माध्यमों से प्रचार करती है। संस्था इन शिक्षाओं से जुड़े आध्यात्मिक शिविर, ऑनलाइन पाठ्यक्रम, व्याख्यान तथा सम्मेलन भी आयोजित करती है। आचार्य प्रशांत जी की पचास से अधिक वेदांतिक ग्रंथों पर व्याख्याएँ उपलब्ध हैं। उपनिषद् और गीता ही नहीं, आचार्य प्रशांत संतों व अन्य कालातीत विषयों पर भी व्याख्यान दे चुके हैं।

इन सभी सत्रों को रिकॉर्ड किया जाता है और इन पर आधारित विविध बोध सामग्री, जैसे कि शैक्षिक पाठ्यक्रम इत्यादि, निर्मित किए जाते हैं ताकि यह संदेश सुगमता से दूर-दूर तक पहुँचाया जा सके।

सामग्री कहाँ उपलब्ध है?

१. मोबाइल ऐप – आचार्य प्रशांत द्वारा बोध साहित्य एवं व्याख्याएँ अत्यंत तीव्र गति से उपलब्ध कराई जा रही हैं। संस्था इस सामग्री के एकीकरण, प्रतिलेखन तथा प्रकाशन करने की भूमिका निभाती है। संस्था विशेष ध्यान यह भी रखती है कि इस कार्य के दौरान आचार्य जी के संदेशों का मूल रूप विकृत न हो ताकि आने वाली सदियाँ भी इनका शुद्धतम रूप में लाभ उठा सकें। सार्वजनिक उपयोग हेतु आचार्य प्रशांत

के सारे पाठ्यक्रम एवं पुस्तकें सुगम रूप में संस्था के मोबाइल ऐप पर संग्रहित हैं। सत्य के साधकों तक विशुद्ध ज्ञान पहुँचाने हेतु यह मोबाइल ऐप एक कालातीत स्रोत बना रहेगा।

२. वेबसाइट – आचार्य प्रशांत द्वारा निर्मित पाठ्यक्रम तथा पुस्तकें संस्था के वेबसाइट www.acharyaprashant.org पर भी उपलब्ध हैं।

३. सोशल मीडिया – सार्वजनिक उपयोग के लिए संस्था आचार्य प्रशांत के यूट्यूब, फेसबुक, इंस्टाग्राम और ट्विटर आदि सोशल मीडिया चैनल्स पर भी भारी मात्रा में बोध साहित्य तथा वीडियोज़ उपलब्ध करवाती है।

संस्था के कार्य से सर्वाधिक लाभान्वित वर्ग निम्नलिखित हैं:

१. पशु-पक्षी, वनस्पति तथा अन्य गैर-मानव जीव – आज के समय में पशु-पक्षियों तथा वनस्पति को सबसे बड़ा खतरा मानव जाति के अज्ञान से है। मनुष्य का पर्यावरण के प्रति यह अज्ञान मूलतः स्वयं के शरीर तथा मन के अज्ञान से पैदा होता है। अतः मनुष्य के मन का सुधार ही प्रकृति को बचाने का सबसे उचित उपाय है। यह कहा जा सकता है कि आचार्य प्रशांत के कार्यों की वजह से लाखों जानवरों की जानें बची हैं, विशेष रूप से उन जानवरों की जो आमतौर पर भोजन के लिए मारे जाते है, जैसे- मुर्गा, बकरा, भेड़, गाय, भैंस, मछली आदि। इसके अतिरिक्त, बड़ी तादाद में जंगली जानवरों की जानें भी बचीं हैं। आचार्य जी के प्रयासों से प्रेरित होकर लाखों लोगों ने शाकाहार अथवा विशुद्ध शाकाहार को अपनाया है तथा एक सजग जीवनशैली अपनाई है जिसमें पर्यावरण के प्रति जागृति तथा न्यूनतम कार्बन पदचिन्ह का प्रमुख स्थान है। आचार्य प्रशांत को वीगन मूवमेंट (विशुद्ध शाकाहार आंदोलन) का एक प्रमुख चेहरा भी माना जाता है।

२. युवा-वर्ग – आज का युवा, विशेषतः भारत का युवा-वर्ग, घर-परिवार, समाज, मीडिया, आर्थिक व्यवस्था इत्यादि से संस्कारित होने के कारण भिन्न-भिन्न चुनौतियों का सामना कर रहा है। इस वजह से उसके सामने शारीरिक संबंध, प्रेम, अस्तित्व इत्यादि को लेकर तरह-तरह की दुविधाएँ खड़ी हो गई हैं। वे एक नाज़ुक स्थिति में हैं जहाँ सम्यक निर्णय लेना मुश्किल हो गया है तथा गलत चुनाव करना बहुत आसान, आचार्य प्रशांत ने युवाओं की इन दुविधाओं को संबोधित करने में अनूठा किरदार निभाया है। देश के कई युवा आचार्य प्रशांत के शुक्रगुज़ार हैं कि उन्होंने अहम मौकों पर उनका मार्गदर्शन किया है और घातक निर्णय लेने से बचाया है।

३. महिलाएँ – दुनिया भर में, खासकर भारत में, महिलाओं को मानव जाति का एक अशक्त अंश समझा गया है। हालाँकि सामाजिक, राजनैतिक तथा आर्थिक नीतियों के माध्यम से उन्हे सबल बनाने की कोशिश की गई है लेकिन आंतरिक स्पष्टता एवं स्वायत्ता की गैर मौजूदगी में यह प्रयास सफल नहीं हो सकते। आचार्य प्रशांत ने महिलाओं को अपनी असली पहचान के प्रति जागृत किया है, उन्होंने यह दिखाया है कि न तो वे शरीर मात्र हैं और न ही केवल एक समाज-संस्कृत मन। स्कूली बालिकाओं से लेकर अधेड़ उम्र की गृहिणियों तक आज अनगिनत महिलाएँ आचार्य प्रशांत की शुक्रगुज़ार हैं। उनकी शिक्षाओं से उन्हें स्वायत्ता, स्पष्टता और साहस मिला है जिससे वे बाहरी शोषण एवं भीतरी कमज़ोरी का सामने करने में सक्षम हुईं हैं।

४. आध्यात्मिक साधक – आज के समाज में एक विपुल वर्ग है जिसके लिए अध्यात्म केवल एक मनोरंजन का माध्यम है। इसके अतिरिक्त, एक ऐसा वर्ग है जिसके लिए अध्यात्म पुराने अंधविश्वासों को बनाए रखने के लिए एक सम्मानजनक नाम मात्र है। फ़िर कुछ लोग ऐसे भी हैं जो अपने जीवन की कटु सच्चाइयों से दूर भागने के लिए अध्यात्म की ओर आते हैं । इन्हें किसी सतही उपाय की खोज रहती है जिसमें

किसी प्रकार की क्रियाएँ, कर्मकाण्ड अथवा आसन शामिल हों। आचार्य प्रशांत इन सभी प्रकार के जिज्ञासुओं को इनकी मूर्छित अवस्थाओं से बाहर लाने के लिए प्रचलित हैं। इन सभी से भिन्न वह बिरला साधक है जिसने मन की गहराइयों में प्रवेश करने की खूब कोशिश की है, जो अपनी मुक्ति के लिए कठोर श्रम करने के लिए तैयार है, जो बंधनों से हताश है और मुक्ति की कीमत अदा करने को तैयार है। आचार्य प्रशांत ऐसे साधकों के लिए एक सच्चे मित्र बन जाते हैं।

पिछले कुछ वर्षों में विभिन वर्गों से बड़ी तादाद में स्वयंसेवक संस्था से जुड़े हैं और इन्होंने आचार्य प्रशांत के द्वारा दिए बोधज्ञान का प्रचार करने में निरंतर श्रम लगाया है। संस्था ने विभिन्न माध्यमों से तकरीबन एक करोड़ से अधिक लोगों के जीवन को प्रभावित किया है। आने वाले समय में निश्चित ही यह आँकड़ा कई गुना बढ़ने वाला है।

संस्था के बारे में और अधिक जानकारी हेतु acharyaprashant.org पर जाएँ। संस्था के पाठ्यक्रमों के बारे में जानकारी solutions.acharyaprashant.org पर उपलब्ध है। अन्य किसी विषय के संबंध में संस्था से requests@advait.org.in पर संपर्क करें।

आचार्य प्रशांत की पुस्तकें (हिंदी व अंग्रेज़ी)

80 से अधिक हिंदी व अंग्रेज़ी पुस्तकें उपलब्धसभी पुस्तकें वेबसाइट व ऐप पर उपलब्ध हैं।इन्हें ईबुक या पेपरबैक फॉरमेट में पढ़ा जा सकता है।Website: books.acharyaprashant.orgApp: acharyaprashant.org/app

आचार्य प्रशांत से मिलने के माध्यम

१. ऑनलाइन माध्यम

१.१ ग्रंथों पर ऑनलाइन कोर्स: ग्रंथों पर कोर्स हमारे दैनिक जीवन में शास्त्रों को लाने की एक अनूठी पहल हैं। जीवन में स्पष्टता और आत्मज्ञान प्रदान करने में यह कोर्स अधिक लाभदायक हैं। इनमें उपनिषद्, श्रीमद्भगवद्गीता, अष्टावक्र गीता आदि शास्त्रों का अध्ययन किया जाता है। अधिक जानकारी हेतु वेबसाइट: solutions.acharyaprashant.org

१.२ शास्त्र कौमुदि: हर महीने संस्था नियमित रूप से शास्त्रों पर सत्र आयोजित करती है। यह सत्र आचार्य प्रशांत द्वारा हिंदी व अंग्रेज़ी भाषा में लिए जाते हैं। इन सत्रों के माध्यम से ग्रंथों का अध्ययन करने में सहायता होती है। अधिक जानकारी हेतु वेबसाइट: acharyaprashant.org/online-courses

१.३ अद्वैत बोध-शिविर: हर महीने अद्वैत बोध-शिविर आयोजित किए जाते हैं। इनमें ऑनलाइन व ऑफलाइन, दोनों ही माध्यमों से भाग लिया जा सकता है। अधिक जानकारी हेतु वेबसाइट: acharyaprashant.org/camps

२. ऑफलाइन माध्यम

२.१ अद्वैत बोध-शिविर: बोध-शिविर आचार्य प्रशांत के सानिध्य में तीन आनंदमय दिन बिताने के अद्भुत अवसर हैं। दैनिक सत्रों के अलावा, दिन आत्मीय भजनों से अलंकृत होते हैं। हलचल भरे महानगरों से लेकर हिमालयी बस्तियों तक, पिछले दस वर्षों में सैकड़ों बोध-शिविर आयोजित किए गए हैं, और भारत और विदेशों के हज़ारों साधकों ने उनके अद्भुत प्रभाव का अनुभव किया है। अधिक जानकारी हेतु

वेबसाइट: acharyaprashant.org/camps

www.ingramcontent.com/pod-product-compliance
Ingram Content Group UK Ltd.
Pitfield, Milton Keynes, MK11 3LW, UK
UKHW041954190726
13854UKWH00005B/1967

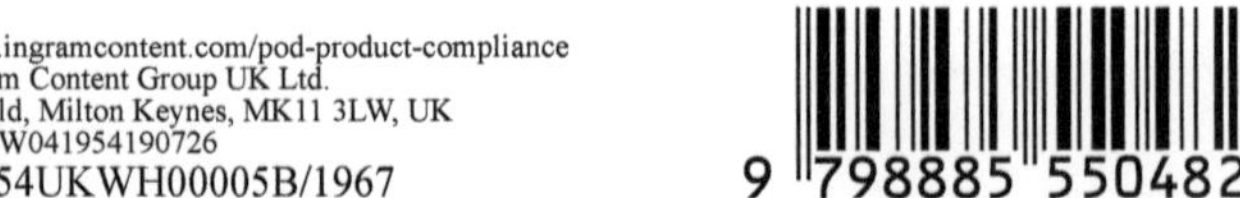